우리는
어떻게
마음을
움직이
는가

FBI
설득의
심리학

우리는 어떻게 마음을 움직이는가

크리스 보스 · 탈 라즈 지음
이은경 옮김

프롬북스
frombooks

"당신 아들은 납치됐다. 100만 달러를 내놓지 않으면 아들은 죽는다."
만약 당신이 이런 인질극을 겪게 된다면 어떻겠는가? 하버드 대학교
로스쿨에서 협상을 강의하는 교수님이 나에게 던져준 상황이었다.

　나는 FBI에서 20년 넘게 일했고, 그중 15년은 해외를 오가며 인질
극 협상 업무를 담당하면서 수석 국제 납치 협상가로 활동해왔다. 몇
년 전 FBI를 떠나 하버드 대학교에서 단기 경영자 협상 과정 수업을
들으며 비즈니스 세계에 접목할 방법을 배웠다. 그 당시 내가 학교에
서 강의를 듣고 있다는 사실을 안 하버드 대학교 협상 연구 프로젝트
책임자 로버트 누킨Robert Mnookin 교수가 나를 연구실로 초대했고 불
쑥 이런 상황을 제시한 것이었다. 그는 "내가 당신의 아들을 납치했
소. 당신은 어떻게 하겠는가?"라고 물었다.

　나는 엄습하는 공포를 느꼈다. 아무리 20년이 넘는 경력이라고 해
도 사람 목숨이 걸린 협상을 할 때는 여전히 두려움을 느낄 수밖에
없다. 누킨 교수는 "빨리 서둘러. 돈을 주지 않으면 당신 아들을 당장
죽이겠어."라고 말했다. 나는 한참 동안 빤히 그를 응시했다. 그러고

는 미소를 지으며 말했다. "내가 그 요구를 어떻게 들어줄 수 있겠나?" 그는 "그렇다면 아들을 죽여도 상관없다는 말인가?"라며 되물었다. "미안하지만 아들이 과연 살아있기나 한지 내가 어떻게 알 수 있겠나?"라고 말하며 "정말로 미안하지만 아들이 살아있는지조차 모른다면 100만 달러는 고사하고 지금 당장 어떻게 돈을 한 푼이라도 내놓을 수 있겠나?"라고 이어서 물었다.

예상대로 누킨 교수는 우물쭈물하기 시작했다. 대화의 구도가 내 아들을 살해하겠다는 위협에서 시작해 내가 어떻게 대응할 것인가에서 아들의 생사를 누킨 교수가 어떻게 확인시켜 줄 것인가, 즉 그가 어떻게 내 문제를 해결할 것인가로 바뀌었기 때문이었다. 그가 온갖 위협과 요구를 해올 때마다 나는 아들이 살아 있다는 사실을 어떻게 알 수 있는지, 그리고 그것을 모른 채 어떻게 돈을 내놓을 수 있겠는지 계속해서 물었다. 결국 누킨 교수는 "이 정도로 하죠. 우리가 FBI로부터 배울 점이 많을 것 같네요."라고 말했다.

오랜 세월 동안 나는 인간 상호작용과 관련된 기술과 전략을 비롯한 총체적인 접근 방법을 익혔다. 그 덕분에 나는 사람의 목숨을 구할 수 있었을 뿐만 아니라 지금 와서 되돌아보면 내 인생도 완전히 바뀌게 됐다. 협상 전문가로 일한 세월은 내가 고객 서비스 상담원을 다루는 방식을 비롯해 자식을 대하는 방식에 이르기까지 모든 행동에 영향을 미쳤다.

나는 협상 전문가로 활동하면서 끊임없이 '우리의 마음은 어떻게 움직이게 되는지'에 대해 궁금증을 갖게 됐다. 앞에서 언급한 인질 협상극에서 누킨 교수는 왜 포기하기로 마음 먹은 것일까? 나는 FBI가 사용하는 가장 강력한 협상 수단 중 하나를 적용해보았다. 바로 개방형 질문open-ended question이다. 내가 설립한 자문회사 블랙스완그룹The Black Swan Group에서는 몇 년에 걸쳐 이 전략을 일반인들에게 적합하게 개발했고, 현재는 이것을 교정 질문calibrated question이라고 부른다.

교정 질문이란 상대가 대답은 할 수 있지만 정해진 답이 없는 질문을 가리킨다. 이 질문을 하면 시간을 벌 수 있다. 어쨌든 질문에 답변하고 권한을 지니는 사람은 상대이기 때문에 그들은 자기가 통제하고 있다고 착각하게 되고 동시에 그 질문에 의해 자기가 얼마나 많은 제약을 받게 되는지 전혀 눈치 채지 못한다. 나는 누킨 교수에게 이 교정 질문으로 던짐으로써 단념과 포기를 하도록 그의 마음을 움직였던 것이다.

내가 FBI에서 일했던 기간 동안 우리는 유용한 체계를 고안해냈고 이를 적용한 거의 모든 납치 사건을 성공적으로 해결했다. 그러나 거창한 이론은 없었다. 우리가 사용한 기법은 체험 학습의 산물이었다. 이 기법은 요원들이 현장에서 위기를 타파하며 협상을 거듭하는 과정을 통해 성공과 실패 사례를 공유하면서 발전하게 됐다. 우리는 사용했던 수단을 날마다 개선했으므로 이는 지능적이라기보다는 반복적인 과정이었다. 그리고 긴급했다. 우리가 사용하는 수단은 효과가 있어야만 했다. 효과가 없는 경우 누군가가 죽었기 때문이다. 그렇다면 그 수단은 상대의 마음을 움직이는 데 효과가 있었을까?

내가 누킨 교수에게 사용한 교정 질문 이외에 '미러링Mirroring' 기법도 상대의 마음을 움직이는 데 효과적이었다. 우리의 마음은 깊이 이해받고 있다는 기분을 무의식적으로 느끼게 되면 상대의 말에 더욱 호응하게 된다. 그래서 상대가 쓰는 말을 그대로 따라하는 미러링 기법에 의해 우리의 마음은 설득 당하는 것이다. 또한 사람은 자신이 이해받았다는 느낌을 받게 되면 그 호의에 보답해야 한다는 의무감도 갖기 마련이다. 일종의 호혜의 법칙으로, 이것에 의해 우리는 상대에게 보답하는 쪽으로 마음을 움직이게 된다.

FBI는 모든 영역과 모든 상호작용, 인생의 모든 관계에서 유익한 인간 상호작용을 밝히는 열쇠를 쥐고 협상에 접근한다. 이 책에서 협상에 접근하는 방법과 그것을 적용하는 방식을 밝히고자 한다. 이 책은 협상이란 과정을 통해 자신의 마음이 무엇에 의해 움직이는지 알려주며, 자신이 원하는 것을 어떻게 얻을 것인지 깨닫게 해줄 것이다. 어떤 만남에서든 상대와 바람직한 관계를 맺고 영향력을 미치며 더 많이 성취하기 위해 자신의 감정, 본능, 통찰력을 활용하는 방법도 배울 수 있다.

이 책의 구성

집을 짓는 건설업자처럼 나는 이 책을 기반부터 쌓아올리는 식으로 구성했다. 먼저 토대를 깔고 그 다음 하중을 떠받드는 벽을 쌓은 다음, 우아하면서도 빗물을 막아주는 지붕을 덮고 내부를 예쁘게 꾸몄다.

각 장은 이전 장을 부연 설명한다. 먼저 '적극적 경청Active Listening'에 접근하는 세련된 기법을 배운 다음 구체적인 수단, 표현 방식, 최종 단계인 흥정의 상세 내용으로 넘어갈 것이다. 그 다음 마지막으로 협상을 잘할 수 있도록 도와주는 희귀한 존재인 '블랙 스완'을 발견하는 법을 배우게 될 것이다.

Chapter 1에서는 협상가가 다뤄야 하는 사건 대부분이 이성적인 상호작용이 아니라 감정에 좌우되는 분쟁이기 때문에 협상 기술도 동물적이고 감정적이며 비이성적인 측면에 초점을 맞춰야 한다고 강조한다.

Chapter 2에서는 초보 협상가들의 판단력을 흐리는 가정을 회피하고 이를 '미러링' '침묵Silences' '심야 라디오 DJ 목소리Late-Night FM DJ Voice'와 같은 적극적 경청으로 대체하는 법을 배울 것이다. 위급한 사태를 진정시키고 상대가 자기 정체를 밝힐 만큼 안심하게 만드는 법, 욕망(포부)과 필요(협상을 위한 최소한의 것)를 구분하는 법, 상대가 하고자 하는 말에 초점을 맞추는 법을 발견하게 될 것이다.

Chapter 3에서는 전술적 공감을 깊이 파헤칠 것이다. 여기에서는 상대의 관점을 알아보고 그것을 상대에게 되풀이해서 말하는 '명명Labeling'을 통해 신뢰와 이해를 획득하는 방법을 배운다. 또한 부정적인 역동을 밝힘으로써 이를 완화하는 법도 알게 될 것이다. 마지막으로 '비난 심사Accusation Audit'에서 상대가 우리에게 품고 있는 불만을 터놓게 함으로써 그것을 해결하는 방법을 설명할 것이다.

Chapter 4에서는 '무조건적 긍정적 존중unconditional positive regard' 분위기를 조성하고자 상대가 이해 받았고 긍정적인 반응을 얻었다고 느끼게 만드는 방법을 검토할 것이다. 이 장에서는 협상의 각 단계에서 '예' 대신에 '그래요, 맞아요.' 라는 반응을 얻기 위해 노력해야 하는 이유와 요약과 부연 설명을 통해 상대의 세계관을 확인하고 재차 설명하며 감정적으로 지지하는 방법을 배울 수 있다.

Chapter 5에서는 '예스를 이끌어 내는 협상법'의 이면을 보여준다. 여기에서는 '아니요'라는 반응에 이르는 것이 중요한 이유를 알 수 있다. '아니요'는 협상의 시작이기 때문이다. 또한 상대가 이행할 합의에 이르는 유일한 길, 즉 자기 자신에서 벗어나 상대의 세계에서 협상하는 방법을 발견하게 될 것이다. 마지막으로 상대의 선택권을 인정함으로써 상대를 끌어들이는 방법을 살펴보고 결코 무시당하지 않는 이메일 쓰는 비법을 제시하고자 한다.

Chapter 6에서는 현실을 조작하는 기술을 소개한다. 즉, 우리가 논의에서 설정한 한계를 상대가 무의식적으로 수용하는 방식으로 협상을 조작하기 위한 다양한 기법을 설명할 것이다. 절박하게 만들기 위해 마감을 설정하는 방법, 상대를 특정 방향으로 몰아가기 위해 공정성이라는 개념을 적용하는 방법, 우리가 내놓은 제안을 받아들이

지 않으면 손해라는 기분이 들도록 감정을 안정시키는 방법도 제시해줄 것이다.

다음으로 Chapter 7에서는 내가 하버드 대학교에서 사용했던 놀랍도록 강력한 수단인 교정 질문을 집중적으로 파헤친다. 교정 질문에는 '어떻게' 나 '무엇' 이 들어간다. 교정 질문은 '예' 와 '아니요' 라는 답을 배제함으로써 상대가 우리의 문제를 해결하기 위해 정신 에너지를 사용할 수밖에 없도록 만든다.

Chapter 8에서는 실행 단계에서 실패하지 않으려면 이런 교정 질문을 어떻게 활용해야 하는지 예를 들어 설명하며 비언어 의사소통이 중요하다는 사실도 알게 될 것이다. 부드럽게 거절하기 위해 교정 질문을 활용하는 방법, 상대가 자신에게 불리한 선택을 하도록 만드는 방법도 검토한다.

어떤 시점에 이르면 모든 협상이 본론, 즉 흥정에 들어간다. Chapter 9에서는 공격적인 상대를 기피하는 방법과 선제공격을 가하는 방법에 이르기까지 효과적인 협상을 위한 단계별 과정을 소개한다. FBI가 제안을 준비하고 제시할 때 사용하는 가장 효과적인 방식인 애커먼 시스템Ackerman system도 배우게 될 것이다.

마지막으로 Chapter 10에서는 협상에서 가장 찾기 힘든 요소인 블랙 스완을 찾고 활용하는 방법을 설명한다. 모든 협상에는 알아낼 수만 있다면 전체 상황을 바꾸는 정보가 3~5개 정도 존재한다. 그 개념은 협상의 판도를 완전히 바꾼다. 이 장에서는 블랙 스완이 숨어 있는 곳을 알아내는 방법과 상대에게 레버리지leverage(일종의 영향력―옮긴이)를 빼앗아 정말로 경탄할 만한 합의를 이끌어내기 위해 블랙 스완을 적용하는 간단한 수단을 소개하겠다.

효과적인 협상이란 세간의 지혜를 응용해 상대를 평가하는 방법, 자신에 대한 상대의 평가에 영향을 가하는 방법, 원하는 바를 얻기 위해 그 지식을 활용하는 방법 등 삶의 모든 영역에서 심리적 우위를 차지하는 것이다. 그러나 이 책은 흔해 빠진 심리학을 다루고 있는 건 아니다. 20년 넘게 쌓은 FBI 업무 경력과 10년에 걸친 세계 최고 경영대학원 강의와 기업 컨설팅에서 얻은 교훈에서 뽑아낸 주요 심리학 이론을 깊숙하게 파고든 해석이다. 그 해석이 유용한 이유는 현실 세계를 위해 고안됐기 때문이다. 교실이나 연수원에서 태어난 것이 아니라 오랜 경험을 토대로 완벽에 가까울 정도로 개선한 내용을 기반으로 했다.

이 책을 다 읽은 후 당신이 경력 개발과 더 나은 삶을 위해 이 중대한 기법들을 적용한다면 나는 성공했다고 말할 수 있다. 분명히 그럴 수 있다고 확신한다. 협상에서 성공을 거두려면 반드시 준비가 필요하다는 사실만 기억하라.

협상은 변화할 수 있다는 가능성을 받아들일 때 원하는 바를 얻고, 다른 사람들을 더 나은 자리로 이동시킬 수 있도록 도와준다. 협상은 서로 마음과 힘을 하나로 합하는 일이다. 협상은 갈등이 모든 사람에게 의미있는 결실을 선사할 수 있게 만든다. 협상이 내 인생을 바꿔왔듯이 당신의 인생도 바꿀 수 있다.

나는 늘 나 자신이 평범한 사람이라고 생각해왔다. 학습 의욕은 높았으며 일에 대한 열정은 컸지만 특별한 재능은 없었다. 그러나 인생에는 놀라운 가능성이 존재한다고 느꼈다. 한참 젊었던 시절에는 단지 그 가능성을 드러낼 방법을 몰랐을 뿐이다. 그동안 배운 기술을 활용해 범상치 않은 일을 할 수 있게 됐고 내가 가르친 사람들이 정말로 인생을 바꾸는 결과를 얻는 모습을 지켜봤다. 지난 30년 동안 내가 배운 지식을 활용할 때 인생이 흘러가는 경로를 바꾸고 다른 사람들도 그렇게 하도록 도울 힘을 실제로 지니고 있다는 사실을 깨닫게 됐다. 30년 전에도 그렇게 할 수 있다고 느꼈지만 그 방법을 제대로 몰랐다. 지금은 알고 있다. 이제부터 그 방법을 소개하겠다.

CONTENTS

CHAPTER **10**
블랙 스완을 찾아라

Never
Split
the
Difference

CHAPTER 1

하버드도 모르는 FBI 설득의 비밀

하버드생을 이긴 협상 기법

2006년, 나는 입담 하나로 하버드 대학교 로스쿨 동계 협상 강의를 수강하게 됐다. 성적이 우수하고 머리 좋은 사람들이 이 수업에 들어가기 위해 경쟁하다 보니 강의에는 법학과 경영학을 공부하고 있는 하버드생을 비롯해 매사추세츠 공과대학교와 터프츠 대학교와 같은 일류대에서 두각을 나타내는 학생들이 가득했다. 협상 영역의 올림픽 예선전과 같았다. 그리고 나는 유일한 외부인이었다.

강의 첫째 날 수강생 144명이 전부 강의실에 들어앉아 강의 오리엔테이션을 들었다. 그런 다음 수강생들은 4개의 집단으로 나뉘었고 각 집단을 담당 협상 강사가 맡았다. 우리 집단을 담당한 강사는 실라 힌이었고 그녀와는 지금까지도 좋은 친구로 지내고 있다. 우리는 잠시 담소를 나눈 뒤 두 명씩 짝을 지어 모의 협상을 실시했다. 규칙은 간단했다. 한 명은 제품을 파는 판매인이었고 상대는 그 물건을 사려는 구매자였으며 각자는 분명한 가격 제한을 두고 있었다. 내 상대는 느릿하고 머리색이 붉은 앤디(가명)였다. 그는 자신만만하게 본인의 지적 우월성을 뽐내는 부류였다. 나는 그와 함께 하버드 교정 내 영국식 광장이 내려다보이는 빈 교실로 들어갔고 각자가 자신의 방식대로 협상을 시작했다. 앤디는 어떤 제안을 하고 그것이 왜 타당한지 빠져나갈 수 없는 논리를 펼치며 이론적으로 완벽하게 설명했다. 이에 대해 나는 "내가 그 요구를 어떻게 들어줄 수 있겠나?"라는 말을 다양한 표현으로 바꿔 응수했다.

　여러 차례 협상을 거듭한 끝에 우리는 최종 액수에 합의했다. 방을 나설 때 나는 만족스러웠다. 첫 수업치고는 꽤 잘했다고 생각했다. 강의실에 학생들이 다시 모였을 때 실라는 학생들 사이를 돌아다니며 각 조가 합의한 가격을 물은 다음 그 결과를 칠판에 썼다. 마침내 내 차례가 돌아왔다. 실라는 "크리스, 앤디와 어떻게 됐나요? 얼마나 받았어요?"라고 물었다. 나는 앤디가 내기로 한 액수를 말했을 때 그녀가 지었던 표정을 결코 잊지 못할 것이다. 마치 숨이라도 막힌 듯이 얼굴 전체가 붉게 달아올랐다가 그 다음에는 아기 새가 배고파서 울기라도 하는 듯 막힌 숨을 토해냈다. 마침내 실라가 웃기 시작했다. 앤디는 무안함에 몸을 꼬았다. 그녀는 "당신은 앤디 예산을 전부 받아냈어요. 애초에 앤디는 미래를 위해 예산의 4분의 1은 비축할 생각이었죠."라고 말했다. 앤디는 의자에 주저앉았다.

다음 날 다른 상대와 했을 때도 똑같은 일이 벌어졌다. 처음엔 운이 좋아서 한 번쯤 이길 수는 있었다. 그러나 이번은 반복이었다. 나는 케케묵은 경험으로 쌓은 지식 덕분에 책에서 찾아볼 수 있는 온갖 새로운 비결을 알고 있는 학생들을 무너뜨리고 있었다. 말하자면 이 학생들이 사용하고 있는 최신 기법이 낡은 구시대 유물처럼 느껴졌다. 내가 상대하는 사람들은 나만큼, 아니 나보다 훨씬 똑똑했고 우리는 기본적으로 동일한 규칙을 적용한 동일한 협상을 하고 있었다. 그러나 내게는 그들에게 없는 기술이 있었다.

내가 이틀째 협상 결과를 발표하자 실라는 "크리스는 특유의 스타일로 유명세를 얻고 있어요."라고 말했다. 나는 히죽히죽 웃었다. 승리는 즐거웠다. 그녀는 "크리스, 모두에게 당신의 접근 방법을 얘기해주지 않을래요? 당신은 그저 하버드 로스쿨 학생들을 대상으로 '싫어'라고 말하며 노려볼 뿐인데 다들 나가떨어지는 것 같네요. 정말 그렇게 쉬운 일인가요?"라고 말했다.

나는 실라가 무슨 말을 하고 있는지 이해했다. 실제로 '싫어'라고 말하지는 않았지만 내가 계속해서 하는 질문은 그렇게 들릴 만했다.

그 질문은 마치 상대가 정직하지 못하고 부당하다는 뜻으로 비쳤다. 그리고 그것만으로도 상대는 마음이 흔들리며 스스로와 타협했다. 내가 던진 교정 질문에 답하기 위해서는 그들의 감정을 다스리는 기술과 마음을 들여다보는 통찰력이 필요했다. 나는 어깨를 으쓱하며 "나는 그저 질문을 할 뿐이에요. 수동적이며 공격적인 접근이죠. 난 단지 개방형 질문 3~4개를 계속 반복해서 던질 뿐입니다. 상대는 대답하다가 지쳐서 내가 원하는 걸 전부 내놓죠."라고 설명했다. 앤디가 벌에 쏘이기라도 한 듯 자리에서 벌떡 일어났다. 그는 "젠장! 딱 그랬어. 영문을 모르겠더라고."라고 말했다.

하버드에서 동계 강의를 마칠 무렵 앤디를 포함한 수강생 몇몇과 친구가 됐다. 하버드에서 수업을 들으며 깨달은 점이 있다면 FBI가 세상에 알려줄 만한 협상 관련 지식을 많이 갖고 있다는 사실이었다.

강의를 듣는 짧은 기간 동안 인간 심리를 충분히 이해하지도 못하고 인간은 모두 별나고 비이성적이며 감정에 휘둘리는 동물이라는 사실을 받아들이지 못하는 한, 이 세상에 존재하는 모든 순수 정보와 수리 논리는 협상이라는 긴장되고 변덕스러운 상호작용에 그다지 도움이 되지 않는다는 사실을 깨달았다. 아마도 인간은 흥정을 벌이는 유일한 동물일 것이다. 원숭이는 자기 바나나와 남의 땅콩을 교환하지 않는다. 그러나 우리가 아무리 수리 이론으로 협상을 포장한다고 하더라도 인간은 보이지 않고 미숙한 공포, 욕구, 지각, 욕망을 근거로 행동하고 반응하는 동물이다. 하지만 하버드생들은 그렇게 배우지 않았다. 하버드에서 가르치는 이론과 기법은 모두 지적 능력과 논리, 배트나BATNA(최선의 대안)와 조파ZOPA(합의 가능 영역) 같은 위압적인 두문자어, 가치라는 이성적인 관념, 옳고 그름이라는 도덕적 개념이었다. 게다가 이런 합리성이라는 잘못된 체계를 토대로 절차를 형성한다. 따라야 할 대본이 있고 특정한 결과를 끌어내도록 구체적인 순서로 설계한 미리 정해진 행동, 제안과 역제안의 순서가 존재한다. 이는 마치 로봇을 대하는 듯하다. a, b, c, d라는 행동을 정해진 순서로 실시하면 x라는 결과를 얻을 것이라고 말한다. 그러나 이를 적용하기에 현실 세계 협상은 너무나 예측하기 어렵고 복잡하다. a를 한 다음에 d를 해야 할 수도 있고 어쩌면 q를 해야 할 수도 있다.

나는 테러리스트와 납치범들을 대상으로 협상을 하면서 그들이 어느 지점에서 마음을 움직이는지 연구해왔다. 이를 통해 개발한 여러 감정 중심 협상 기법 중 하나로 미국에서 가장 똑똑한 학생들에게 매번 이겼다면 그 기법을 비즈니스에 적용하면 어떨까? 인질을 잡고 돈을 요구하는 은행 강도와 10억 달러의 매입 물건 가격을 후려치기 위해 강경책을 사용하는 CEO와 다를 게 무엇인가? 따지고 보면 납치범은 최저가를 받아내려는 사업가와 똑같다.

위기 협상의 새로운 시대

인질극과 인질 협상은 인류의 역사가 시작된 이래 계속 존재했다. 구약성경에는 유대인과 그들의 적이 전쟁 중에 서로를 인질로 잡았다는 얘기가 여러 차례 등장한다. 고대 로마에서는 속국 군주에게 지속적인 충성을 강요하기 위해 군주의 아들을 로마에 볼모로 보내도록 했다.

그러나 닉슨 행정부 이전까지 인질 협상은 하나의 절차였을 뿐 병력을 파견해서 무력으로 인질을 구출하는 방법만 사용했다. 법률 집행 과정에서 FBI는 인질범이 총을 꺼내도록 할 방도를 파악할 때까지 계속 말을 걸 뿐이었다. 그저 폭력이었다. 그러다가 대규모 인질 사건이 연속으로 발생하면서 FBI는 변화하지 않을 수 없었다.

1971년에 뉴욕 주 북부 아티카 교도소에서 발생한 폭동을 경찰이 무력으로 해결하려는 과정에서 인질 39명이 사망했다. 1972년 뮌헨 올림픽에서는 팔레스타인 테러리스트들이 이스라엘 선수와 코치 11명을 인질로 잡았고 독일 경찰이 구출 시도에 실패함으로써 인질 전원이 사망했다. 그러나 미국 법률 집행의 제도적 변화에 가장 큰 영향을 미친 사건은 1971년 10월 4일 플로리다 주 잭슨빌의 어떤 활주로에서 일어났다.

당시 미국에서는 항공기 납치가 전염병처럼 번지듯 일어나고 있었다. 1970년에는 사흘 동안 5건이 발생한 적도 있었다. 그렇게 고조된 분위기 속에서 조지 기프라는 정신이상자가 바하마로 향할 계획으로 테네시 주 내슈빌에서 전세 비행기를 납치했다. 사건이 종결됐을 때 기프는 인질로 잡혀 있던 별거 중인 아내와 조종사를 살해하고 자살했다.

이때는 납치범인 기프가 아니라 FBI에게 정면으로 비난이 쏟아졌다. 인질 두 사람은 기프를 설득해 비행기에 연료를 보충하고자 착륙했던 잭슨빌의 활주로에서 풀려날 예정이었다. 그러나 FBI 요원들은 참지 못하고 비행기 엔진에 발포했다. 그 때문에 기프는 극단적인 선택을 했다. 실제로 FBI에 쏟아진 비난이 너무나 거센 바람에 조종사의 아내와 기프의 딸이 FBI의 과실을 주장하며 불법 행위에 의한 사망으로 FBI를 고소했을 때 법원은 원고의 손을 들었다.

1975년 미국 연방고등법원은 해당 재판 판결문에서 "인질의 안위를 보호하기 위한 좀 더 합당한 대안이 있었다."라고 획기적인 판단을 명시했으며 FBI는 "두 사람이 안전하게 비행기에서 내릴 성공적인 '대기 전술'이었던 상황을 세 사람을 사망에 이르게 한 '총격전'으로 바꿔 놓았다."고 말했다. 법원은 "작전 개입에 앞서 협상 과정에서 반드시 합당한 시도를 실행해야 한다."라는 결론을 내렸다. 이 비행기 납치 사건은 위기 상황에서 하지 말아야 할 모든 행동을 전형적으로 보여줬으며 오늘날 인질 협상에 활용하고 있는 이론, 훈련, 기법의 발달에 기여했다. 이런 비극이 일어난 직후 뉴욕 시 경찰국은 위기 협상을 담당하는 전담 전문가 팀을 만들고 절차를 체계화했다.

FBI와 다른 기관들이 뒤를 이었다. 협상에 새로운 시대가 열렸다.

감성 대 이성

1980년대 초 다양한 분야의 학자들이 서로 협력해 새로운 심리 이론을 탐구하기 시작하면서 매사추세츠 주 케임브리지는 협상 세계에서 가장 활기찬 곳이 됐다. 특히 1979년에 협상 이론, 교습, 훈련을 발전시킬 목적으로 하버드 협상 프로젝트가 설립된 이래 사람들이 평화 조약부터 기업 합병에 이르는 온갖 협상에 좀 더 효과적으로 임할 수 있게 되면서 크게 발전했다.

2년 뒤 하버드 협상 프로젝트 공동 창립자 로저 피셔Roger Fisher와 윌리엄 유리William Ury는 협상가가 협상을 생각하는 방식을 완전하게 바꿔 놓은 획기적인 책《예스를 이끌어 내는 협상법Getting to Yes》을 출간했다. 피셔와 유리는 기본적으로 문제 해결을 체계화함으로써 협상 당사자들이 상호 간에 유익한 거래, 다시 말해 제목에서 말하는 '예스'에 이르도록 하는 접근 방법을 추구했다. 그들은 인간의 감정적 측면은 동물적이라서 신뢰할 수 없으며 비이성적인 야성은 문제 해결을 위한 이성적인 문제 해결 사고방식을 통해 극복할 수 있다고 가정했다.

피셔와 유리가 제시한 체계는 따라 하기 쉬워서 눈길을 끌었으며 다음 4가지 기본 법칙을 강조했다. 첫째, 사람 즉 감정과 문제를 분리한다. 둘째, 상대의 입장(상대의 '요구')이 아니라 이해관계(상대가 그 요구를 하는 '이유')에 초점을 맞춤으로써 상대가 정말로 원하는 바가 무엇인지 찾는다. 셋째, 상호 이익이 되는 옵션을 창출하기 위해 협력한다. 넷째, 실행 가능한 해결책을 평가하기 위해 합의 기준을 확립한다.

이는 당시 최신의 게임 이론과 법률 사고를 결합한 합리적이며 심오한 통합체였다. 이 책이 출간된 이래 한동안 FBI와 뉴욕 시 경찰국을 포함한 모두가 문제 해결을 중심으로 협상 과정에 접근했다. 이는 대단히 현대적인 동시에 현명하게 보였다. 반면, 케임브리지 대학교에서 한참 떨어진 시카고 대학교에서 연구하고 있던 두 명의 교수들은 경제학에서 협상에 이르기까지 이와 상당히 다른 각도에서 모든 일을 보고 있었다. 그들은 경제학자 아모스 트버스키Amos Tversky와 심리학자 대니얼 카너먼Daniel Kahneman이었다. 두 사람은 함께 인간이 매우 비이성적인 동물이라는 사실을 증명함으로써 행동 경제학 분야를 창설했고 카너먼은 이 연구로 노벨 경제학상을 받았다.

트버스키와 카너먼은 감정이 사고의 한 형태임을 발견했다. 앞에서 봤듯이 1980년대에 하버드를 비롯한 여러 경영대학원이 협상을 가르치기 시작했을 때는 그 절차를 간단한 경제 분석으로 나타냈다. 당시는 세계 최고 경제학자들이 인간은 모두 '합리적 행위자'라고 언명하던 시기였다. 따라서 이는 협상 수업에도 그대로 적용됐다. 상대가 자기 입장을 극대화하기 위해 합리적이며 이기적으로 행동하고 있다고 가정하면서 자신의 가치를 극대화하는 다양한 계획에 대응하는 방법을 알아내는 것이 목표였다.

오랫동안 심리학을 연구하면서 "인간은 완전히 합리적이지도 전적으로 이기적이지도 않으며 인간의 기호는 결코 안정적이지 않다."는 사실을 알고 있었던 카너먼은 이런 사고방식을 도저히 이해할 수 없었다. 수십 년에 걸쳐 트버스키와 함께 연구를 거듭한 카너먼은 모든 인간이 '인지 편향Cognitive Bias'을 겪고 있다는 사실을 증명했다. 인지 편향이란 말 그대로 우리가 세상을 보는 방식을 왜곡하는 무의식적이며 비합리적인 뇌 과정이다. 카너먼과 트버스키는 이런 사례를 150건 이상 발견했다.

'프레이밍 효과Framing Effect'는 동일한 선택을 어떻게 표현하는가에 따라 사람들이 이에 다르게 반응한다는 사실을 보여준다. 사람들은 똑같은 10%라고 할지라도 45%에서 55%로 상승할 때보다 90%에서 100%, 즉 가능성이 높아져서 확실성으로 상승하게 될 때 더 큰 가치를 부여한다. '전망 이론Prospect Theory'은 불확실한 손실에 직면했을 때 불필요한 위험을 무릅쓰는 이유를 설명한다. 가장 유명한 '손실 회피Loss Aversion'는 이득과 손실의 크기가 동일할 때 이득을 얻기보다는 손실을 회피하는 행동을 할 가능성이 통계적으로 더 높음을 보여준다.

이후 2011년에 카너먼은 연구 내용을 그의 책《생각에 관한 생각 Thinking, Fast and Slow》[2]에 체계적으로 정리했다. 카너먼은 인간의 사고 체계가 두 종류라고 주장했다. 먼저 시스템 1인 동물적 사고는 빠르고 본능적이며 감정적이다. 반면에 시스템 2는 느리고 신중하며 논리적이다. 또한 시스템 1이 훨씬 더 큰 영향을 발휘한다. 실제로 시스템 1은 인간의 이성적 사고를 이끌고 조종한다. 시스템 1에 속하는 초기 신념, 감정, 인상은 시스템 2에 속하는 확고한 신념과 신중한 선택을 좌우하는 주요 원천이다. 시스템 1은 강에 물을 공급하는 샘이다. 우리는 제안이나 문제에 감정적으로 반응(시스템 1)한다. 그 다음 시스템 1의 반응이 정보를 제공하고 실질적으로 시스템 2의 대응을 창출한다.

이제 생각해보자. 이 이론에 따라 본인의 질문과 진술을 표현하고 전달함으로써 상대의 시스템 1 사고, 즉 불분명한 감정에 영향을 미치는 방법을 안다면 상대의 시스템 2에 속한 이성을 이끌 수 있고 상대의 반응도 조정할 수 있다. 하버드 협상 강의에서 내가 앤디에게 사용한 방식 역시 이것이다. 나는 "내가 그 요구를 어떻게 들어줄 수 있겠나?"라는 질문을 통해 앤디의 시스템 1에 속한 감정적 사고에 영향을 미침으로써 그가 자신의 제안이 적절하지 않다는 점을 받아들이도록 했다. 그러면서 앤디의 시스템 2가 내게 더 유리한 제안을 하는 것이 당연하게 느껴지도록 상황을 합리화했다. 카너먼의 이론에 따른다면 시스템 1에 속한 감정적 토대를 읽고 이해하며 조종하는 방법을 모른 채 시스템 2 개념에만 근거한 협상을 실시하는 방식은 애초에 달걀을 깨는 방법도 모르면서 오믈렛을 만들려는 시도와 같다.

설득이 어려운 건 감정 때문이다

1980년대부터 1990년대에 이르기까지 신규 FBI 인질 협상팀이 성장하고 문제 해결 기술 부문에서 경험을 쌓는 중에 FBI 시스템에 중대한 요소가 빠져 있다는 사실이 드러났다.

당시 FBI는 《YES를 이끌어 내는 협상법》에 푹 빠져 있었다. 그리고 풍부한 경험을 갖춘 협상가이자 컨설턴트이며 강사인 내가 봐도 이 책에 담긴 강력한 협상 전략들은 여전히 수긍이 간다. 출간 당시 이 책은 협력적 문제 해결 분야에 획기적인 발상을 제시했고 협상에 의한 합의를 대신할 최선의 대안, 즉 배트나를 준비해서 협상에 임해야 한다는 등 협상에 반드시 필요한 개념을 고안했다.

이는 천재성이 빛나는 저작이었다. 그러나 1992년 백인우월주의자 랜디 위버가 살던 아이다호 주 루비 리지 농장과 1993년 세상의 종말을 준비하고 있던 다윗파 교주 데이비드 코레쉬가 이끌던 신도들의 집단 거주지인 텍사스 주 웨이코에서 실시한 포위 작전이 인명 피해를 비롯한 처참한 결과로 끝났다. 이 사건으로 인질 협상 대부분이 결코 합리적 문제 해결 상황이 아니라는 사실을 부정할 수 없게 됐다.

애초에 자기가 구세주라고 생각하는 사람을 상대로 쌍방에게 유익한 해결책을 마련할 수 있겠는가? 《YES를 이끌어 내는 협상법》이 납치범들에게 통하지 않는다는 사실은 눈에 띄게 확실해졌다. 아무리 수많은 FBI 요원이 밑줄 치며 그 책을 읽어도 인질 협상가가 거래 성립에 접근하는 방식을 개선할 수는 없었다. 그 책에 제시된 명석한 이론과 일상에서 일어나는 실제 법률 집행 사례 사이에는 단절이 확실히 존재했다. 수많은 사람이 이 책을 읽고 최고의 협상 서적이라고 추켜세우곤 했으나 실제로 그 이론을 성공적으로 실천할 수 있었던 사람이 극히 적었던 이유는 무엇일까?

우리가 바보였을까? 루비 리지 사건과 웨이코 사건이 발생한 후 많은 사람이 이 질문을 던졌다. 특히 미국 법무부 차관 필립 B. 헤이만Philip B. Heymann은 FBI의 인질 협상 기법이 왜 그렇게 형편없는지 알고 싶어 했다. 1993년 10월 헤이만은 〈웨이코 사건의 교훈 : 연방 법률 집행 변화 제안Lessons of Waco : Proposed Changes in Federal Law Enforcement〉[3] 이라는 보고서를 발표했다. 이 보고서는 연방 법률 집행 기관이 복잡한 인질 상황에 제대로 대처하지 못하는 무능력을 전문가 위원회가 진단한 사항을 요약했다.

그 결과 1994년 FBI 국장 루이스 프리Louis Freeh가 긴급사건대응반 CIRG, Critical Incident Response Group을 구성한다고 발표했다. 이는 위기협상, 위기관리, 행동과학, 인질구출 팀을 통합함으로써 위기 협상을 개혁하는 통합 부서였다. 유일한 쟁점은 우리가 어떤 기법을 사용할 것인가라는 문제였다.

이 무렵 FBI 역사상 가장 훈장을 많이 받은 협상가인 내 동료 프레드 랜슬리와 전前 상사인 게리 네스너가 캘리포니아 주 오클랜드에서 인질 협상 수업을 하던 중에 노련한 법률 집행관 35명을 대상으로 단순한 질문을 던졌다. "문제 해결이 최고의 기법이 되는 전형적인 흥정 상황에 대처해본 사람이 몇 명이나 되겠는가?" 아무도 손을 들지 않았다. 그 다음 두 사람은 다른 질문을 던졌다. "인질범이 감정에 북받쳐 명확한 요구사항을 제시하지 않는 동적이고 격앙되어 있으며 불확실한 상황에 빠진 사건을 다뤄본 사람은 몇 명이나 되는가?"

모두가 손을 들었다. 경찰 협상가가 다뤄야 하는 사건 대부분이 이성적인 상호작용이 아니라 감정에 좌우되는 분쟁이라면 협상 기술 또한 동물적이고 감정적이며 비이성적인 측면에 초점을 맞춰야 했다. 그때 이후로 FBI는 쌍방 타협 협상과 문제 해결 훈련이 아니라 위기 중재 상황에 필요한 심리 기술 교육을 강조해야 했다. 감정과 감성지능EI(Emotional Intelligence : 자신이나 타인의 감정을 인지하는 개인의 능력)은 효과적인 협상에 있어서 극복해야 할 대상이 아니라 중점적으로 다뤄야 했다.

우리에게는 사람들을 진정시키고 신뢰 관계를 형성하여 욕구를 표출하게 만드는 동시에 상대가 우리에게 공감하도록 설득하고자 할 때 현장에서 효과를 발휘하는 단순한 심리 전술과 전략이 필요했다. 무엇보다 쉽게 가르치고 쉽게 배워서 쉽게 실행할 수 있는 기술이어야 했다. 어차피 협상가는 경찰과 요원들이었고 그들은 학자나 심리 치료사 일에는 관심이 없었다. 그들은 인질범이 어떤 사람이든, 무엇을 원하든 간에 사건에 휘말린 모든 사람의 안전을 확보할 수만 있다면 그 위기의 감정적 상황을 전환할 수 있도록 인질범의 행동을 바꾸고자 할 뿐이었다.

초기에 FBI는 상담 전문가가 개발한 각종 치료 기법을 실험했다. 이런 상담 기술은 사람들이 겪게 될 일과 그에 대해 느끼는 감정을 이해한다는 점을 분명하게 드러냄으로써 사람들과 긍정적인 관계를 구축하고자 했다. 이는 모두 사람은 이해받고 인정받고 싶어 한다는 보편적으로 적용되는 전제에서 시작한다. 경청은 여기에 이를 수 있는 가장 저렴하면서도 가장 효과적인 수단이다. 협상가는 경청을 통해 공감을 표현하고 상대가 무엇을 경험하고 있는지 충분히 이해하고자 하는 진심 어린 욕망을 갖고 있다.

심리요법 연구에 따르면 사람들은 누군가가 자기 얘기를 경청한다고 느낄 때 자기 자신의 생각과 감정을 솔직하게 평가하고 분명히 밝히는 경향이 있다. 또한 방어적이고 대립적이기보다 상대의 관점에 좀 더 기꺼이 귀를 기울이고자 한다. 이를 통해 그들은 '예스를 이끌어내는 협상법'이 통하는 문제 해결자가 되기 위한 침착하고 논리적인 사고를 할 수 있게 된다.

이 책에서 배우게 될 가장 중요한 개념은 '전술적 공감Tactical Empathy'이다. 이는 상대의 생각에 접근하기 위해 섬세한 감성지능 행동과 적극적으로 영향을 미치는 기술을 균형 있게 실시하는 무술과도 같은 듣기 전술이다. 일반적인 견해와 달리 듣기는 수동적인 행동이 아니다. 이는 우리가 할 수 있는 가장 적극적인 행동이다.

우리가 새로운 기법을 개발하기 시작한 이래 협상 세계는 두 갈래로 나뉘었다. 미국 명문 대학들은 계속해서 기존의 합리적 문제 해결 방식을 고수한 반면, 아이러니하게도 FBI에서는 심리학, 상담, 위기 개입에 근거한 검증되지 않은 방식으로 요원들을 훈련하기 시작했다. 아이비리그가 수학과 경제학을 가르치는 동안 FBI는 공감의 전문가가 됐다. 그리고 우리 방법은 꽤 효과가 있었다.

인생은 협상이다

FBI 협상가들은 대체 어떤 방법으로 세상에서 가장 흉포한 악당들이 인질을 포기하게 만드는지 궁금하게 여길 수는 있겠지만 인질 협상이 자기 인생과 어떤 상관이 있는지 깊게 생각해본 사람은 별로 없을 것이다. 다행스럽게도 자기가 사랑하는 사람을 납치한 이슬람 테러리스트들과 대면해야 하는 사람은 극소수다.

여기에서 한 가지 비밀을 공개하겠다. 인생은 협상이다. 우리가 직장과 가정에서 취하는 상호작용 대부분은 '나는 원한다.' 라는 단순하고 동물적인 충동이라는 표현으로 압축되는 협상이다. "인질들을 석방하길 바란다."는 말은 물론 이 책과 무척 깊은 관계를 지닌다. 그러나 "당신이 그 100만 달러짜리 계약을 받아들이길 바랍니다."라거나 "그 차를 2만 달러에 사고 싶습니다."라거나 "급여를 10% 올려 주세요."와 같은 말, 심지어 "밤 9시에는 잠자리에 들도록 하렴."과 같은 말도 마찬가지다.

협상은 인생에서 정보를 수집하고 행동에 영향력을 행사한다는 분명하고 중요한 기능을 수행하며 각자가 상대에게 무엇인가를 원하는 거의 모든 상호작용을 포함한다. 살면서 어떤 순간에는 직업, 경제 사정, 평판, 결혼 생활, 나아가 자녀의 운명에 이르기까지 만사가 협상력에 좌우된다.

이 책에서 말하는 협상은 결과가 존재하는 의사소통과 다름없다. 삶에서 원하는 것을 얻는다는 건 타인으로부터, 그리고 타인과 함께 원하는 것을 얻는 일이다. 모든 관계에서 쌍방 간의 갈등은 피할 수 없다. 따라서 손해를 입히지 않으면서 원하는 바를 얻고자 한다면 그런 갈등에 대처하는 방법을 이해하는 것이 유용할 뿐만 아니라 필수적이다.

나는 20년 넘게 FBI에서 쌓은 경력을 활용해 인질 협상 분야에서 효율적으로 사용했던 원칙과 관행을 사실상 그 어떤 협상에서라도 상대의 경계를 풀고 주의를 돌려서 무장 해제할 수 있도록 고안한 흥미진진한 새로운 접근법으로 바꿨다. 더군다나 그 과정에서 관계를 굳건하게 하는 방식을 취했다. 이 책에서는 FBI가 어떻게 납치범들의 마음을 움직여 수많은 인질이 안전하게 풀려나도록 했는지도 소개할 것이다. 동시에 자동차를 더 싸게 구매하고 연봉을 더 많이 올려 받고 아이들이 제시간에 잠자리에 들도록 협상하기 위해 인간 심리에 대한 깊은 이해를 어떻게 활용할 것인지도 얘기할 것이다. 이 책은 일과 인생에 영향을 미치는 대화에서 주도권을 되찾는 방법을 알려줄 것이다.

일상에서 마주치는 협상에 통달하기 위한 첫 번째 단계는 협상에 대한 반감을 극복하는 일이다. 협상을 즐길 필요는 없다. 단지 세상이 협상으로 돌아간다는 사실을 이해하기만 하면 된다. 협상은 누군가를 위협하거나 학대하는 행위가 아니다. 단지 인간 사회가 유발하는 감정 게임에 참여하는 것이다. 이 세상에서 당신은 요구하는 바를 얻게 되므로 올바르게 요구하기만 하면 된다. 그러니 당신이 옳다고 생각하는 대로 요구할 권리를 주장하라.

인질 협상가는 '반드시 이겨야 한다.'는 독특한 역할을 수행해야 한다는 사실을 기억하라. 인질 협상가가 은행 강도에게 "그래, 인질을 4명 잡았군. 절충해서 합의하지. 두 명을 이리 넘기고 마무리 하지?"라고 할 수 있겠는가? 아니다. 유능한 인질 협상가는 상대에게 아무것도 남겨주지 않고 원하는 전부를 얻어내야 하며 그것도 상대가 상호 관계가 양호하다고 느끼는 상태에서 얻어내야 한다. 인질 협상가는 강력한 감성 지능을 발휘한다. 이제 그 방법을 차근차근 소개해보겠다.

1980년대 초 하버드 협상 프로젝트 공동 창립자 로저 피셔와 윌리엄 유리는 《예스를 이끌어 내는 협상법》이란 책에서 인간의 감정적 측면, 즉 동물적이고 신뢰할 수 없으며 비이성적인 야성은 문제해결을 위한 이성적인 사고방식을 통해 극복할 수 있다고 가정했다. 이 책이 출간된 이후 FBI에서는 문제 해결을 중심으로 협상 과정에 접근했다.

시카고 대학교에서 연구하고 있던 아모스 트버스키와 대니얼 카너먼은 감정이 사고의 한 형태임을 발견했다. 그러나 1980년~90년대 FBI 시스템에 중대한 요소가 빠져 있다는 사실이 드러났다. 협상가가 다뤄야 하는 사건 대부분이 이성적이 상호작용이 아니라 감정에 좌우되는 분쟁이기 때문에 협상 기술도 동물적이고 감정적이며 비이성적인 측면에 초점을 맞춰야 한다는 것이다. 이후 FBI는 쌍방 타협 협상과 문제 해결 훈련이 아니라 위기 중재 상황에 필요한 심리 기술 교육을 강조해왔다.

이 책에서 배워야 할 가장 중요한 개념은 전술적 공감이다. 상대의 생각에 접근하기 위해 섬세한 감정 지능 행동과 적극적으로 영향을 미치는 기술을 균형 있게 실시하는 듣기 전술이다.

FBI가 이런 새로운 기법을 개발하기 시작한 이래 협상 세계는 두 부류로 나뉘었다. 미국 명문 대학들은 기존의 합리적 문제 해결 방식을 고수한 반면, FBI에서는 심리학, 상담, 위기 개입에 근거한 검증되지 않은 방식으로 요원들을 훈련하기 시작했다. 아이비리그가 수학과 경제학을 가르치는 동안 FBI는 공감의 전문가가 된 것이다.

CHAPTER 2

왜 상대가 하는 말에
넘어가는가

분주한 가을날 오전 8시 30분경이었다. 얼굴을 가린 은행 강도 두 명이 브루클린 7번 가와 캐롤 가 교차로에 위치한 체이스맨해튼은행에 들이닥친 순간 경보기가 울렸다. 은행 내에는 여성 행원 두 명과 남성 경비원 한 명뿐이었다. 강도들은 비무장 상태인 60세 경비원의 머리를 357구경 권총으로 때려 기절시킨 뒤 화장실로 끌고가서 감금했다. 행원 중 한 명도 마찬가지로 권총에 맞아 기절했다.

그 다음 강도 중 한 명이 나머지 행원 입에 총구를 들이대고 방아쇠를 당겼다. 탄창은 비어 있었다. 강도는 "다음엔 진짜야. 금고 열어."라고 말했다. 영화에서는 은행 강도가 인질을 잡고 경찰과 대치하는 사건을 흔히 볼 수 있다. 하지만 미국의 다른 지역과 비교할 때 인질 협상 전문가가 많은 편인 뉴욕에서도 이런 사건은 거의 20년 만이었다. 그리고 이것은 내가 처음으로 맡은 긴박하고 대담한 인질 사건이었다.

당시 나는 1년 반 동안 인질 협상 훈련을 받은 상태였지만 새롭게 습득한 기술을 발휘할 기회는 아직 없었다. 안 그래도 1993년은 이미 무척 바쁘고 정신없는 해였다. FBI 합동테러대책팀에 근무하면서 나는 홀랜드 터널과 링컨 터널, 국제연합본부, FBI 뉴욕 본부가 있는 맨해튼 연방 청사를 폭파하려는 계획을 저지하는 수사에 공동 사건 요원으로 참여했다. 테러리스트들이 은신처에서 폭탄을 제조하는 현장을 덮쳤다. 음모자들은 이후 우리가 적발한 음모를 지휘한 장본인으로 유죄 판결을 받은 '맹인 지도자'와 연계된 이집트 조직에 가담하고 있었다.

테러 음모를 퇴치한 우리에게 은행 강도는 하찮은 사건이었을 거라고 생각할 수도 있겠지만 그때 이미 내가 평생 동안 협상에 열중하게 될 것임을 깨닫고 있었다. 나는 새로 배운 기술을 시험해보고 싶어서 안달이 나 있었다. 게다가 이는 전혀 하찮은 사건이 아니었다. 전화를 받은 뒤 동료 찰리 보두앵과 현장으로 달려가 차에서 내린 뒤 지휘 본부로 향했다. 뉴욕 시 경찰국, FBI, 특수기동대 등 온갖 부대가 이 사건에 대처하기 위해 나와 있었다. 감당하기 힘든 일을 벌이고 필사적인 반응을 나타내고 있는 은행 강도 두 명에게 법률 집행 기관이 온 힘을 다해 대항하고 있었다. 뉴욕 시 경찰은 트럭과 경찰차 대열을 방패삼아 건너편 은행 내부에 자리 잡았다. 특수기동대 팀원들은 주변 고급 건물 지붕에서 라이플 조준경을 들여다보며 은행 앞문과 뒷문을 향해 총구를 겨누고 있었다.

우리가 믿고 있는 것이 늘 진실일까

우수한 협상가는 협상에 임할 때 뜻밖의 요소에 대비해야 한다는 사실을 알고 있다. 특출한 협상가는 뜻밖의 요소가 분명히 존재할 것이라 확신하고 자기 기술을 활용해 그것을 밝히고자 한다. 특출한 협상가는 경험을 통해 상황, 상대의 요구사항 등 온갖 변수에 관한 다양한 가설을 동시에 염두에 두고 있을 때가 최선임을 알고 있다. 특출한 협상가는 당면한 상황에 정신을 곤두세우고 갑자기 몰려오는 모든 새로운 정보를 활용해 올바른 가정과 잘못된 가정을 가려낸다.

협상가들은 각각의 새로운 심리적 통찰이나 제공받은 추가 정보를 이용해 앞으로 일어날 일을 예측하고 기존의 가설 중에서 취사선택한다. 그들은 그런 과정을 통해 발견하고자 하는 의지와 열정을 가져야 한다. 협상에 착수할 때 우선적인 목표는 최대한 많은 정보를 얻고 관찰하는 것이다. 이는 진짜 똑똑한 사람이 협상가가 되기 힘든 이유 중 하나다. 그들은 자신이 너무 똑똑하기 때문에 새로운 정보가 더 이상 존재하지 않는다고 생각한다.

사람들은 대개 자기가 믿고 있는 바를 고수하려는 경향을 지닌다. 자기가 들은 내용이나 편견에 근거해서 상대를 만나기도 전에 그 사람에 대해 짐작하는 경우가 많다. 심지어 이미 내린 결론에 들어맞도록 자신의 지각조차 무시하기도 한다. 이런 가정은 우리가 세상을 인지하는 지각 능력을 차단해 상황이 변함없다는 잘못된 정보를 전달한다.

특출한 협상가는 사람들이 굳게 믿고 있거나 오만하게 고수하는 가정에 의문을 품을 수 있다. 따라서 모든 일에 대한 가능성이 한층 더 열려 있고 유동적인 상황에 지적으로 기민하게 대처할 수 있다.

유감스럽게도 1993년의 나는 특출한 협상가와 거리가 멀었다. 모두가 그 위기 상황이 금방 종결될 것이라고 생각했다. 은행 강도들은 자수할 수밖에 없었다. 적어도 우리는 그렇게 생각했다. 사실 우리는 사건에 임할 때 은행 강도들이 자수하고 싶어 한다는 정보를 입수했다. 나중에 안 사실이지만 그들 중 주모자가 시간을 벌기 위해 꾸민 계략이었으며, 그때는 전혀 파악하지 못했다. 주모자는 온종일 다른 가담자 4명이 자신에게 가하는 영향력을 계속해서 언급했다. 당시 나는 상대가 '우리, 그들, 나'와 같은 인칭대명사를 남용하는지 주의를 기울여야 한다는 사실을 알지 못했다. 자신을 하찮은 인물이라고 표현할수록 중요한 인물일 가능성이 높다(그 반대도 마찬가지다). 나중에 우리는 주모자 외에 은행 강도는 한 명밖에 없을 뿐 아니라 그도 속아서 강도짓에 가담하게 됐다는 사실을 알게 됐다. 정확히 말해 도주 차량에 대기하던 운전자까지 넣으면 세 명이었지만 그는 우리가 현장에 도착하기도 전에 달아났다.

'주모자'는 자기 나름대로 '대對정보 작전'을 실행하면서 우리에게 온갖 허위 정보를 흘렸다. 그는 국적이 다양한 공모자들이 가담하고 있다고 거짓말을 했다. 또한 공모자들이 자신보다 훨씬 더 다혈질이고 위험한 사람들이라고 말했다. 되돌아보면 그의 계획은 분명했다. 그는 어떻게 할지 생각해낼 시간을 벌기 위해 우리를 혼란에 빠트리고자 자기가 주모자가 아니며 결정은 다른 사람들이 내린다고 말했다. 우리가 어떤 정보를 넘겨달라고 요청했을 때 그는 당황해했으며, 적어도 다소 망설이는 듯했다. 그럼에도 불구하고 그는 언제나 아주 침착하고 확신에 찬 목소리로 말했다. 나와 동료들은 무엇을 상대하고 있는지 알기 전까지는 무엇을 상대하고 있는지 모른다는 사실을 떠올렸다.

전화가 걸려온 때는 8시 30분경이었지만 우리가 은행 맞은편에 도착해 연락을 취했을 때는 아마도 10시 30분경이었을 것이다. 우리가 현장에 도착했을 때는 정석대로 짧게 끝날 진부한 사건이 될 것이라고 했다. 강도들이 자수하길 원한다고 알고 있었기 때문에 지휘관들은 우리가 10분이면 철수하게 될 것이라고 생각했다. 이는 나중에 협상이 고착 상태에 빠졌을 때 문제가 됐고 지휘 본부는 망신을 당했다. 처음에 습득한 허위 정보를 근거로 한 낙관적인 초기 관측을 언론에 흘리는 실수를 했기 때문이다. 우리는 자수를 받으려고 현장에 도착했지만 상황은 거의 즉시 예측에서 비껴갔다. 우리가 안다고 '가정'했던 모든 정보가 거짓이었다.

상대의 욕망을 알아야 하는 이유

FBI는 체이스맨해튼은행에서 좁은 길을 건너 바로 맞은편에 있는 은행 사무실에 협상 작전 본부를 세웠다. 우리는 인질극 발생 장소에 너무 가까이 있었기 때문에 곧바로 불리한 입장에 놓였다. 당시 위기 발생 지점에서 30m도 떨어지지 않은 곳에 있었으나 실제로는 그것보다는 좀 더 멀리 떨어진 완충 지역이 이상적이었다. 협상이 종료됐을 때 어떤 최악의 시나리오가 기다리고 있을지 모르는 상황이므로 좀 더 거리를 두는 편이 바람직했다.

동료와 내가 현장에 도착했을 때 나는 즉시 전화를 받고 있는 경찰 측 협상가에게 지시를 내리는 업무를 맡았다. 그의 이름은 조였고 대응을 잘하고 있는 편이었다. 하지만 이런 상황에서는 그 누구도 단독으로 일하지 않았다. 우리는 항상 팀으로 움직였다. 이런 방침 뒤에는 경청하는 사람이 많으면 더 많은 정보를 듣게 된다는 생각이 자리하고 있었다. 농성 상태에 대처하는 경우 우리는 최대 5명까지 통화 내용을 듣게 하고 정보가 들어오는 대로 분석해서 전화를 받고 있는 사람에게 조언과 지시를 내밀하게 전달했다. 그것이 우리 대응 방식이었다. 우리는 조가 전화를 받으면서 상황을 끌어가도록 하고 서너 명이 추가로 통화 내용을 듣고 쪽지를 주고받으며 혼란스러운 상황을 정리하고자 애썼다. 한 명은 상대 입장에서 전화를 받고 있는 범인의 감정 상태를 알아내고자 했고, 다른 한 명은 우리가 직면하고 있는 상황을 좀 더 잘 판단하는 데 도움이 될 만한 단서 또는 '실마리'를 귀 기울여 듣는 식이었다.

내가 가르치는 학생들은 이런 개념에 의문을 품고 "팀 전체가 통화 내용을 들어야 할 필요가 있나요?"라고 묻곤 했다. 나는 FBI가 그런 결론에 이르렀다는 사실에 주목해야 한다고 강조했다. 경청이란 정말이지 쉬운 일이 아니다.

우리는 쉽게 산만해진다. 우리는 자기가 듣고 싶은 것만 듣는 선택적 청취를 하게 되고 진실보다는 일관성을 유지하고자 인지 편향에 근거해 사고한다. 이것은 단지 시작에 불과하다. 사람들은 대부분 자기 입장을 옹호하는 논거에 사로잡힌 상태에서 협상에 접근하기 때문에 주의를 기울여 듣지 못한다. 심리학계에서 가장 많이 인용된 연구 논문 중 하나를 쓴 조지 A. 밀러George A. Miller는 어떤 때이든 인간이 의식 상태에서 처리할 수 있는 정보는 7개에 불과하다는 생각을 설득력 있게 펼쳤다. 다시 말해 인간은 쉽게 과부하 상태에 빠진다.

협상을 투쟁이라고 보는 사람들의 경우 그들을 압도하는 대상은 자기 머릿속에 울리는 목소리다. 말하고 있지 않을 때 그들은 자기 주장을 생각하고 있고, 말하고 있을 때 그들은 자기 주장을 펼치고 있다. 협상 당사자 양측이 똑같은 행동을 하는 경우가 많은데, 이럴 때면 내가 정신분열증 상태라고 부르는 상황이 벌어진다. 모두가 자신의 머릿속에 울리는 목소리만 듣고 있고 그나마도 경청하지도 않는다. 7~8가지를 동시에 하고 있기 때문이다. 겉보기에는 대화에 참여하고 있는 사람이 단 두 명이더라도 실은 4명이 한꺼번에 얘기하고 있는 것과 같은 상태다.

협상 당사자 쌍방의 머릿속에 울리는 목소리를 동시에 잠재우는 방법, 즉 알약 한 알로 정신분열증 환자 두 명을 치료하는 강력한 방법이 있다. 자기 주장의 우선순위를 매기는 대신, 좀 더 정확히 말해 사태 초기에 자기가 무슨 말을 할 것인지 생각하기 이전에 상대가 하고자 하는 말에만 전적으로 집중하라. 이어지는 내용에서 배우게 될 전술을 활용해 진정으로 적극적 경청을 하는 모습을 보이면 상대를 무장 해제시킬 수 있을 것이다. 적극적으로 경청하면 상대도 안심하게 된다. 그들 머릿속에 울리던 목소리도 진정되기 시작할 것이다.

협상에서 중요한 목표는 상대가 금전적으로나 감정적으로 또는 그 외 실제로 무엇을 필요로 하는지 찾아내고 그들이 무엇을 원하는지 털어놓을 만큼 충분히 안심하도록 만드는 것이다. 상대가 원하는 바를 알면 상대가 필요로 하는 바를 찾아내는 데 도움이 된다. 욕망은 목적을 달성하고자 하는 열망을 대변하고 협상을 시작할 때 지니고 있던 통제감이라는 환상을 지속시키므로 상대의 욕망을 알면 쉽게 말문을 열게 할 수 있다. 필요는 생존, 즉 행동하기 위해 필요한 최소한을 암시하며 결국 우리를 취약하게 만든다. 그러나 우리가 시작할 지점은 욕망도 필요도 아니다. 협상은 상대를 존중하고 그들의 감정을 인정하고 진정한 대화를 시작하기 위해 필요한 신뢰와 안전을 도모하는 경청으로 시작한다.

당시 우리는 인질극 주모자를 상대로 이 목표를 달성하지 못했다. 그는 계속해서 수상한 연막작전을 펼치며 자신의 이름을 가르쳐 주지 않으려고 했고 목소리를 변조하려고 했다. 또한 은행 내부에 있는 사람들이 전부 통화 내용을 들을 수 있도록 스피커폰을 사용하고 있다고 계속해서 말했으며 그러다가 갑자기 조에게 '대기'하라고 말한 상태에서 전화를 끊곤 했다. 그는 계속 승합차 얘기를 꺼내면서 자기 패거리와 인질들을 태우고 지역 관할서에 자수하러 갈 수 있도록 차를 준비해달라고 말했다. 이 때문에 자수라는 허튼 정보로 착각하게 됐지만 이는 자수 계획이라기보다는 탈출 계획이었다. 그는 마음 한 구석에서 어떻게든 잡히지 않고 은행에서 빠져나올 수 있다고 생각했으며, 도주 차량 운전자가 현장에서 도망치다 보니 차량이 꼭 필요했던 것이다.

한차례 통화를 끝낸 뒤 두 가지 사실이 명확해졌다. 주모자는 우리에게만 거짓말을 한 것이 아니었다. 보아하니 이 주모자는 공모자들에게도 그날 아침 은행을 털 것이라고 말하지 않은 듯했다. 알고 보니 그는 그 은행을 담당하는 현금 운송업자였고 공모자들은 현금인출기를 털러 간다고만 생각했다. 그들은 인질극에는 동의하지 않았기 때문에 어떤 의미에서는 공모자들 역시 인질이었다. 그들은 예측하지 못한 난처한 상황에 휘말렸고 결국에 우리는 인질범들 사이에서 발생한 이 같은 '단절'을 이용해 그들 사이를 벌어지게 함으로써 교착 상태를 끝낼 수 있었다.

지나치게 서두르면 관계가 깨진다

주모자는 자기 패거리가 인질들을 잘 돌보고 있다는 인상을 주고 싶어 했지만 사실 경비원은 현장에 없었고 행원 중 한 명은 은행 지하실로 도망쳐 숨은 상태였다. 조가 인질과 통화를 하고 싶다고 말할 때마다 주모자는 시간을 끌며 은행 안에서 난리법석이 난 것처럼 굴었다. 그리고 자신들이 인질들을 돌보느라 얼마나 많은 시간과 에너지를 쏟아 붓고 있는지 장황하게 설명을 늘어놓았다. 주모자는 자주 이 핑계를 대면서 조에게 기다리라고 하거나 전화를 끊었다. 그는 "인질들이 화장실에 가고 싶대."라거나 "인질들이 가족들에게 전화하고 싶다네."라거나 "인질들이 배가 고프대."라고 말하곤 했다.

조는 주모자가 계속 말하도록 유도하는 일은 잘하고 있었지만 당시 경찰국이 사용하고 있던 접근법에 다소 매여 있었다. 그것은 가능한 모든 수단을 동원해 설득과 강요를 하거나 조작하는, 일종의 판매 방식과 날조를 반반 조합한 것이었다. 문제는 우리가 지나치게 서두르면서 사태를 빨리 해결하려고 몰아붙였다는 점이었다. 우리는 사람의 마음을 움직이려고 하지 않고 문제를 해결하려고만 했다.

지나치게 서두르는 것은 모든 협상가들이 저지르기 쉬운 실수 중하나다. 서두르는 것에 급급하면 상대는 자신이 하는 말을 잘 들어주지 않는다고 느끼게 됨으로써 그동안 쌓아온 관계와 신뢰가 약화될 위기에 처하게 된다. 협상가에게 있어 시간 경과가 가장 중요한 수단 중 하나임을 입증하는 수많은 연구가 이루어졌다. 진행 속도를 늦추면 동시에 상황을 진정시킬 수 있다. 어쨌든 범인도 말을 하고 있는 동안에는 총을 쏘지 않는다.

강도들이 인질들의 음식이 필요하다는 말을 꺼내기 시작했을 때 우리는 기회를 포착했다. 조는 한동안 그들이 원하는 음식과 그것을 전달할 방법을 조율했다. 그 과정 자체도 협상이 됐다. 우리는 상대가 원하는 대로 로봇 기기에 음식을 실어서 보낼 준비를 모두 마쳤으나 그가 갑자기 태도를 바꿔 없던 일로 하자고 말했다. 그는 은행 내부에서 음식을 찾았다고 말했고 '산 넘어 산, 물 건너 물'인 상태가 지속됐다. 다소 진전이 있다 싶으면 그는 갑자기 태도를 바꾸거나 전화를 끊어버리는 등 변덕을 부렸다.

그러고 있는 동안 우리 조사관들은 근처 거리에 있던 수많은 차량의 등록을 조사해 단 한 차량을 제외한 모든 차량의 소유주와 접촉하는 데 성공했다. 그 한 차량의 소유주는 크리스 와츠였다. 그 당시 이 정보는 우리가 지닌 유일한 단서였고 전화로 끊임없이 주모자와 실랑이를 벌이는 동안 크리스 와츠의 차량이 등록된 주소지로 조사관들을 보냈다. 그곳에서 조사관들은 크리스 와츠의 지인을 발견했고 그 사람은 사건 현장에 와서 범인이 크리스 와츠인지 확인해주기로 했다.

사건 현장 내부를 찍은 시각 자료를 확보하지 못한 상태였기 때문에 그 증인은 눈이 아니라 '귀'로 주모자의 목소리를 듣고 크리스 와츠의 신원을 확인할 수 있었다. 이제 적에 대해 더 많이 알게 됐고 덕분에 우리는 순간적으로 우위에 서게 됐다. 우리는 모든 퍼즐 조각을 끼워 맞추고 있었지만 좀처럼 최종 단계에 다가서지 못했다. 여기서 최종 단계란 건물 안에 누가 있는지 알아내고 인질의 건강과 안위를 확보해 범인과 인질 모두를 안전하게 빼내는 일이었다.

상대의 긴장을 풀게 만드는 목소리

5시간 뒤 우리는 교착 상태에 빠졌고 지휘를 맡고 있던 경찰 부서장이 나에게 교섭을 맡으라고 했다. 조가 빠지고 내가 투입됐다. 기본적으로 이는 물리력을 증대하지 않는 선에서 우리가 마음대로 사용할 수 있는 유일한 전략적 수법이었다.

이제 우리가 크리스 와츠라고 알게 된 그 남자는 전화를 갑자기 끊는 버릇이 있었으므로 그가 계속해서 말하도록 만들 방법을 찾아야 했다. 나는 심야 라디오 DJ 목소리, 즉 나직하고 부드러우며 상대의 긴장을 풀게 만드는 목소리로 말하기 시작했다. 나는 최대한 빨리 우리가 와츠의 정체를 알고 있다는 사실을 들이대라는 지시를 받았다. 또한 표준 규정을 거스르고 조를 대신한다는 사실을 미리 알리지 않은 채 전화를 받기 시작했다. 이는 뉴욕 시 경찰국 부서장이 교착 상태를 해소하기 위해 재빨리 내린 판단이었지만 쉽게 역효과를 낳을 수도 있었다. 상대를 진정시키는 목소리가 대립을 완화하는 비결이었다.

크리스 와츠는 내 목소리를 듣더니 즉시 내 말을 끊고 "이봐, 조는 어떻게 됐어?"라고 말했다. 나는 "조는 빠졌고 나는 크리스라고 하네. 이제 나한테 얘기하면 돼."라고 물었다. 나는 이 말을 말끝을 내리면서 평서문으로 말했다. 심야 라디오 DJ 목소리를 한마디로 표현하면 침착하고 이성적인 목소리이다.

협상 전략이나 접근법을 심사숙고할 때 사람들은 무엇을 말할지 또는 무엇을 할지에만 모든 에너지를 집중하는 경향을 나타내지만 가장 실행하기 쉬우면서도 가장 즉각적으로 영향력을 발휘할 수 있는 방식은 처신 방법, 즉 전반적인 품행과 전달 태도다. 인간의 뇌는 타인의 행위와 말뿐만 아니라 감정과 의도, 행동과 감정에 내포된 사회적 의미도 처리하고 이해한다. 인간은 주로 무의식적인 수준에서 생각이 아니라 상대가 무엇을 느끼는지 말 그대로 파악함으로써 타인의 마음을 이해할 수 있다. 이를 자기도 모르게 내보내는 신경 텔레파시의 일종이라고 상상하라. 우리 각자는 매순간 주변 사람들에게 우리가 놀거나 싸울 준비, 웃거나 울 준비가 됐음을 알리는 신호를 보내고 있다.

우리가 따뜻하게 동조하는 분위기를 풍길 때 대화는 자연스럽게 이어진다. 편안하고 열의에 찬 분위기는 사람들을 끌어당기게 만든다. 거리에서 누군가에게 미소를 지으면 반사적으로 그들 역시 미소를 짓는다. 협상 기술을 성공적으로 적용하기 위해서는 반드시 그 반사 작용을 이해하고 이를 실천해야 한다.

이것이 바로 모든 언어 의사소통에서 가장 강력한 무기가 목소리인 이유다. 우리는 목소리를 활용해 의도적으로 상대의 뇌에 손을 뻗어 감정 스위치를 누를 수 있다. 그 스위치는 불신을 신뢰로, 불안을 안정으로 전환시킨다. 적절한 전달 태도를 취한다면 그 즉시 스위치가 바로 그렇게 움직일 것이다.

협상가가 취할 수 있는 어조는 기본적으로 세 가지다. 바로 심야 라디오 DJ 목소리, 긍정적이고 명랑한 목소리, 직설적이거나 확신에 찬 목소리다. 우선 확신에 찬 목소리는 잊어라. 아주 드문 상황을 제외한다면 확신에 찬 목소리로 말하는 건 전진하려고 하는 와중에 자기 뺨을 때리는 것과 마찬가지다. 이 경우 상대보다 우리가 우월하다는 신호를 보내게 되면 상대는 통제 시도로 여기고 공격적으로 밀쳐낼 것이다.

협상가는 주로 긍정적이고 명랑한 목소리로 말해야 한다. 이는 태평하고 온화한 사람들의 목소리다. 또한 심각한 것보다 가볍게 격려하는 태도를 취해야 한다. 여기에서 핵심은 말하는 동안 긴장을 풀고 미소를 짓는 것이다. 전화 통화 중이라도 미소는 목소리에 상대가 알아차릴 수 있는 영향을 미친다. 이런 목소리는 문화에 구애받지 않으며 언어가 달라도 통하는 영향력을 발휘한다.

블랙스완그룹에서 일하는 강사 중 한 명은 여자친구와 함께 휴가로 터키에 갔을 때 어리둥절하고 무안한 상황에 처했다. 이스탄불 향신료 시장에서 흥정을 할 때 여자친구가 계속해서 자기보다 더 싼 가격에 구매했기 때문이었다. 중동 지역 시장 상인들에게 흥정은 예술에 가깝다. 그들은 감성지능을 섬세하게 연마했고 환대와 친절을 베풀어 효과적으로 손님을 끌어 모은 다음 구매로 이어지는 상호 관계를 맺는다. 그러나 그 강사가 여자친구의 행동을 관찰하면서 발견한 바와 같이 이는 양방향으로 작용한다는 것이다. 그녀는 흥정을 신나는 놀이로 접근했기 때문에 공격적으로 밀어붙일 때에도 미소와 명랑한 태도를 잃지 않았다. 그 결과 상인들을 상대로 성공적인 흥정 결과를 이끌어낼 수 있었다.

사람들은 긍정적인 기분을 느낄 때 대립각을 세우며 싸우고 저항하는 대신 협력해서 문제를 해결할 가능성이 높다. 미소 짓는 사람을 상대하는 사람뿐만 아니라 미소 짓는 자신에게도 적용된다. 얼굴에 미소를 띠고 명랑한 목소리로 말하면 자신의 기분도 한층 더 경쾌해진다.

명랑한 목소리는 크리스 와츠에게 통할 수 있는 방법이 아니었다. 심야 라디오 DJ 목소리가 효과를 나타내는 방식을 설명하자면 이렇다. 말끝을 내리면서 말하면 전부 파악했다는 분위기를 풍기게 된다. 천천히 명확하게 말하면 '내가 통제하고 있다.'라는 인상을 전달한다. 말끝을 올리면서 말하면 반응을 자초하는 셈이다. 왜일까? 불확실성을 불러일으키기 때문이다. 말끝을 올리면 평서문도 질문처럼 들린다. 그렇게 되면 상대가 주도권을 잡을 여지를 남겨 두기 때문에 이때 차분하고 자신 있게 대하고자 주의를 기울였다.

나는 계약 협상에서도 개별 사항이 논의에 오르지 않은 경우라면 심야 라디오 DJ 목소리로 임한다. 예를 들어 직무저작물이라는 조항을 봤다면 나는 아마 "우리는 직무저작물 업무는 하지 않습니다."라고 말한다. 그냥 그렇게 있는 그대로 단순하고 친절하게 말할 것이다. 대안을 제시하면 추가적인 논의를 초래하게 되므로 대안은 제기하지 않고 간단하게 언명한다.

이때도 그런 전략을 취했다. 나는 "조는 빠졌어. 이제 나한테 얘기하면 돼."라고 말했다. 기정사실이다. '나도 괜찮고 당신도 괜찮으니 상황을 해결하자.'라고 말하는 어조로 안전한 분위기를 조성한다면 아주 직설적이고 간단명료하게 말해도 된다.

형세가 바뀌고 있었다. 크리스 와츠는 당황했지만 아직 취할 수단은 남아 있었다. 강도들 중 한 명이 지하로 내려가 여자 행원 중 한 명을 데려 왔다. 그녀는 은행 지하로 도망쳤지만 크리스 와츠와 공범자는 그녀가 밖으로 나갈 수 없다는 사실을 알고 있었기 때문에 쫓아가지 않았다. 이제 강도들 중 한 명이 그녀를 위층으로 끌고 와서 전화를 받게 했다. 그녀는 "전 괜찮아요."라고 말했다. 그뿐이었다. 나는 "누구세요?"라고 말했다. 그녀는 "전 괜찮아요."라고 말했다.

나는 그녀에게 계속해서 말을 시키고 싶었기 때문에 이름을 물었지만 갑자기 그녀는 사라졌다. 이는 크리스 와츠가 취한 훌륭한 작전이었다. 인질의 목소리를 미묘하고 간접적으로 들려주면서 우리를 애태우게 만드는 것이었다. 그가 직접적으로 상황을 악화시키지 않으면서 자기가 상황을 통제하고 있음을 전화 통화로 우리에게 알리는 방법이었다. 그는 자신이 정말로 인질을 잡고 있으며 전화 통화가 가능할 정도로 인질이 양호한 상태에 있다는 사실을 우리에게 알려줬다. 이렇게 '생사 확인'을 시켜줬지만 우리가 유용한 정보를 수집하지 못하도록 빨리 끝냈다. 이로써 그는 통제 수단을 가까스로 되찾았다.

상대의 말을 반복하는 미러링

크리스 와츠는 아무 일도 없었다는 듯이 다시 전화를 받았다. 나는 솔직히 당황하고 있었지만 와츠에게 "우리는 길가에 서 있는 모든 차량을 확인하고 한 대를 제외한 전 차량의 소유주와 대화를 나눴어. 청색과 회색이 섞인 승합차야. 딱 그 차량을 제외한 모든 차량의 소유주를 파악했지. 혹시 뭔가 아는 것 있나?"라고 말했다.

그는 불쑥 "댁들이 내 운전수를 쫓아버렸으니 다른 차량이 없지."

라고 내뱉었다. 나는 "우리가 당신 운전수를 쫓았다고?"라고 따라 말했다. 나는 "우리는 그 사람에 대해 아무것도 몰라. 그가 승합차를 운전한 사람인가?"라고 물었다.

나는 계속해서 와츠가 하는 말을 똑같이 되물었고 그는 계속해서 불리한 사항을 시인했다. 현재 내가 기업 컨설팅을 할 때 언급하는 용어로 표현하자면 그는 정보를 토해내기 시작했다. 그는 당시 우리가 모르고 있었던 공범에 관해 말했다. 이 대화 덕분에 우리는 탈주 차량 운전자를 밝힐 수 있었다.

동일행동isopraxism이라고도 하는 미러링mirroring은 기본적으로 모방이다. 이는 인간을 비롯한 몇몇 동물들이 서로를 안심시키기 위해 상대의 행동을 따라 할 때 나타내는 신경행동 중 하나다. 미러링은 말투, 신체 언어, 어휘, 속도, 어조를 활용해 실행할 수 있다. 일반적으로 미러링은 무의식적으로 나타나는 행동이다. 미러링이 일어나고 있을 때 이를 의식하는 경우는 드물다. 그러나 이는 사람들이 유대하고 화합하고 있으며 신뢰로 이어지는 관계를 확립하고 있음을 나타내는 징조다.

미러링은 심오한 생물학적 원리를 따르는 현상이자 기법이다. 바로 자기 자신과 다른 대상을 두려워하고 비슷한 대상에 끌린다는 법칙이다. 유유상종類類相從이란 말도 있듯이 사람들은 끼리끼리 모인다. 그러므로 미러링을 의식적으로 실행하면 이는 유사성을 암시하는 기술이 된다. 상대의 행위를 모방할 때 이는 상대의 무의식에 '나를 믿어. 너와 나, 우리는 비슷해.'라는 신호를 보낸다.

일단 미러링에 익숙해지면 어디에서든 그것을 발견하게 된다. 커플들은 거리를 걸을 때 완벽하게 발을 맞춰서 걷는다. 공원에서 대화를 나누는 친구들은 거의 동시에 고개를 끄덕이고 다리를 꼰다. 한마디로 이 사람들은 서로 연결돼 있다.

미러링은 비언어 의사소통 형태, 특히 몸짓 언어와 연관되는 경우가 가장 흔하지만 협상가가 '모방'하는 대상은 오직 '말'에 국한된다. 몸짓 언어나 억양, 어조나 전달 태도가 아니라 말에만 집중한다.

이는 거의 웃음이 나올 정도로 간단하다. FBI가 말하는 '모방'은 방금 상대가 마지막으로 언급한 세 단어(또는 중요한 한 단어에서 세 단어)를 반복하는 것이다. FBI가 사용하는 인질 협상 기술 전체 중 미러링은 〈스타워즈〉에 나오는 제다이가 사용하는 초능력에 가장 가깝다. 간단하지만 무서울 정도로 효과적이다.

상대가 한 말을 반복함으로써 미러링 본능을 일깨우면 그 사람은 필연적으로 방금 한 말을 더 자세히 부연 설명하게 되고 연결 과정을 지속하게 된다. 심리학자 리처드 와이즈먼Richard Wiseman은 미러링과 정적 강화positive reinforcement reinforcement(목표행동이 나타난 이후 특정한 후속 자극을 제공함으로써 그 행동의 발생률을 높이는 방법) 중 타인과 관계를 형성할 때 더 효과적인 방법이 무엇인지 알아내기 위해 웨이터들을 대상으로 실험을 했다.

한 웨이터 집단은 고객들에게 '훌륭해요.' '문제없어요.' '물론이죠.' 와 같은 말을 사용해 아낌없이 칭찬하고 격려했다. 나머지 웨이터 집단은 고객의 주문을 되풀이해서 말함으로써 단순하게 고객을 따라 했다. 실험 결과는 놀라웠다. 미러링을 실시한 웨이터들이 받은 팁의 평균은 긍정적인 말 사용으로 칭찬해주는 정적 강화를 실시한 웨이터들이 받은 팁의 평균보다 70% 더 많았다.

▲ ▲ ▲

나는 이제 와츠에게 당신의 정체를 알아냈다고 말할 때가 됐다는 생각을 했다. 나는 "여기 차량이 한 대 있는데 소유주가 크리스 와츠라는 사람이야."라고 말했다. 그는 "그래."라고 하면서 더 이상 아무것도 털어놓지 않았다. 나는 "그가 거기 있나? 그가 당신인가? 당신이 크리스 와츠인가?"라고 물었다.

이는 멍청한 질문이었으며 실수였다. 미러링이 효과를 발휘하려면 미러링을 하고 나서 효과가 나타날 때까지 가만히 기다려야 한다. 어느 정도 침묵하는 시간이 필요한데 나는 마구 달려들었다. 그 말을 하자마자 나는 당장 주워 담고 싶었다.

"당신이 크리스 와츠인가?" 대체 그 사람이 이 질문에 뭐라고 대꾸하겠는가? 당연히 그는 "아니."라고 답했다. 나는 멍청한 실수를 했고 크리스 와츠가 이 대립국면을 회피할 여지를 줬지만 그 역시 당황했다. 이 순간까지 그는 우리가 자기 정체를 모를 거라고 생각했다. 머릿속에서 그 어떤 상상의 나래를 펼쳤든 간에 그는 빠져나갈 구멍, 리셋 버튼이 있다고 생각했다. 이제 그는 상황이 다르다는 걸 알았다. 나는 마음을 다잡고 조금 느긋한 상태로 이번에는 미러링을 한 다음에 입을 다물었다. 나는 "아니라고? '그래.' 라고 말했잖아."라고 말했다.

나는 이제 그를 궁지에 몰았다고 생각했다. 그의 목소리가 한층 커졌다. 그는 결국 몇 가지를 불쑥 내뱉으며 더 많은 정보를 토해냈고 허둥지둥 하다가 말을 멈췄다. 갑자기 나중에 바비 굿윈으로 밝혀진 그의 공범이 전화를 받았다.

나는 그때까지 또다른 공범과 통화를 한 적이 없었다. 우리는 크리스 와츠가 단독범이 아니라는 사실은 계속 알고 있었지만 그가 이 일을 몇 명과 함께 벌였는지는 제대로 파악하지 못하고 있었다. 그런 와중에 자신도 모르는 사이에 와츠의 공범자가 된 사람이 전화를 받았다. 그는 협상가가 바뀌었다는 것도 모른 채 나를 '조' 라고 불렀다. 이를 통해 그가 사건 초기에는 중요 인물이었지만 경찰과의 대치 상태가 지속되면서 크리스 와츠에 대한 불만감으로 그와 단절된 것으로 추론했다. 나는 굳이 나서서 내가 조가 아니라고 바로 잡지 않았다.

또 지적할 부분이라면 이 두 번째 공범은 목소리를 감추기 위해 안간힘을 썼다. 이런 시도는 그가 확실히 두려워하고 있다는 뜻이었다.

그는 이 상태가 어떻게 풀릴지 몰라서 초조해하며 불안해하는 듯했다.

나는 여전히 말끝을 내리는 DJ 목소리로 그를 진정시키고자 애썼다. 나는 "아무도 어디 가지 않아. 아무도 다치지 않을 거야."라고 말했다. 잠시 시간이 흐르자 조바심이 가신 듯했다. 목소리를 감추려는 시도도 하지 않았다. "당신을 믿겠어, 조."라고 말하는 그의 목소리는 훨씬 더 또렷하게 들렸다.

바비와 통화를 계속할수록 그가 원해서 있는 것이 아니라는 사실을 더욱 확실히 알 수 있었다. 바비는 무사히 나오고 싶어 했다. 그는 이미 깊이 연루됐지만 더 이상 깊이 들어가고 싶지는 않았다. 그는 그날 아침 은행을 털 계획이 아니었지만 전화로 내 차분한 목소리를 듣고서야 탈출할 방법을 찾기 시작했다. 세계 제7위 규모의 상비군이 은행 문 밖에 대기하고 있었다. 뉴욕 시 경찰국이 총출동하면 그 정도 규모였고 그들이 바비와 와츠를 겨누고 있었다. 확실히 바비는 안전한 탈출을 원했다.

나는 바비가 은행 안 어디에 있었는지 몰랐다. 지금까지도 바비가 크리스 와츠의 눈을 피할 수 있었는지 아니면 그가 빤히 보고 있는 중에 통화를 했는지 모른다. 그저 내가 그의 주의를 끌었고 그가 대치 상태를 끝낼 방법 또는 적어도 자기가 빠져나올 방법을 찾고 있다는 사실을 알고 있을 뿐이었다.

전화 통화 중간 중간에 크리스 와츠가 은행 안에서 열심히 돈을 챙기고 있었다는 사실은 나중에 알았다. 또한 여성 인질 두 사람이 보고 있는 앞에서 현금 무더기를 태우기도 했다. 겉보기에 이는 기이한 행동이었지만 크리스 와츠 같은 사람이 이런 일을 할 때는 어떤 논리적인 이유가 존재했다. 그는 만약 자기가 5만 달러를 태웠고 30만 달러가 없어졌다면 은행 관계자들이 나머지 25만 달러를 찾으려고 하지 않을 것이라고 생각한 듯하다. 똑똑하다고는 할 수 없지만 흥미로운 속임수였다. 이는 모든 일에 세심하게 주의를 기울였다는 뜻이다. 적어도 크리스 와츠는 자기가 만든 이 상황에서 벗어나기만 한다면 당분간 조용히 숨어 지내다가 언젠가 자신이 숨겨둔 돈, 은행 장부에 더 이상 존재하지 않는 돈을 찾을 수 있다고 확신했던 것이다.

바비가 마음에 들었던 건 그가 전화로 수작을 부리려고 하지 않는다는 점이었다. 그는 직설적인 사람이었으므로 나도 똑같이 직설적으로 대할 수 있었다. 내가 뿌린 대로 거두듯 그도 역시 뿌린 대로 거두고 있었으므로 그 점에서 우리는 같았다. 나는 그가 계속 말을 하도록 유도만 하면 그가 넘어올 것이라는 사실을 그동안의 경험으로 알고 있었다. 우리는 그가 혼자서든 크리스 와츠와 함께든 은행 밖으로 나올 방법을 찾고자 했다.

우리 팀원 중 한 명이 "밖으로 나오고 싶은지 물어 봐."라고 적은 쪽지를 건넸다. 나는 "먼저 나오고 싶은가?"라고 물었다. 나는 침묵을 지키며 기다렸다. 마침내 바비가 "어떻게 나가야 할지 모르겠어."라고 말했다.

나는 "지금 나오는 데 방해가 되는 문제가 무엇인가?"라고 물었다.

그는 다시 "어떻게 해야 나갈 수 있지?"라고 물었다. "이봐, 지금 당장 앞에서 만나지." 이는 대전환의 순간이었지만 여전히 우리는 바비를 그곳에서 빼내야 했으며 내가 문밖에서 기다리고 있을 것이라고 그에게 알릴 방법을 찾아야 했다. 내가 그의 자수를 받을 것이며 안전을 보장하겠다고 약속했으므로 이제 이를 실행해야 했다. 그리고 대개 이 실행 단계가 가장 어렵다.

우리 팀은 이 계획을 실행하기 위해 신속하게 움직였다. 나는 방탄복을 입기 시작했다. 우리는 현장을 조사한 뒤 만일의 경우에 대비해 방어 수단으로 은행 앞에 세워둔 대형 트럭 뒤에 자리를 잡기로 했다.

그때 우리는 정보 공유가 원활하지 않아서 미칠 듯한 상황에 부딪쳤다. 알고 보니 대치 상황 초기에 은행 강도들이 현장에서 도망칠 수 없도록 은행 문을 장애물로 막아 차단했다. 물론 우리 모두가 어느 정도는 이를 알고 있었지만 바비가 자수하러 문밖으로 나온다고 할 때 우리 뇌가 전부 수면 상태에 들어갔던 모양이다. 특수기동대원 중 그 누구도 이 중대한 사실을 협상팀에게 상기시켜 주지 않아서 상당히 오랫동안 바비는 밖으로 나올 수 없었다. 나는 여태 우리가 일궈낸 성과가 물거품이 될지도 모른다는 생각에 속이 울렁거렸다.

우리는 재빨리 장애물 제거에 나섰다. 곧, 특수기동대원 두 명이 자물쇠와 장애물을 제거하기 위해 방패를 들고 총을 든 채 입구를 향해 다가갔다. 이 시점에서 그들은 여전히 반대편에 무엇이 기다리고 있을지 알 수 없었다. 대단히 긴장되는 순간이었다. 총을 든 강도들이 이 두 사람을 노리고 있을 가능성도 있었지만 그들은 천천히 접근할 수밖에 없었다. 그들은 확고부동했다. 그들이 자물쇠를 따고 뒤로 물러선 다음에야 우리가 다가갈 수 있었다.

바비는 손을 번쩍 들고 밖으로 나왔다. 나는 문밖으로 나왔을 때 어떻게 해야 할지, 무엇이 기다리고 있을지 자세하게 설명해뒀다. 특수기동대원 두 명이 바비의 몸을 수색했다. 바비는 몸을 돌리고 두리번거리며 나를 만나게 해달라고 말했다.

마침내 그들이 바비를 내게 데려왔고 우리는 임시 지휘 본부에서 자세한 얘기를 들을 수 있었다. 이때서야 우리는 은행 안에 남아 있는 인질범이 한 명뿐이라는 사실을 알았고 나중에야 알게 된 사실이지만 이를 안 지휘관은 분노했다고 한다. 그가 이 최신 정보에 화를 내고 당황했던 데는 그럴만한 이유가 있었다. 그는 줄곧 은행 안에 악당들이 무더기로 있다고 언론에 얘기해왔다. 온갖 국적의 악당들이 모여 있다던 얘기, 기억나는가? 그러나 실제로는 두 사람이 벌인 사건이었고 그나마도 한 사람은 가담할 의사가 없었다는 사실이 밝혀지자 지휘관이 상황을 제대로 이해하지 못한 형국이 됐다.

그러나 말했듯이 우리는 아직 지휘관의 반응을 모르고 있었다. 단지 우리가 방금 이 새로운 정보를 얻었고 생각했던 것보다 우리가 원하는 결과 달성에 가까이 다가갔다는 사실을 알고 있을 뿐이었다. 이는 긍정적인 전개였고 축하할 만한 일이었다. 이 정보를 활용하면 이후에 사건을 해결하는 과정에서 훨씬 더 쉽게 협상할 수 있었지만 지휘관은 불같이 화를 냈다. 그는 그동안 범인 손에 놀아났다는 사실에 불쾌해했고, 뉴욕 시 경찰국 기술지원대응부서 직원에게 말해 은행 안에 카메라와 마이크 등을 설치하도록 지시했다.

내가 바비를 상대하고 있었기 때문에 지휘관은 나를 대신해서 다른 협상가가 전화 협상에 임하도록 했다. 새로운 협상가는 내가 몇 시간 전에 했던 방식 그대로 "나는 도미니크라고 하네. 이제 나한테 얘기하면 돼."라고 말했다.

도미니크 미시노는 훌륭한 인질 협상가였다. 내가 보기에 그는 세계 최고의 마무리 협상가closer 중 한 명이었다. 마무리 협상가란 마지막 세부 사항을 재빨리 파악하고 협상을 굳히기 위해 투입하는 전문가를 뜻하는 용어다. 그는 쉽게 당황하지 않았으며 객관적이고 세상 물정에 밝았다.

도미니크가 협상에 착수했다. 그때 처참할 정도로 놀라운 일이 일어났다. 그와 통화하고 있던 크리스 와츠는 전동 공구가 자기 뒤쪽 벽을 뚫는 듯한 소리를 들었다. 기술지원대응부서 직원이 은행 내부에 도청장치를 설치하는 소리였다. 시기도 위치도 아주 부적절했다. 공범이 그렇게 자수를 하고 혼자 포위된 크리스 와츠는 이미 충분히 당황한 상태였다. 그 와중에 우리 측이 벽을 뚫는 소리를 듣게 되자 와츠는 거의 폭발했다.

그는 궁지에 몰린 투견처럼 반응했다. 그는 도미니크를 거짓말쟁이라고 불렀다. 그는 전혀 동요하지 않은 채 크리스 와츠가 분노를 폭발하는 동안 냉정을 유지했고 결국 그의 이런 냉정하고 침착한 대처에 와츠는 차츰 화를 가라앉혔다.

돌이켜 생각해보면 이 단계까지 와서 은행 안에 도청장치를 설치하려는 시도는 좌절과 당황에서 비롯된 어리석은 짓이었다. 우리는 인질범 한 명이 은행 밖으로 나오게 했으나 통제권을 돌려주게 됐다. 돌출 행동을 할지도 모르는 인질범을 자극하는 시도는 분명히 현명한 생각이 아니었다.

도미니크가 상황을 수습하려고 할 때 크리스 와츠가 태도를 갑자기 바꿨다. 그는 "내가 인질을 한 명 풀어준다면 어떻게 할 건가?"라고 물었다. 이는 난데없는 제안이었다. 도미니크는 이런 요구를 할 거라고 예상하지 못했으나 크리스 와츠는 마치 선심이라고 쓰는 듯 행원 중 한 명을 풀어주겠다는 제안을 했다. 그리고 교착 상태 막판에 처한 그에게 이는 대수롭지 않은 제안이 아니었을 것이다. 아마도 이런 회유 작전을 사용하면 도망칠 방법을 찾기에 충분한 시간을 벌수 있을 것이라고 생각했을 것이다.

도미니크는 평정을 유지하며 기회를 잡았다. 그는 모든 일이 순조로운지 확인하기 위해 먼저 인질과 얘기하고 싶다고 말하자 크리스 와츠는 인질 중 한 명과 전화 연결을 해줬다. 그 여성은 줄곧 신경을 곤두세우고 있었으며, 바비가 자수하고 싶어 했을 때 한바탕 대혼란이 있었다는 사실을 알고 있었다. 그녀는 완전히 질려 있었음에도 불구하고 정문은 어떻게 되어 있는지 물어볼 정도로 마음의 평정을 유지하고 있었다. 잔뜩 겁에 질려 있고 감금된 상태에서 다소 난폭한 대우를 받았음에도 정신을 똑바로 차리고 있다니 정말 대단했다.

그녀는 "정문 열쇠를 확실히 갖고 계신가요?"라고 물었다. 도미니크는 "정문은 열려 있습니다."라고 말했다. 그리고 이는 사실이었다. 결국 여성 인질 중 한 명이 무사히 빠져나왔고 한 시간 가량 뒤에 나머지 여성 인질도 안전하게 나올 수 있었다.

우리는 은행 경비원을 구출할 방법을 찾고 있었으나 행원들의 설명만으로는 경비원이 어떤 상태에 처해 있는지 확신할 수 없었다. 우리는 그가 아직 살아 있는지조차 확인하지 못했다. 행원들은 그날 아침 사건이 터진 이래 경비원을 보지 못한 상태였다. 어쩌면 심장 마비를 일으켜서 사망했을 수도 있었다. 도저히 알 길이 없었다.

그러나 크리스 와츠는 마지막 속임수를 몰래 숨겨 두고 있었다. 그는 우리를 속이고 난데없이 나오겠다고 제안했다. 아마도 그는 마지막으로 우리가 방심한 틈을 타 허점을 찌를 수 있다고 생각한 것 같다. 갑자기 모습을 드러낸 그는 여전히 어떻게 해서든 체포를 면할 수 있다고 생각하는 듯, 주변을 둘러보며 현장을 살피는 수상쩍은 행동을 했다. 경찰이 그에게 수갑을 채우는 바로 그 순간까지도 그는 주변을 여기저기 흘깃거리며 기회를 노리고 있었다. 강한 조명이 그를 비추고 있었고 완전히 포위당한 상태였지만 그는 계속해서 머리를 굴리며 여전히 도망칠 기회가 있다고 생각하고 있었다.

기나긴 하루였지만 이 사건은 성공 사례로 기록됐다. 아무도 다치지 않았고 범인들은 체포됐다. 그리고 나는 이 사건을 겪으면서 앞으로 더 배워야 할 것이 많다는 사실을 겸허하게 받아들였다. 동시에 사람의 마음을 움직이는 대화의 본질적인 힘과 그 어떤 상황에서 그 누구라도 움직이고 설득하는 FBI의 응용 심리 전술에 눈을 뜨게 됐고 감동을 받았다.

중대한 이해관계를 다루는 협상 세계에 발을 들인 이래 수십 년 동안 나는 겉보기에 단순해보이는 이런 접근법이 얼마나 유용할 수 있는지에 몇 번이고 깊은 깨달음을 얻었다. 이런 기법과 협상 과정에서 드러나는 새로운 증거에 근거해 접근법을 바꾼다면 상대의 머릿속을 들여다보고 결국에는 마음까지 들여다보는 능력은 이런 기법과 협상 과정에서 드러나는 새로운 증거에 근거해 기꺼이 접근법을 바꾸고자 하는 의향에 달려 있다. 기업 CEO들과 학생들이 이런 기술을 익힐 수 있도록 가르칠 때 나는 항상 협상을 성공으로 이끄는 열쇠는 올바름이 아니라 올바른 사고방식이라는 교훈을 강조하고자 노력한다.

대립하지 않으면서 내 뜻대로 움직이는 법

내가 미러링을 가리켜 마법 또는 제다이가 사용하는 초능력이라고 반농담조로 말한 이유는 미러링 기법을 활용하면 불쾌감을 주지 않으면서 이의를 제기할 수 있기 때문이다.

미러링이 얼마나 유용할 수 있는지 알아보기 위해 평범한 직장을 떠올려보자. 대개 직장에는 '보수'적인 상의하달이나 지휘통제 방식을 통해 공격적으로 자기주장을 펼치며 승진을 거듭해 권력을 차지하는 사람이 있기 마련이다. 착각에 빠지지 말자. '새로운 세력'이 제아무리 열린 원칙을 주장한들, 직장이나 그 외 어떤 환경에서 우리는 언제나 협력보다 동의를 선호하는 독단적인 사람들을 대해야 할 것이다.

공격적인 접근에 똑같이 공격적으로 대응하면 대개 기분은 상할 대로 상하고 적의가 쌓인 채 만신창이가 된다. 다행히도 그런 만신창이를 피할 수 있는 방법이 있다. 그것도 아주 간단한 4가지 단계다.

1 심야 라디오 DJ 목소리로 말하라.
2 '죄송하지만…'으로 말을 꺼내라.
3 미러링을 하라.
4 침묵하라. 미러링이 상대에게 마법을 발휘하도록 적어도 4초 이상 침묵하라.
5 이를 반복하라.

내 학생 중 한 명이 직장에서 이 간단한 방법이 발휘하는 효과를 경험했다. 그녀의 상사는 충동적인 사람으로 '주행 중 총격'이라는 버릇으로 유명했다. '주행 중 총격'이란 누군가의 사무실이나 자리에 예고도 없이 불쑥 나타나서 불필요한 업무를 대거 만들어 '긴급'지시를 내리고 가는 짜증나는 행동을 의미한다. 조금이라도 반발을 하려고 하면 즉시 반박했다. 이 상사는 "더 좋은 방법이 있습니다."라고 말하면 언제나 '게으른 방법'으로 받아들였다.

그런 '주행 중 총격' 사건이 긴 컨설팅 업무가 끝날 무렵 발생했고 이는 말 그대로 문서 몇 천 장을 만드는 일이었다. 아직도 '디지털' 방식을 신뢰하지 않는 그 상사는 종이 문서를 확보하고자 했다. 머릿속에 생각이 떠오르자마자 그녀의 자리로 온 상사는 "모든 문서는 두 부씩 만들도록 하지."라고 말했다.

그녀는 DJ 목소리를 활용해야 한다는 사실 뿐만 아니라 질문하는 말투로 미러링을 해야 한다는 사실까지 기억해내고는 "죄송하지만 두 부씩이요?"라고 답했다. 미러링 뒤에 숨겨진 의도는 "제가 이해할 수 있게 도와주세요."여야 한다. 상대가 한 말을 따라 하면 그 사람은 자기가 말했던 내용을 더 명확하게 바꿔 말할 것이다. 처음에 했던 말을 똑같이 되풀이해서 말하는 사람은 없을 것이다. 누군가에게 "그게 무슨 뜻이에요?"라고 물으면 짜증이나 방어적인 태도를 유발할 가능성이 높다. 그러나 미러링을 활용하면 상대가 말한 내용을 존중하고 중시 여긴다는 신호를 주면서도 원하는 대로 더 자세한 설명을 들을 수 있다. 상사는 "그래, 한 부는 우리가 보관하고 한 부는 고객에게 드리려고."라고 대답했다.

"그러니까 고객이 한 부를 요청하셨고 우리가 내부용으로 쓸 문서도 한 부 필요하다는 말씀이시죠?"

"고객한테 확인해볼게. 아직 요청하신 건 아니야. 어쨌든 나는 한 부가 필요해. 그게 내가 일하는 방식이야."

그녀는 "물론 준비해야죠. 일단 고객에게 확인해주시겠다니 감사합니다. 내부용 문서는 어디에 보관하면 될까요? 문서 보관실에는 더 이상 자리가 없어요."라고 말했다.

그는 다소 동요하는 모습으로 "괜찮아, 아무 데나 보관해도 돼."라고 말했다. 그녀는 다시 침착하게 염려스러운 목소리로 "아무 데나요?"라고 미러링을 했다. 상대의 어조나 몸짓 언어가 하고 있는 말과 상반되는 경우 적절한 미러링은 특히 유용할 수 있다.

이 경우 그녀의 상사는 한참 말없이 생각했다. 이는 드문 일이었다. 내 학생은 침묵을 지켰다. 상사는 이전에 비해 한층 평정을 찾은 목소리로 "사실 내 방에 보관해도 돼. 프로젝트가 끝나면 새로 들어온 비서에게 인쇄하도록 시킬게. 일단은 그냥 백업 파일만 두 개 만들어 둬."라고 말했다.

다음 날 상사는 "백업 파일만 두 개 만들어 두면 충분할 것 같아"라고만 쓴 이메일을 보내왔다. 얼마 뒤에 나는 이 학생이 기쁨에 들떠서 보낸 이메일을 받았다. "전 정말 충격을 받았어요! 미러링 최고예요! 일주일치 일거리가 줄었어요!" 미러링을 처음으로 시도하려고 할 때는 확실히 어색한 느낌이 들 수 있다. 그것이 유일하게 힘든 부분이다. 미러링을 잘하려면 연습이 필요하다. 그러나 일단 요령만 익히면 거의 모든 업무와 의사소통계의 맥가이버 칼이 될 것이다.

협상 언어는 무엇보다도 대화와 관계의 언어다. 신속하게 관계를 확립하고 사람들이 함께 말하고 생각하게 만드는 방법이다. 이런 측면에서 역사상 최고의 협상가들을 떠올리려고 한다면 놀랄 만한 복병이 있다. 바로 오프라 윈프리Oprah Winfrey다.

오프라 윈프리가 진행했던 TV 프로그램은 각 분야 일류 전문가가 일하는 모습을 다룬 사례 연구였다. 오프라 윈프리는 시청자 수백만 명이 보는 프로그램에 출연해 방청객 수백 명이 지켜보는 무대 위에서 처음 보는 상대와 얼굴을 맞대고 그 사람을 설득하는 일을 했다. 때로는 게스트의 최대 이익에 반해 얘기하면서 그들이 평생 동안 자기 마음속에 인질로 잡아 두었던 은밀하고 어두운 비밀을 전 세계와 공유했다. 이번 장을 읽고 나서 이런 상호작용을 자세하게 관찰해보면 세련되고 강력한 기술을 발견하게 될 것이다. 긴장을 완화하기 위해 의식적으로 미소를 짓는다. 상대에게 공감하며 안심해도 된다는 신호를 보내기 위해서는 섬세한 언어와 비언어 표현을 사용하며 특정한 종류의 문제는 적극적으로 포용하고 어떤 문제는 회피한다. 알기 전에는 보이지 않았던 그런 온갖 기술들도 일단 그것을 사용하는 방법을 배우고 나면 대단히 유용하다는 사실을 알게 될 것이다. 이번 장에서 배운 중요 내용을 정리해보면 다음과 같다.

- 우수한 협상가는 협상에 임할 때 뜻밖의 요소에 대비할 준비를 한다. 특출한 협상가는 자기 기술을 활용해 분명히 존재할 것이라고 확신하는 뜻밖의 요소를 밝히고자 한다.
- 가정에 얽매이지 말라. 그 대신 가정을 가설로 보고 그것을 엄밀히 시험하기 위해 협상을 활용하라.
- 협상을 투쟁이라고 보는 사람들은 자기 머릿속에 울리는 목소리에 압도된다. 협상은 투쟁이 아니라 발견 과정이다. 목표는 가능한 한 많은 정보를 알아내는 것이다.

- 머릿속에 울리는 목소리를 잠재우려면 상대의 말에만 전적으로 집중하라.
- 속도를 늦추라. 지나치게 서두르는 것은 모든 협상가가 저지르기 쉬운 실수다. 서두르는 것에 급급하면 상대는 자기가 하는 말을 잘 들어주지 않는다고 느낄 수 있다. 그러면 그동안 쌓아온 관계와 신뢰가 약화될 위기에 빠진다.
- 얼굴에 미소를 지어라. 사람들은 긍정적인 기분을 느낄 때 더 빨리 생각하며 싸우고 저항하는 대신 협력해서 문제를 해결할 가능성이 높다. 긍정적으로 대응하면 당신뿐만 아니라 상대의 기분 역시 한층 더 경쾌해진다.

  협상가가 사용할 수 있는 어조의 종류는 세 가지다.
  1. 심야 라디오 DJ 목소리 : 주장을 해야 할 때 선택적으로 사용하라. 말끝을 내리고 침착하게 천천히 말하라. 이를 적절히 사용하면 방어적인 태도를 유발하지 않으면서도 권위 있고 신뢰할만한 분위기를 만들 수 있다.
  2. 긍정적이고 명랑한 목소리 : 기본적으로 이 목소리로 말해야 한다. 이는 태평하고 온화한 사람들의 목소리다. 또한 심각한 것보다 가볍게 격려하는 태도를 취해야 한다. 여기에서 핵심은 말하는 동안 긴장을 풀고 미소를 짓는 것이다.
  3. 직설적이거나 확신에 찬 목소리 : 웬만하면 사용하지 말라. 문제를 유발하고 반발을 일으킨다.

- 미러링은 마법을 발휘한다. 상대가 마지막으로 언급한 세 단어(또는 중요한 한 단어에서 세 단어)를 반복하라. 우리는 자신과 다른 대상을 두려워하고 비슷한 대상에 끌린다. 상대가 당신에게 공감하고 유대감을 형성하도록 장려하거나 계속해서 말을 걸어서 우리 편이 전열을 가다듬을 시간을 벌거나 상대가 자기 전략을 드러내도록 부추기기 위해 미러링을 활용하라.

CHAPTER 3

경청하는 사람이
주도권을 잡는다

때는 1998년이었고 나는 할렘 지역 고층 아파트 27층의 좁은 복도에서 있었다. 당시 나는 뉴욕 시 FBI 위기협상팀장이었고 그날 내가 책임 협상가였다. 조사반에 따르면 실내에 중무장한 탈주범이 적어도 세 명 숨어 있다고 했다. 탈주범들은 며칠 전 경쟁 관계에 있는 폭력단과 벌인 총격전에서 자동 화기를 사용했기 때문에 내 뒤에는 뉴욕 시 FBI 특수기동대가 방어 태세를 갖추고 있었고 저격수들이 주변 건물 옥상에서 아파트 창문으로 총을 조준하고 있었다.

이와 같이 긴장되는 상황에서 협상을 진행할 때 전통적으로는 포커페이스를 유지하라고 조언한다. 감정에 치우치지 말라는 것이다. 최근까지도 학자들과 연구자들 대부분 협상에서 감정이 미치는 영향을 완전히 무시했다. 감정은 단지 좋은 결과를 가로막는 장애물에 불과하다고 말했다. 흔히 "문제에서 사람을 분리하라."라고 강조했다.

그러나 생각해보라. 사람의 감정이 문제인 경우 어떻게 문제에서 사람을 분리할 수 있겠는가? 특히 당사자가 총을 든 겁먹은 사람들이라면 더더욱 그렇다. 감정은 의사소통이 실패하는 주요 원인 중 하나다. 일단 사람들이 서로에게 감정이 상하고 나면 합리적으로 생각할 수 없게 된다.

그렇기 때문에 우수한 협상가는 감정을 부정하거나 무시하는 대신 감정을 식별하고 이에 영향을 미친다. 우수한 협상가는 자신의 감정은 물론 타인의 감정도 정확히 명명할 수 있다. 그리고 일단 감정을 명명한 이후에는 상대를 화나게 하지 않으면서 그 감정을 표현한다. 그들에게 있어 감정은 도구다. 감정은 장애물이 아니라 수단이다.

감성지능이 높은 협상가와 그의 상대는 본질적으로 치료에 가까운 관계를 형성한다. 그 관계는 심리치료사와 환자의 관계와 닮아 있다. 심리치료사는 환자의 문제를 이해하기 위해 꼬치꼬치 캐물은 다음 환자가 그 문제를 더 깊게 파고들어 태도를 바꾸도록 이끌어준다. 그게 바로 우수한 협상가가 하는 일이다.

감성지능을 이 정도 수준으로 높이려면 감각을 곤두세우고 말을 줄이면서 경청해야 한다. 눈을 크게 뜨고 귀를 활짝 열어서 입을 다문 채 단지 보고 듣는 것만으로도 필요한 거의 모든 정보, 상대가 우리에게 알려주고자 하는 것보다 훨씬 더 많은 정보를 얻을 수 있다.

이어지는 내용을 읽으면서 심리치료사의 진료실을 떠올려보라. 치열하고 냉정하게 논쟁을 벌일 때보다 경청하면서 차분한 목소리로 '환자'가 하는 말을 되풀이할 때 어째서 상황이 더 나아질 수 있는지 알게 될 것이다. 쉬운 일은 아니지만 상대의 감정을 감지할 수 있다면 이를 자신에게 유리하게 이용할 수 있는 가능성이 커진다. 상대에 대해 점점 더 많이 알게 될수록 더 큰 힘을 지니게 된다.

전술적 공감

그 날 할렘에서 우리는 한 가지 커다란 문제에 부딪쳤다. 아파트 내부와 연락을 취할 수 있는 전화번호가 없었다. 따라서 6시간 내내 나는 위기 협상을 배우고 있는 FBI 요원 두 명과 교대하면서 아파트 문에 대고 말했다.

나는 심야 라디오 DJ 목소리로 이야기했다. DJ 목소리로 명령하거나 탈주범들이 무엇을 원하는지 물어보지 않았다. 그 대신 내가 그들 입장에 처했다고 상상했다. 나는 "나오기 싫은 모양이네."라고 여러 차례 말했다. "문을 열면 우리가 요란하게 총을 쏘며 들어 갈까 봐 걱정인가 봐. 교도소로 돌아가기 싫은가 보네."

6시간 동안 아무런 반응이 없었다. FBI 강사들은 내 DJ 목소리를 좋아했다. 그러나 과연 효과가 있었을까? 그러다 우리가 내부에 아무도 없다고 거의 확신하게 됐을 무렵 주변 건물에서 대기하고 있던 저격수가 그 아파트의 커튼이 움직이는 모습을 봤다고 무전으로 알려왔다.

아파트 문이 천천히 열렸다. 한 여성이 손을 앞으로 하고 모습을 드러냈다. 나는 계속해서 말을 걸었다. 탈주범 세 사람이 모두 밖으로 나왔다. 손에 수갑을 채울 때까지 다들 한마디도 하지 않았다. 그때 나는 궁금해서 미칠 것 같았던 질문을 했다. 6시간 동안이나 완전히 침묵을 지키다가 나온 이유가 무엇인가? 마침내 항복을 결심한 이유가 무엇인가?

세 사람이 똑같은 대답을 했다. 그들은 "우리는 잡히기도 싫고 총에 맞기도 싫었지만 당신 덕분에 진정이 됐습니다. 당신이 절대 갈 것 같지 않아서 그냥 나왔죠."라고 말했다.

어떤 협상에서든 듣고 있지 않은 사람에게 말하고 있다고 느낄 때보다 더 좌절이나 혼란에 빠지게 되는 때는 없다. 침묵은 유효한 협상 기법이고 "무슨 말인지 모르겠어."는 타당한 반응이다. 그러나 상대의 입장을 무시하면 좌절감이 쌓이게 되고 상대가 우리가 원하는 대로 행동할 가능성은 낮아지기만 한다.

그 반대가 전술적 공감tactical empathy이다. 나는 협상 강의를 할 때 학생들에게 공감이란 '상대의 관점을 인식하는 능력이자 그 인식의 표현'이라고 가르친다. 이는 공감이란 타인에게 관심을 기울이고 기분이 어떤지 물어보며 그 사람의 세계를 이해하고자 노력하는 일이라는 말을 학구적으로 나타낸 표현이다.

그런데 상대의 가치와 신념에 동의하거나 상대를 포용해야 한다고 말하지 않았다는 점에 주목하라. 이는 동정sympath이다. 나는 단지 상대의 관점에서 이해하고자 노력해야 한다고 말하고 있을 뿐이다. 그 바로 전前 단계가 전술적 공감이다.

전술적 공감은 그 순간 상대의 감정과 태도를 이해한 후 우리의 영향력이 커질 수 있도록 그 감정 이면에 무엇이 숨어 있는지에 주의를 기울이는 방법이다. 전술적 공감을 활용하면 감정적 장애물은 물론 합의에 이르기 위해 거치게 될 가능성이 있는 경로에도 주의를 기울이게 되고 감성지능도 상승한다.

나는 캔자스시티에서 경찰관으로 일할 때 일부 소수의 베테랑 경찰관들이 화나서 날뛰는 사람들을 어떻게 설득해서 싸움을 그만두게 하거나 무기를 내려놓게 만드는지 궁금했다. 그들에게 어떻게 했는지 물어보면 대부분 어깨를 으쓱할 뿐이었다. 그들은 자기가 어떻게 했는지 분명히 설명하지 못했다. 그러나 이제 나는 그 답이 '전술적 공감'이라는 사실을 알게 됐다. 그들은 그 사람과 대화를 하면서 상대의 입장에서 생각하고 그들이 그런 행동을 하고 있는 이유가 무엇인지 재빨리 가늠할 수 있었다.

사람들이 대부분 말싸움을 할 때 상대에게 무엇이든 납득시킬 가능성이 낮은 이유는 자신의 목표와 관점만을 알고 그것에만 신경을 쓰기 때문이다. 그러나 그 베테랑 경찰관들은 상대가 하는 말에 귀를 기울였다. 그들은 공감을 표현하기 위해 접근법과 화법을 조정하게 되면 상대에게 영향을 미칠 수 있다는 사실을 알고 있었다.

이 때문에 교도관이 수감자에게 성급하게 접근할 때 수감자가 저항하는 경우가 많다. 반면에 차분하게 접근하면 수감자도 평온한 태도를 보일 가능성이 훨씬 높다. 이는 마치 마술처럼 보이지만 그렇지 않다. 단지 교도관이 수감자를 이해하고 있을 때 그는 그 상황을 다루기 위해 필요한 사람이 될 수 있을 뿐이다. 공감은 부드럽게 의사소통하는 전형적인 기술이지만 여기에는 신체적 근거가 존재한다. 우리가 누군가의 얼굴, 몸짓, 어조를 자세히 관찰할 때 우리 뇌는 '신경 공명neural resonance' 이라는 과정을 통해 그 사람의 뇌에 맞춰 조정하기 시작하고 그 사람의 생각과 감정을 한층 더 잘 알 수 있게 한다. 프린스턴 대학교 연구원들은 한 fMRI(자기공명영상) 뇌 스캔 실험[1]에서 사람들이 의사소통을 서투르게 할 때 신경 공명이 사라진다는 사실을 발견했다. 연구원들은 사람들의 뇌가 서로 얼마나 긴밀하게 조정되는가를 관찰함으로써 그들이 의사소통을 얼마나 잘하고 있는지 예측할 수 있었다. 또한 가장 집중해서 주의를 기울이는 사람, 즉 경청하는 사람들은 상대가 말하기 전에 그 사람이 무슨 말을 하려고 하는지 실제로 예측할 수 있다는 사실을 발견했다.

신경 공명 기술을 연마하고 싶다면 당장 시간을 내서 연습하라. 당신 주변에서 말고 있는 사람에게 주의를 기울이거나 TV에서 인터뷰

하고 있는 사람을 살펴보라. 그 사람들이 말할 때 당신이 그 사람이라고 상상하라. 마치 당신이 실제로 그 자리에 있는 것처럼 그들이 설명하는 상황에 처한 자신의 모습을 떠올려보고 가능한 많은 세부 사항을 넣도록 하라. 주의할 점은 전형적인 협상가들이 이 접근법에 대해 단점이 많다고 생각한다는 것이다.

전前 미국 국무장관 힐러리 클린턴Hillary Clinton에게 물어보라. 몇 해 전 조지타운 대학교에서 연설을 하던 중에 힐러리는 "상대가 비록 적이라고 할지라도 경의를 표하려고 합니다. 상대의 관점과 견해를 이해하고자 하며 심리적으로 가능한 한 공감하려고 노력합니다."라고 말했다.

이후 어떤 일이 일어났는지는 예상할 수 있을 것이다. 수많은 평론가와 정치인이 힐러리를 물고 늘어졌다. 그들은 힐러리의 발언이 몰상식하고 나약하며 심지어 힐러리가 무슬림형제단Muslim Brotherhood(이슬람 근본주의 조직—옮긴이)을 수용했다는 증거라고까지 말했다. 힐러리가 대선 출마 기회를 날렸다고 말하는 이들도 있었다.

이런 온갖 허풍의 문제는 힐러리 말이 옳다는 사실이다. 정치를 제외하면 공감이란 친절하게 대하거나 상대에게 동의하는 행동이 아니다. 공감은 상대를 이해하는 일이다. 공감은 상대가 어떤 입장에 처해 있는지, 왜 그렇게 행동하는지, 무엇이 그들의 마음을 바꿀 수 있을지 우리가 이해할 수 있도록 돕는다.

협상가로서 우리가 공감을 활용하는 이유는 효과가 있기 때문이다. 내가 심야 라디오 DJ 목소리로 6시간 동안 떠든 끝에 탈주범 세 명이 밖으로 나온 이유가 바로 공감이다. 덕분에 나는 손자孫子가 '최 상의 전법'이라고 했던 싸우지 않고 적을 굴복시키는 방식으로 성공 할 수 있었다.

감정을 인정하고 입증하는 명명

잠시 할렘 아파트 출입구로 돌아가 보자. 단서가 될 만한 정보는 별 로 없었지만 할렘 지역 고층 아파트 27층에 탈주범 세 명이 갇힌 상 태라면 그들이 아무 말도 하지 않는다고 해도 죽거나 교도소에 가게 될까 봐 걱정하고 있을 것이라는 사실은 알 수 있다.

그리하여 그 무더운 아파트 복도에서 장장 6시간 동안 협상을 공 부하고 있던 FBI 요원 두 명과 나는 번갈아가며 대화를 시도했다. 우 리는 피로로 인해 말을 더듬거나 다른 실수를 하는 상황을 피하기 위 해 교대로 말했다. 그리고 우리 세 사람은 똑같은 말을 반복하면서 끈질기게 메시지를 전달했다.

이제 우리가 정확히 무슨 말을 했는지에 주목하라. "나오기 싫은 모양이네. 문을 열면 우리가 요란하게 총을 쏘며 들어갈까 봐 걱정인 가 봐. 교도소로 돌아가기 싫은가 보네."

우리를 그 상황에서 예상 가능한 감정을 떠올리고 이를 말로 표현 함으로써 전술적 공감을 적용했다. 우리는 탈주범들의 입장에 서서 생각하는 데 그치지 않았다. 그들의 감정을 발견하고 이를 언어로 표현한 다음 그 감정을 아주 차분하고 정중하게 그들에게 되풀이해서 말했다. 협상에서는 이런 과정을 가리켜 '명명labeling'이라고 한다. 명명은 누군가의 감정을 인정함으로써 이를 입증하는 방법이다. 사람의 감정에 이름을 지어주면 그 사람이 느끼는 감정에 공감한다는 사실을 보여주게 된다. 이 방법을 사용하면 우리가 전혀 모르는 외부 요소를 질문("가족들은 잘 지내나요?")하지 않고도 상대와 가까워질 수 있다. 명명에 대해 친밀함을 쌓는 지름길이며 시간을 아껴주는 감정 해킹이라고 생각해도 좋다. 상대가 긴장하고 있을 때 명명은 특별한 강점을 발휘한다. "교도소로 돌아가기 싫은가 보네."와 같이 부정적인 생각을 명백하게 드러내면 두려움을 덜 느끼게 된다.

캘리포니아 대학교 로스앤젤레스 캠퍼스 심리학과 매튜 리버먼Matthew Lieberman 교수는 한 뇌 영상법 연구[2]에서 강한 감정을 드러내고 있는 얼굴 사진을 사람들에게 보여주면 공포감을 생성하는 뇌 부위인 편도체의 활성이 증가한다는 사실을 발견했다. 그러나 사람들에게 감정을 명명하라고 요청하면 활성은 이성적 사고를 관장하는 영역으로 옮겨 간다. 다시 말해 공포에 이성적인 단어를 적용하면, 즉 감정을 명명하면 원래 그 감정이 지니는 강도가 약화된다.

명명은 협상의 바람직한 측면을 강화하거나 부정적인 측면을 분산시키도록 도와주는 간단하면서도 다방면으로 사용할 수 있는 기술이다. 그러나 그 형식과 전달 방식에 아주 구체적인 원칙이 존재한다.

이런 측면에서 볼 때 명명은 단순한 수다라기보다는 서예와 같이 의례를 갖춘 기술에 가깝다. 사람들이 대부분 느끼기에 이는 가장 어색한 협상 도구 중 하나다. 내 학생들은 명명을 시도해보기도 전에 대개 상대가 펄쩍 뛰며 "네 멋대로 내 감정을 얘기하지 마!"라고 소리 지를 것 같다고 걱정스럽게 말하곤 했다.

한 가지 비밀을 알려 주겠다. 사람들은 전혀 눈치 채지 못한다. 명명의 첫 번째 단계에서는 상대의 감정 상태를 감지해야 한다. 할렘의 아파트 문 밖에 있을 때 우리는 탈주범들을 볼 수조차 없었지만 대개 경우 상대의 말, 어조, 몸짓을 통해 풍부한 정보를 얻을 수 있다. 우리는 그 세 가지를 '말, 음악, 춤'이라고 부른다. 감정을 감지하는 요령은 사람들이 외부 사건에 반응할 때 경험하는 변화에 주의를 기울이는 것이다. 그 외부 사건이란 대개 우리가 하는 말이다.

"가족들은 잘 지내나요?"라고 물었을 때 상대가 "잘 지내요."라고 대답하는데도 입꼬리가 내려간다면 가정이 평안하지 않다는 사실을 눈치챌 수도 있다. 동료를 언급할 때 목소리에 기운이 없다면 두 사람 사이에 문제가 있을 수도 있다. 그리고 주택 임대인에게 이웃을 언급했을 때 무의식적으로 발을 꼼지락거린다면 이웃을 그리 좋게 생각하지 않는다고 상당히 확신할 수 있다(이런 단서를 포착하고 이용하는 방법은 Chatper 9에서 좀 더 자세히 살펴볼 것이다).

점쟁이들은 이런 사소한 정보를 알아차려서 이용한다. 그들은 찾아온 손님의 몸짓으로 판단하며 몇 가지 무심한 듯한 질문을 던진다.

잠시 후 점쟁이는 손님의 미래를 '예언' 하지만 실제로는 자기가 포착한 몇 가지 정보에 근거해 손님이 듣고 싶어 하는 말을 해주는 것에 불과하다. 바로 이런 이유에서 적잖은 점쟁이들이 우수한 협상가가 될 수 있을 것이다.

일단 강조하고 싶은 감정을 포착했다면 그 다음에는 그것을 분명하게 명명해야 한다. 이는 평서문이나 질문으로 표현할 수 있다. 차이점이라면 문장의 끝을 내리거나 올리는 것뿐이다. 끝을 어떻게 내리든 명명하는 문장은 언제나 대략 다음과 같은 말로 시작한다.

"보자 하니…"

"듣자 하니…"

"보아하니…"

"내가 듣기로는…"이 아니라 "듣자 하니…"라고 말했다는 점에 주목하라. 이는 '나' 라는 단어를 들으면 상대가 경계 태세를 취하기 때문이다. '나' 라고 말하면 이는 우리가 상대보다 자기 자신에게 더 관심이 많다는 뜻이고 이어지는 말과 그 말이 상대의 기분을 상하게 할지도 모르는 부분을 책임져야 한다. 그러나 명명하는 문장을 중립적으로 이해하는 진술로 표현하면 상대의 호응을 촉진한다. 이 경우 상대는 대개 '예' 나 '아니요' 에 그치지 않고 비교적 길게 대답한다. 상대가 우리가 한 말에 동의하지 않더라도 괜찮다. 언제나 한 걸음 물러서서 "꼭 그렇다는 말은 아닙니다. 그냥 그렇게 보인다고 말했을 뿐이에요."라고 말할 수 있다.

명명의 마지막 규칙은 침묵이다. 일단 명명하는 문장을 말한 후에는 조용히 들어라. 사람들은 대개 "보아하니 당신은 그 셔츠를 좋아하는 것 같네요."라고 말한 뒤 이에 부연해서 "어디에서 샀어요?"와 같은 구체적인 질문을 하곤 한다. 그러나 명명의 힘은 상대가 자진해서 말문을 열도록 유도하는 데 있다.

내 말을 조금이라도 믿는다면 잠시 휴식을 취하면서 이를 시도해보라. 말을 꺼내기 시작하면서 상대의 감정을 명명하라. 상대는 우편배달부도 좋고 열 살배기 딸이라도 좋다. 그 다음 침묵하라. 명명이자기 할 일을 하도록 내버려 두라.

명명을 통해 긍정적 감정을 강화하라

숟가락은 국을 떠먹기에는 알맞은 도구이지만 조리법이 아니듯 명명은 전술이지 전략이 아니다. 명명을 사용하는 방식은 성공을 결정짓는 데 커다란 도움이 된다. 협상가가 명명을 효율적으로 잘 사용하면 상대의 내면에 숨겨진 목소리를 알아내서 좀 더 협력적이고 신뢰하는 방향으로 천천히 변화시킬 수 있다.

먼저 인간의 심리를 잠시 얘기해보자. 기본적으로 인간의 감정에는 두 단계 수준이 존재한다. '표면'에 나타나는 행동은 겉으로 드러나서 보고 들을 수 있는 부분이다. '이면'에 감춰진 감정은 행동을 유발하는 동기다. 명절에 가족이 모여 식사하는 자리에서 투덜거리는 할아버지를 상상해보라. 겉으로는 그저 짜증을 내고 있지만 속으로는 가족들이 자주 찾아와주지 않아서 쓸쓸함을 느끼고 있다.

우수한 협상가들은 명명 과정에서 이면에 감춰진 감정을 언급한다. 부정적 감정을 명명하면 이를 분산시키고(극단적인 경우 진정시키기도 한다) 긍정적 감정을 명명하면 이를 강화한다.

잠시 후에 다시 짜증내는 할아버지 얘기로 돌아올 것이다. 그 전에 먼저 분노를 얘기하고자 한다. 협상할 때 분노라는 감정은 어느 편에게든 생산적인 경우가 드물다. 분노는 스트레스 호르몬을 비롯해 상황을 적절하게 평가하고 그에 대응하는 능력을 방해하는 신경 화학 물질을 분비한다. 또한 애초에 우리가 화가 났다는 사실을 깨닫지 못하게 만들어 근거 없는 자신감에 넘치게 된다. 이는 부정적인 감정을 무시해야 한다는 뜻이 아니다. 그 역시 똑같이 악영향을 초래할 수 있기 때문에 오히려 부정적인 감정을 파악해야 한다. 명명을 하면 사람들은 더 이상 제멋대로 행동하지 않고 본인의 감정을 인정한다는 점에서 이는 분노로 대립하는 상황을 단계적으로 진정시키는 데 유용한 전술이다.

인질 협상 업무를 시작한 지 얼마 되지 않았을 때 나는 두려워하지 않으면서도 존중하는 태도로 부정적인 역동에 직접 부딪치는 것이 얼마나 중요한지 깨달았다. 당시 내가 자초한 상황을 바로잡아야 했다. 그때 내가 캐나다 주재 FBI 고위 간부에게 미리 알리지 않고 캐나다에 입국하는 바람에 그가 무척 화가 난 상태였다. 이 '입국 허가' 라는 절차를 밟았어야 그가 국무부에 통지할 수 있었는데 그 절차를 건너뛰었던 것이다.

나는 상황을 바로잡기 위해 고위 간부의 화를 풀어드리지 않으면 쫓겨날지도 모른다는 사실을 알고 있었다. 고위 간부들은 기세등등하길 좋아한다. 그들은 무례한 태도를 싫어하는데, 맡은 일이 순조롭지 않을 때는 더욱더 그렇다.

고위 간부가 전화를 받았을 때 나는 "신부님, 제가 죄를 지었습니다. 은총을 베풀어 주소서."라고 말했다. 긴 침묵이 이어졌다. 그가 "누구십니까?"라고 물었다. 나는 다시 "신부님, 제가 죄를 지었습니다. 은총을 베풀어 주소서. 크리스 보스입니다."라고 말했다.

다시 긴 침묵이 이어졌다. "자네 상사가 자네가 여기 있는 걸 아나?" 나는 그렇다고 말하고 행운을 빌었다. 이 시점에서 그 FBI 간부에게는 내게 당장 캐나다를 떠나라고 명령할 권한이 있었다. 그러나 그 부정적인 역동을 언급함으로 내가 할 수 있는 선에서 그 감정을 분산시켰다. 내게는 기회가 생겼다.

마침내 그는 "알았네, 입국을 허가해주지. 서류 작업은 내가 알아서 하겠네."라고 말했다. 멍청한 실수를 해서 사과해야 하는 상황에 처한다면 이 방법을 시도해보라. 솔직히 부딪쳐라. 신속하게 작동하는 관계를 확립하는 가장 빠르고 효율적인 방법은 부정적인 측면을 인정하고 이를 분산시키는 것이다. 인질 가족을 대할 때 나는 언제나 그들이 무서워하고 있다는 것을 알고 있다는 말로 시작한다. 그리고 실수를 할 때면(자주 일어나는 일이다) 언제나 상대가 화가 났다는 사실을 인정한다. 나는 문제 해결에 "그래, 내가 멍청이야."라는 말이 놀랍도록 효과적이라는 사실을 발견했다. 이렇게 접근해서 실패해본 적이 없다.

짜증내는 할아버지 얘기로 돌아가보자. 그가 언짢은 이유는 가족들이 자주 찾아오지 않아서 소외감을 느끼기 때문이다. 그래서 그는 자기 나름대로 관심을 끌기 위해 역기능을 유발하는 방식으로 목소리를 높이고 있다. 이를 어떻게 바로잡을 수 있을까? 그가 하는 불쾌한 행동을 언급하는 대신 그가 느끼는 슬픔을 편협하지 않게 인정해야 한다. 할아버지가 정말로 심술을 부리기 전에 저지해야 한다.

예를 들어 "그렇게 자주 못 만나는 건 사실이죠. 우리가 할아버지에게 관심이 없다고 느끼시는 것 같아요. 기껏해야 1년에 한 번 만나려고 왜 굳이 시간을 내야 하는지 모르겠다고 생각하시죠?"라고 말할 수 있다.

이 말이 어떻게 상황을 인정하고 할아버지의 슬픔을 명명하는지 알겠는가? 이렇게 말한 뒤 잠시 기다리면서 우리가 할아버지의 기분을 이해하려고 애쓴다는 것을 할아버지가 깨닫고 인정할 시간을 주도록 한다. 그러면 긍정적인 해결책을 제시함으로써 상황을 반전시킬 수 있다.

"우리는 이 시간이 정말 즐거워요. 할아버지가 하시려는 말씀을 듣고 싶어요. 평소에 할아버지와 소원하다고 느끼니까 더더욱 할아버지와 함께 보내는 이 시간을 소중히 여기고 싶어요." 연구에 따르면 부정적 성향을 다루는 가장 좋은 방법은 반응이나 판단을 하지 않고 이를 관찰하는 것이다. 그 다음 각각의 부정적 감정을 의식적으로 명명하고 이를 긍정적인 측면에서 문제 해결에 근거한 생각으로 대체하는 것이다.

▲ ▲ ▲

내가 강의를 했던 조지타운 대학교에는 미식축구리그 소속 팀 워싱턴 레드스킨스에서 보조 관리자로 일하던 TJ라는 학생이 있었다. 그는 내가 가르치던 협상 수업을 듣던 중에 배운 내용을 업무에 적용했다. 당시 경제 상황이 아주 나빴고 레드스킨스 정기 입장권 소지자들은 돈을 아끼려고 줄지어 탈퇴하고 있었다. 게다가 직전 시즌 레드스킨스 성적은 최악이었고 경기장 밖에서 선수들이 일으킨 물의로 팬들이 떠나고 있었다. 레드스킨스의 CFO는 날이 갈수록 걱정과 짜증이 늘었고 시즌 개막을 2주일 앞둔 날 TJ의 책상으로 걸어와 서류가 가득 찬 폴더를 쾅 내려놨다.

그는 "오늘은 어제보다 더 안 좋아."라고 말한 뒤 나가버렸다. 폴더안에는 대금을 내지 않은 정기 입장권 소지자 40명의 목록과 그들 각자의 상황을 정리한 내용 파일이 담긴 USB 드라이브, 그들에게 전화할 때 사용할 대본이 있었다. TJ는 금방 대본이 엉망이라는 사실을 발견했다. 대본의 첫 시작은 직원들이 몇 달 동안 계속 통화를 하려고 했다는 변명이었고, 점점 더 안 좋은 방향으로 흘러가 결국에는 "뉴욕 자이언츠를 상대로 하는 이번 시즌 개막전 표를 받으시려면 9월 10일 이전에 미지불 잔액을 전액 납부하셔야 한다는 사실을 알려 드리고자 합니다."라는 내용으로 끝났다.

이는 기업들이 대부분 사용하는 어리석을 정도로 공격적이고 인간미가 없으며 말투에 둔감한 의사소통 방식이었다. 이는 입장권 소지 자들의 상황을 전혀 고려하지 않은 채 레드스킨스를 운영하는 회사 입장만 강조하는 내용이었다. 공감이나 인간관계는 고려하지 않은 채 돈 달라는 얘기만 있었다.

말할 필요도 없겠지만 그 대본은 효과가 없었다. TJ는 음성 메시지를 남겼지만 아무도 답신을 하지 않았다. 수업을 몇 주 들은 뒤 TJ는 대본을 수정했다. 크게 변경한 부분은 없었고 팬들에게 할인을 해주 겠다고 하지도 않았다. 단지 팬들과 그들이 처한 상황, 레드스킨스에 대한 팬들의 애정을 언급하기 위해 약간의 수정을 가했을 뿐이었다.

팀을 언급할 때는 '당신의 워싱턴 레드스킨스'라고 했고 연락한 이유는 팀에게 가장 소중한 팬들(대금 미납 고객)이 시즌 개막전을 꼭 보러 오시길 바라기 때문이라고 했다. TJ는 "팬 한 분 한 분이 매주 일요일 페덱스 구장에서 만들어주시는 홈 어드밴티지는 큰 힘이 될 것입니다."라고 썼다. 그 다음 "요즘처럼 어려운 때에 우리 팬 여러분도 많이 힘드실 거라 생각하며 여러분과 함께하기 위해 우리는 이 자리에 있습니다."라고 말한 다음 본인이 처한 난감한 상황을 자세히 설명해달라고 요청했다.

표면적으로는 단순해보일지라도 TJ는 대본을 수정함으로써 대금을 미납한 정기 입장권 소지자들의 마음을 깊게 울렸다. 수정 대본에서는 고객이 팀에게 지고 있는 빚을 언급하는 동시에 팀도 고객들에게 빚을 지고 있다고 인정했으며 어려운 경제 사정과 그로 인한 스트레스를 확실히 언급함으로써 가장 큰 부정적인 역동, 즉 대금 미납에서 주의를 분산시켜 그 쟁점을 해결가능한 문제로 바꿨다.

TJ는 대본을 조금 수정해서 중간에 껴서 곤란한 자기 심정을 가렸다. 수정한 대본으로 TJ는 개막전이 시작하기 전에 대금 미납 고객 전원을 대상으로 지불 계획을 세울 수 있었다. 그리고 CFO는 짜증이 사라지기 시작했고 훨씬 덜 퉁명스러웠다.

편도체에서 일어나는 부정적 반응 명명하기

위협에 반응해서 공포를 생성하는 뇌 부위인 편도체를 기억하는가? 실제나 가상의 위협에 편도체가 나타내는 반응을 가로막을수록 걸림돌이 즐비한 길을 더 빨리 치울 수 있고 안심, 행복, 신뢰감을 끌어낼 수 있다. 우리는 이 공포를 명명함으로써 이 작업을 한다. 명명은 공포를 햇볕에 씻고 공포가 지니는 힘을 표백해 상대에게 우리가 이해한다는 사실을 보여준다는 점에서 대단히 강력하다.

할렘 지역 아파트 복도를 다시 떠올려보라. 나는 "우리가 놓아주길 바라나 보네."라고 말하지 않았다. 그들은 분명 우리가 놓아주길 바랐을 것이다. 그러나 이 말로는 그 아파트 내부에 흐르던 진짜 공포를 분산시킬 수도, 그들이 처한 암울하고 복잡한 상황에 내가 공감한다는 사실을 보여줄 수도 없었을 것이다. 그렇기 때문에 나는 곧장 편도체를 노려서 "교도소로 돌아가기 싫은가 보네."라고 말했다.

일단 상대의 편도체에서 일어나고 있는 부정적인 반응을 명명하고 밝히고 나면 그 반응은 누그러들기 시작할 것이다. 상대의 말이 얼마나 갑작스럽게 걱정에서 낙관으로 바뀌는지 보면 충격 받게 될 것이라 장담한다. 공감은 강력한 기분 개선 장치다. 그 길이 언제나 그렇게 쉽게 열리지는 않으니 설사 진척이 느리다고 해도 의기소침할 필요는 없다. 할렘 고층 아파트 협상에는 6시간이 걸렸다. 많은 사람들이 추위에 옷을 겹겹이 껴입듯 공포도 마찬가지기 때문에 안심하기까지는 시간이 걸린다.

내 학생 중에는 걸스카우트 기금 담당자가 있는데 그 학생은 우연찮게 상대의 공포를 명명하는 경험을 했다. 내 학생은 걸스카우트 쿠키를 파는 아마추어가 아니라 1,000달러에서 2만 5,000달러에 이르는 금액을 쾌척하는 기부자를 정기적으로 유치하는 노련한 기금 모금자였다. 그녀는 이 업무를 하면서 대개 부유한 여성 고객에게 기부금을 받아내는 아주 효과적인 시스템을 개발했다.

그녀는 기부할 가능성이 있는 사람을 사무실로 초대해서 걸스카우트 쿠키를 대접한 다음 그분의 관심을 불러일으킬 프로젝트에 관한 흐뭇한 사진과 손으로 쓴 편지를 찬찬히 살펴보게 한다. 이렇게 해서 기부자의 눈이 반짝이면 기부금을 받을 수 있었다. 전혀 어렵지 않았다.

어느 날 그녀는 요지부동인 깐깐한 기부자를 만났다. 기부자가 사무실에 앉자 내 학생은 적절한 프로젝트를 제안하기 시작했다. 그러나 기부자는 차례차례 프로젝트에 퇴짜를 놓았다. 내 학생은 까다로운 기부자를 보며 당황했다. 그러나 그녀는 감정을 추스르고 최근 명명 수업에서 들은 가르침을 돌이켜 봤다. 그녀는 차분한 목소리로 "이 프로젝트들에 확신이 서지 않으시는 모양이네요."라고 말했다.

기부자는 감정을 토로하듯이 "저는 제 기부금이 다른 그 무엇이 아니라 걸스카우트를 직접 후원하는 프로그램에 사용되었으면 좋겠어요."라며 언성을 높였다. 기부자의 의도를 제대로 파악하지 못했기 때문에 기부자가 요구하는 기준을 충족하는 프로젝트를 제안해도 그는 계속 거부했던 것이다. 잠재적 기부자의 불만이 커지고 있음을 느낀 학생은 다시 만날 기회를 확보하기 위해 긍정적인 분위기로 마무리하고자 한 번 더 명명을 시도했다. "당신은 걸스카우트 덕분에 얻은 기회와 인생을 바꾼 경험을 제대로 반영하는 적절한 프로젝트를 찾고자 하시는 것 같네요." 이렇게 말하자 그 까다로운 여성이 구체적인 프로젝트를 고르지도 않은 채 기부금을 내놓았다. 그녀는 자리를 떠나면서 "당신은 날 이해하는군요. 적절한 프로젝트를 찾아주시리라 믿습니다."라고 말했다.

기부금이 엉뚱한 데 쓰일지도 모른다는 걱정이 첫 번째 명명으로 밝혀낸 표면에 드러난 이유였다. 두 번째 명명은 이면에 감춰진 이유를 밝혀냈다. 기부자는 학생 때 했던 걸스카우트 활동과 그것이 자기 인생을 어떻게 바꿨는가라는 구체적인 기억을 갖고 있었다. 이때 걸림돌은 기부자 마음에 쏙 드는 프로젝트를 찾는 일이 아니었다. 그녀가 특별히 타박이 심하거나 성미가 까다로운 기부자라는 사실도 아니었다. 진짜 걸림돌은 걸스카우트 기부 담당자가 자신이 기부하려고 하는 진정한 이유를 알고, 기부하려는 동기가 된 기억을 이해하는지 여부였다.

이런 점에서 명명은 대단히 강력하며 대화가 진행되는 상황을 완전히 바꿔놓을 잠재력을 지니고 있다. 명명은 사소한 불만, 세부 사항, 실행 계획의 이면을 파헤침으로써 상대의 행동을 좌우하는 주된 감정, 일단 인정하고 나면 나머지 모든 문제를 기적처럼 해결하는 감정을 밝히고 알아볼 수 있도록 돕는다.

비난 심사를 실시하라

매학기 협상 수업 첫날에 나는 학생들에게 '60초 내로 설득하지 못하면 인질은 죽는다.' 라는 도입 연습을 시킨다. 내가 인질범 역할을 하고 학생은 1분 안에 인질을 풀려나도록 설득해야 한다. 이 연습을 통해 나는 학생들의 수준을 파악할 수 있고 그들은 자기가 얼마나 배워야 할 것이 많은지 깨닫는다. (이건 비밀이지만 인질은 절대 풀려나지 않는다.)

선뜻 자진하는 학생이 있을 때도 있지만 대개 그런 학생을 찾기는 힘들다. 강의실 앞으로 나와 승패를 쥐고 있는 사람과 겨뤄야 하는 일이기 때문이다. 자원자가 있는지 물어보면 학생들은 가만히 앉아서 시선을 피한다. 다들 그런 경험이 있을 것이다. 등 근육이 긴장되면서 '제발, 제 이름은 부르지 마세요.'라고 생각한다. 그래서 나는 물어보지 않는다. 그 대신 "학생들 앞에서 나를 상대로 하는 역할극에 자원하기가 겁난다면 미리 말해두죠. 분명히 끔찍할 거예요."라고 말한다.

웃음이 잦아들고 나면 "자원한 사람은 다른 그 누구보다도 여기에서 더 많은 것을 얻을 겁니다"라고 말한다. 그러면 언제나 필요 이상으로 많은 자원자가 나타난다. 이제 내가 무엇을 했는지 살펴보자. 나는 학생들의 공포를 명명하면서 말문을 열었다. 어떤 일이 '끔찍하다' 보다 나빠 봐야 얼마나 나쁘겠는가? 나는 공포를 명명하고 잦아들 때까지 기다림으로써 무리한 과제가 다소 덜 힘들게 보이도록 만들었다.

다들 직감으로 이와 비슷한 시도를 수도 없이 해봤을 것이다. 친구에게 단점을 지적할 때에는 "듣기 싫은 소리 하고 싶진 않지만…"이라는 말로 시작해서 본론을 누그러뜨리고자 한다. 또는 "바보 같이 굴고 싶진 않지만…"이라는 말로 시작해서 얘기를 마친 후 상대가 당신은 그렇게 어리석지 않다고 말해주길 바라기도 한다. 이런 시도에서 저지르는 작지만 중요한 실수는 부정적인 감정을 부인하는 부분이다. 그렇게 하면 오히려 그 감정이 사실이라고 증명하는 셈이다.

법정에서 피고 측 변호인은 모두 진술에서 의뢰인의 기소사실을 전부 언급함으로써 이를 적절하게 행한다. 이 기법을 가리켜 '타격 최소화'라고 한다. 여기에서 나는 이 기법을 체계적으로 적용했을 때 아들이 잠자리에 드는 시간부터 중요한 사업 계약에 이르기까지 모든 사항을 협상할 때 상대를 누그러뜨리기 위해 사용할 수 있는 과정으로 바꾸고자 한다.

그 첫 번째 단계는 상대가 우리에 대해 말할 수 있는 모든 나쁜 점을 목록으로 작성하는 일이다. 나는 이를 가리켜 '비난 심사accusation audit'라고 한다. 사람들은 이 비난 심사라는 개념을 무척 받아들이기 어려워한다. 이 개념을 처음으로 언급할 때 학생들은 "큰일 났네요. 도저히 못하겠어요."라고 말한다. 어색한 데다가 자기혐오에 빠진 듯하고 사태를 악화시킬 것 같은 느낌도 들기 때문이다. 이때 나는 첫 번째 수업 시간에 학생들이 인질극 연습을 앞두고 느낀 공포를 명명하면서 내가 했던 행위가 바로 이것이라고 상기시킨다. 그러면 모두가 전혀 눈치 채지 못했다고 말한다.

일례로 내 수업을 들은 애나라는 학생의 경험을 들고자 한다. 나는 애나가 수업시간에 배운 지식을 100만 달러로 바꿨다는 사실이 말할 수 없이 자랑스러웠다. 당시 애나는 대규모 정부 계약업체에 근무하고 있었다. 그 기업은 비교적 소규모 회사와 공동으로 꽤 큰 정부 계약을 따냈다. 가칭 ABC라는 그 소규모 회사 CEO는 정부 측 의뢰인 대표와 친분이 있었다. 그러나 계약을 따낸 직후부터 문제가 발생하기 시작했다. ABC와 정부 측 대표의 친분이 계약을 따내는 데 중요한 역할을 했으므로 ABC는 계약에서 자기가 맡은 책무를 수행했는지 여부와 무관하게 당연히 수익에서 한몫을 차지할 거라 기대하고 있었다.

계약에 따라 ABC에게 9명의 급여를 지급했으나 ABC는 계속해서 지원을 줄여나갔다. 애나 회사가 ABC의 일까지 해야 하는 상황이 되면서 ABC와 애나 회사 사이의 관계는 이메일에서 욕설이 오가고 격렬한 항의가 쏟아져 나왔다. 안 그래도 낮은 이윤폭이 예상되는 상황에서 애나 회사는 ABC가 받을 급여를 5.5명분으로 삭감하는 힘겨운 협상을 할 수밖에 없었다. 협상은 양측 모두에게 쓰디쓴 뒤끝을 남겼다. 욕설이 오가는 이메일뿐만 아니라 모든 이메일이 중단됐다. 그리고 의사소통의 부재는 언제나 나쁜 징조다.

이렇게 힘겨운 협상을 하고 몇 달이 지났을 때 정부 측 의뢰인이 해당 프로젝트를 전적으로 재고하겠다고 요구해왔고 애나 회사는 ABC가 추가 삭감에 동의해주지 않으면 거액의 손해를 볼 위기에 처했다. ABC가 계약 사항을 제대로 이행하지 않았다는 점에서 애나 회사는 ABC를 완전히 퇴출시킬 강력한 계약상 근거를 확보하고 있었다. 그러나 그렇게 하면 애나 회사는 중요한 고객에게 나쁜 평판을 얻게 될 위험이 있었고 ABC에게 고소를 당할 수도 있었다.

이런 상황에 처한 애나는 ABC와 회의를 주선했고 그 자리에서 그녀는 동료들과 함께 ABC에게 세 명 직원의 급여를 삭감하겠다는 고지를 하기로 했다. ABC는 첫 번째 삭감을 이미 못마땅하게 여기고 있었던 터라 이는 민감한 상황이었다. 평소에 그녀는 공격적이고 자신감에 넘치는 협상가였지만 이 회의에 대한 걱정으로 몇 주 동안 제대로 잠을 이룰 수 없었다. 애나는 관계를 개선하는 동시에 양보를 이끌어내야 했다. 쉬운 일이 아니지 않은가? 이를 준비하기 위해 그녀는 맨 처음 협상 파트너인 마크와 함께 앉아 ABC가 그들에게 퍼부을 수 있는 모든 부정적인 비난을 목록으로 작성했다. 이미 오래 전에 관계가 틀어졌기 때문에 목록은 아주 길었다. 그러나 가장 주요한 잠재적 비난 사항은 쉽게 찾을 수 있었다.

"댁은 중소기업을 퇴출하려고 하는 전형적인 대기업이군요."

"우리에게 같이 일하자고 약속해놓고는 그것을 저버리나요."

"우리가 준비할 수 있도록 몇 주 전에 미리 이 쟁점을 알려줄 수 있었잖아요."

그 다음 애나와 마크 중 한 명은 ABC 측을 연기하고 다른 한 명은 이런 비난을 미리 대비한 명명으로 해제하면서 서로 번갈아가며 역할극을 했다. 애나는 느긋하고 자연스럽게 "회의를 마칠 때쯤이면 귀사는 우리가 악덕 대기업이라고 생각하게 되겠죠."라고 말하는 연습을 했다. 마크는 "처음부터 이것이 보장된 일이었다고 생각하는 모양이네요."라고 말했다. 그들은 직원들 앞에서 연습을 하며 속도를 조절하고 어느 시점에서 각각의 공포를 명명할지 결정해서 언제 의미를 담은 침묵을 취할지 계획했다. 이는 연극이나 다름없었다.

마침내 회의가 열리자 애나는 ABC 측의 가장 큰 불만을 인정하면서 말문을 열었다. 그녀는 저희가 귀사를 이 프로젝트에 합류하도록 했으며 귀사가 이 업무를 위해 저희와 공통된 목표를 갖고 있다는 건 잘 알고 있습니다. 저희가 귀사를 부당하게 대우했으며 계약을 상당 부분 바꿨다고 느끼실 것 같습니다. 이 업무에 대해 보장받았다고 믿고 계셨다는 점도 알고 있습니다."라고 말했다.

이 말을 하자 ABC 측 대표들은 공감하면서 고개를 끄덕였고 애나는 계속해서 그들이 양사를 팀원으로 보도록 하고자 상황 개요를 설명했다. 그런 다음 자기가 귀를 기울이고 있다는 사실을 보여주는 개방형 질문을 던졌다. "그 외에 어떤 점이 중요하다고 생각하시나요?"

공포를 명명하고 의견 제공을 요청함으로써 애나는 ABC가 느끼는 공포와 관련해 중요한 사실을 끌어낼 수 있었다. ABC는 애나 회사가 협상에서 상당히 유리한 위치를 차지했기 때문에 이 계약에서 큰 이익을 얻었다고 생각하고 있었다.

마크는 이 시점을 노리고 들어와 의뢰인이 새로운 요구를 하는 바람에 프로젝트가 흑자에서 적자로 돌아섰고 따라서 ABC 측 세 명의 직원 급여를 추가 삭감할 수밖에 없다고 설명했다. 그 말에 ABC 측 대표 중 한 명인 안젤라가 깜짝 놀랐다. 애나는 상대가 비난하기 전에 이를 막고 "마치 우리가 중소기업을 퇴출하려는 악덕 대기업이라고 생각하시는 것 같네요."라고 말했다. 안젤라는 공감대를 찾기 위한 말에 영향을 받았는지 "아니요, 그렇게 생각하지 않습니다."라고 말했다.

부정적인 감정을 명명하고 최악의 비난을 털어놓으면서 애나와 마크는 대화의 초점을 계약으로 돌릴 수 있었다. 그들이 어떻게 하는지 자세히 살펴보라. 두 사람은 ABC의 상황을 인정하면서 동시에 해결책을 제시해야 할 책임을 ABC 측으로 돌렸다. 애나는 안젤라의 전문 분야를 언급하면서 "정부 계약을 어떻게 관리해야 하는지 정말 잘 아신다고 들었습니다."라고 말했다.

안젤라는 자신의 경력을 인정받았다는 사실에 우쭐해하며 "네, 하지만 항상 순조롭지만은 않다는 사실도 알고 있죠."라고 대답했다. 그 다음 애나는 안젤라에게 계약을 어떻게 수정하면 모두가 이익을 얻을 수 있을지 물었고 안젤라는 ABC 직원 일부 급여를 삭감하지 않고서는 도저히 방법이 없다는 사실을 인정할 수밖에 없었다.

몇 주 뒤 ABC에게 지급하는 금액을 삭감하는 방향으로 계약을 수정했고 덕분에 애나 회사는 100만 달러를 확보했으며 그 정부 계약은 흑자로 돌아섰다. 그러나 애나가 가장 놀란 부분은 회의를 마칠 때 안젤라가 보여준 반응이었다. 그녀가 안젤라에게 자신이 안 좋은 소식을 전해서 그로 인해 얼마나 당황하셨을지 이해한다고 말했을 때 안젤라는 다음과 같이 말했다.

"좋지 않은 상황이지만 귀사에서 우리 회사에 대해 이해해주고 사실을 있는 그대로 인정해주는 부분에 감사드립니다. 그리고 귀사가 우리를 부당하게 대한다고 느끼지 않습니다. 악덕 대기업도 아니고요."

이 결과에 애나는 어떤 반응을 보였을까? "세상에, 진짜 효과가 있었어!" 애나 말이 맞다. 방금 본 것처럼 부정적인 측면에 직접 부딪치는 방법은 공감이라는 안전지대로 이끈다는 장점을 지닌다. 인간은 모두 이해받고 싶어 하고 맞은편에 앉은 사람과 관계를 맺고 싶어 하는 타고난 욕구를 지니고 있다. 애나가 안젤라의 공포를 명명한 후에 그녀가 맨 처음 본능적으로 그런 공포에 더 자세한 의미를 부여한 것도 바로 이 때문이다. 그리고 그런 세부 사항 덕분에 애나는 그 협상에서 원하는 바를 달성할 수 있는 힘을 얻을 수 있었다.

매진된 항공권을 사는 법

지금까지 우리는 악기를 배우듯이 각 기술을 구축해왔다. 먼저 색소폰 수준의 미러링, 그 다음 콘트라베이스 수준의 명명을, 그리고 프렌치 호른을 불듯이 전술적 침묵을 배웠다. 그러나 실제 협상에서는 밴드가 전부 함께 연주해야 하므로 지휘하는 법을 배워야 한다.

사람들이 모든 악기를 계속 연주하게 하기란 아주 힘든 일이다. 여기에서 나는 각 악기의 소리를 한 음 한 음 들을 수 있도록 천천히 음악을 연주할 것이다. 지금까지 쌓은 기술들이 서로 어떻게 완벽한 조화를 이루면서 올라갔다 내려갔다를 반복하다 멈추는지 금방 알게 될 것이라고 장담한다.

다음 사례를 살펴보자. 내 학생 라이언은 거액의 컴퓨터 컨설팅 계약 체결을 위해 볼티모어에서 오스틴으로 비행기를 타고 가는 중이었다. 지난 6개월 동안 고객 측 담당자는 컨설팅을 받을지 말지 망설이고 있었지만 중대한 시스템 붕괴가 일어나는 바람에 그 회사 CEO가 담당자를 압박하는 난처한 상황이 발생했다. 담당자는 책임을 전가하기 위해 라이언과 CEO를 전화로 연결했고 계약에 서명하러 오는 데 시간이 걸리는 이유를 알아야겠다며 무척 공격적으로 따졌다. 담당자는 라이언이 금요일 아침까지 오지 않으면 계약은 없던 일로 하겠다고 말했다.

라이언은 다음 날인 목요일 아침 비행기 표를 샀지만 볼티모어에 천둥번개를 동반한 폭풍우가 불어치는 바람에 공항이 5시간 동안 폐쇄됐다. 애초에 댈러스에서 오스틴으로 경유하려고 계획했으나 이는 불가능할 게 틀림없었다. 설상가상으로 출발하기 전에 아메리칸항공에 전화를 걸어보니 경유지 항공 예약이 자동적으로 다음 날 오후 3시로 변경돼 있었고 이로 인해 계약이 위태롭게 됐다.

마침내 저녁 8시에 댈러스에 도착한 라이언이 체크인 카운터로 달려갔을 때에는 당일 오스틴으로 가는 마지막 아메리칸항공편 이륙이 30분도 채 남지 않은 상황이었다. 라이언은 그 비행기를 타거나 최악의 경우 다음 날 일찍 비행기를 타야만 했다.

체크인 카운터에 도착했을 때 라이언 앞에는 대단히 난폭한 커플이 탑승 수속 담당자에게 소리를 지르고 있었다. 담당자는 앞에 놓인 컴퓨터로 조회하면서 그 커플 쪽은 거의 보지도 않았고 손님에게 맞서 소리를 지르지 않으려고 갖은 애를 쓰고 있었다. 담당자가 "제가 해드릴 수 있는 일이 없어요."라고 5번쯤 말했을 때 그 화난 커플은 결국 포기하고 돌아섰다.

먼저 라이언이 어떻게 격렬한 언쟁을 자기에게 유리하게 이용하는지 살펴보라. 상대가 힘든 일을 겪은 직후에 그와 대면하면 협상가에겐 매우 유리한 상황이 된다. 상대가 공감을 나눌 관계를 절실하게 원하는 상황이기 때문이다. 미소만 지어도 이미 경계가 풀린 상태다.

"안녕하세요, 웬디. 저는 라이언입니다. 방금 저분들 무척 화난 모양이네요."

이 문장으로 부정적인 감정을 명명하고 공감에 근거한 관계를 형성한다. 또한 웬디가 자기 상황을 부연 설명하도록 유도해 라이언이 미러링할 만한 말을 하도록 이끈다.

"네. 경유지 항공편을 놓쳤거든요. 날씨 때문에 항공편이 많이 지체됐어요."

"날씨 때문에요?"

동북부 지역 기상 악화가 전체 비행 일정에 어떤 영향을 미쳤는지 웬디가 설명한 후 라이언은 다시 부정적인 감정을 명명하고 웬디가 더 깊이 파고들도록 유도하기 위해 웬디의 답변을 따라했다.

"정신없이 바쁜 하루였겠네요."

"화를 참지 못하는 고객들이 많았어요. 이해는 하지만 소리 지르지는 않았으면 좋겠어요. 중요한 시합이 있어서 오스틴으로 가려는 승객들이 많아요."

"중요한 시합이요?"

"텍사스 대학교 대 미시시피 대학교 미식축구 경기가 열려서 오스틴으로 가는 모든 항공편이 만석이에요."

"만석이요?"

이제 말을 멈추자. 이 시점까지 라이언은 명명과 미러링을 활용해 웬디와 관계를 구축했다. 하지만 라이언이 아무런 요청도 하지 않았기 때문에 웬디는 그냥 잡담이라고 생각했을 것이다. 격분한 커플과 달리 라이언은 자기가 처한 상황을 인정했다. 라이언은 "그게 무슨 말이에요?"와 "잘 듣고 있어요." 사이를 오가는 말로 웬디가 자세한 설명을 하도록 이끌었다. 이제 공감대가 형성됐으므로 웬디는 라이언에게 유용한 정보를 흘렸다.

"네, 이번 주말 내내 경기가 있어요. 하지만 몇 명이나 비행기를 탈 수 있을지 누가 알겠어요. 날씨 때문에 많은 사람이 일정을 변경해야 할 거에요."

마침내 라이언이 불쑥 요청을 한다. 여기에서 그가 어떻게 행동하는지 주목하라. 독단적이거나 냉정하게 논리적인 태도를 취하지 않고 웬디가 처한 상황을 이해하며 공감을 표현함으로써 조용히 두 사람을 같은 처지에 놓는다. 라이언은 "힘든 하루였지만 잘 견디신 것 같네요. 사실 저도 기상 악화로 지연돼서 경유지 항공편을 놓쳤습니다. 이 비행기는 만석인 것 같지만 방금 하신 말씀을 들으니 어쩌면 날씨 때문에 이 항공편을 놓친 분이 있을지도 모르겠네요. 표를 구할 가능성이 있을까요?"라고 말했다.

이 반복 기법에 주목하라. 명명하고 전술적으로 공감한 뒤 다시 명명한다. 그 다음에 비로소 요청한다. 이 시점에서 웬디는 아무 말도 하지 않고 컴퓨터 자판을 두드리기 시작했다. 끝까지 가능성을 포기하지 않으려고 노력한 라이언은 잠시 침묵을 지켰다. 30초 뒤 웬디는 탑승권을 인쇄해서 라이언에게 건네며 탑승 예정 승객 중 몇 명이 비행기 이륙 후에야 도착할 것 같다고 설명했다. 게다가 웬디가 이코노미플러스 좌석을 준비해줌으로써 라이언의 성공 사례는 더욱 빛났다. 이 모든 일이 2분 안에 일어났다!

동네 마트에서 비행기 탑승 수속 줄에 서 있을 때 앞 손님이 화를 낸다면 그 틈을 타 상대 직원에게 명명과 미러링을 연습해보라. 그들이 "날 조종하려고 하지 마세요!"라고 소리를 지르며 발끈하지는 않을 거라고 장담한다. 그리고 아마도 당신은 예상보다 더 많은 걸 얻게 될 것이다.

전술적 공감을 일상생활에 적용하려고 할 때 이를 인위적인 대화 기법으로 여기지 말고 자연스러운 인간관계에서 상호작용의 연장으로 생각하라. 어떤 상호작용에서든 상대가 경청을 하고 있고 우리가 처한 상황을 알아준다는 느낌을 받으면 기분이 좋아진다. 사업 거래를 협상하는 중이든 그냥 슈퍼마켓 정육점 점원과 수다를 떠는 중이든 공감할 수 있는 관계를 만들고 상대가 자기 상황을 자세히 말하도록 이끄는 작업은 건전한 상호적 인간관계의 기반이다. 그렇다면 이런 도구는 바로 삶에서 가장 중요한 대화를 방해하는 어리석은 행동을 고치도록 도와주는 탁월한 감정 연습에 사용된다. 이를 통해 우리는 좀 더 의미 있고 훈훈한 관계를 연결하고 만들 수 있을 것이다. 우리가 원하는 바를 얻을 수도 있다는 사실은 덤이다. 인간관계가 첫 번째 목표다. 이를 명심하면서 대화할 때 이런 도구를 사용해보도록 하라. 처음에는 불편하고 어색하게 느껴지겠지만 끈기 있게 도전하라. 걷는 법을 배우는 것도 이상하기는 마찬가지다. 이런 기법을 내면화해 전술적 공감 기법을 습관으로, 나아가 성격의 일부로 바꾸면서 방금 읽은 내용에서 배운 가르침을 명심하라.

- 자기가 상대의 입장에 처했다고 상상하라. 공감의 장점은 상대의 생각에 굳이 동의할 필요가 없다는 점이다(상대가 이상한 인간인 경우도 분명히 있다). 그러나 상대의 상황을 이해해줌으로써 당신이 듣고 있다는 사실을 단숨에 전달할 수 있다. 일단 상대가 당신이 경청하고 있다는 사실을 알고 나면 아마도 당신에게 유익한 정보를 말해줄 것이다.
- 상대가 합의하지 않으려는 이유는 계약에 대한 이점보다 부정적인 면이 많기 때문이다. 먼저 계약을 가로막는 장애물을 제거하는 데 집중하라. 장애물이나 부정적인 영향을 부인하면 오히려 확신하게 된다. 숨김없이 밝혀라.

- 멈추고 기다려라. 장애물을 명명한 후에나 상대의 말을 미러링한 다음에는 그 기법이 효과를 나타내도록 기다려라. 걱정할 것 없다. 상대가 침묵을 메울 것이다.

- 공포가 지니는 힘을 분산하기 위해 상대가 느끼는 공포를 명명하라. 우리는 모두 즐거운 얘기를 하고 싶어 하지만 공포를 생성하는 뇌 부위인 편도체의 작동을 방해할수록 안심, 행복, 신뢰감을 더 빨리 끌어낼 수 있다는 사실을 기억하라.

- 당신과 관련해서 상대가 가진 최악의 문제점을 목록으로 작성해보고 상대가 이를 말하기 전에 먼저 말하라. 사전에 비난 심사를 실시하면 부정적인 역동이 뿌리내리기 전에 이를 차단하도록 준비할 수 있다. 또한 이런 비난 사항을 소리 내서 말해보면 과장되게 들릴 수 있기 때문에 이를 통해 상대가 사실은 그 반대라고 말하도록 유도할 수 있다.

- 당신이 상대하고 있는 사람은 인정받으며 이해받고 싶어 한다는 사실을 기억하라. 그러므로 명명 기법을 활용해 긍정적인 인식과 역동을 강화하고 북돋우도록 하라.

'예'를 경계하고
'아니요'를 끌어내라

우리 모두가 겪어봤을 법한 얘기를 해보자. 당신은 집에 있고 막 저녁식사를 하려던 참에 전화벨이 울린다. 놀랍지도 않겠지만 텔레마케터다. 그는 당신에게 잡지 정기구독권, 정수기, 아르헨티나 산 냉동 쇠고기를 팔려고 한다. 솔직히 제품이 무엇인지는 상관없다. 그 대본은 언제나 똑같기 때문이다. 그는 당신 이름을 엉뚱하게 부르고 형식적으로 인사치레를 한 다음 제품 홍보를 시작한다.

　다음 차례인 강매 전략은 당신을 '예' 라고 말하는 것 외에는 출구가 없는 좁은 길로 몰아가면서 도주로를 차단하도록 설계된 철저하게 짜인 순서도에 따른다.

"이따금 맛좋은 물 한 잔씩 드시죠?"

"예, 그렇긴 하지만…"

"저도 그렇습니다. 그리고 고객님도 저처럼 화학 성분의 뒷맛이 남지 않는 상쾌하고 깨끗한 물을 좋아하실 거예요. '마더네이쳐'가 만든 물이 바로 그렇죠."

"예, 그렇긴 하지만…"

목소리에 가짜 미소를 띠고 당신을 부추겨서 원하지도 않는 물건을 사도록 만들 수 있다고 생각하는 이 사람이 대체 누구일지 당신은 궁금해할 것이다. 근육이 굳어지고 목소리는 방어 태세를 취하며 심장 박동이 빨라진다. 마치 그 사람의 사냥감이 된 듯한 기분이고 사실이 그렇다!

"물을 드시죠?"와 같이 '예'라고 답할 수밖에 없는 상황에서도 당신은 결코 '예'라고 답하고 싶지 않다. 비록 진실이라고 할지라도 양보와 타협은 패배처럼 느껴진다. 그리고 '아니요'는 구원이나 위안처럼 느껴진다. 뻔한 거짓말일 때에도 '아니요'라고 말하고 싶은 충동을 느낀다. "아니요, 참숯 정수기로 걸렀든 아니든 난 물이 필요하지 않아요. 난 낙타예요!"

이제 이 판매 기법에 대해 생각해보자. 이 기법은 '아니요'가 죽음이라도 되는 듯 무슨 수를 써서라도 '예'를 얻어내기 위해 설계됐다. 그리고 많은 사람에게 이는 사실이다. 우리는 모두 '아니요'에 이런 부정적인 의미가 함축돼 있다고 느낀다. 우리는 '아니요'가 주는 거부의 느낌, 그 말을 들을지도 모른다는 공포를 말한다. '아니요'는 부정적인 단어의 극치다.

그러나 결정적인 순간에 '예'는 한층 더 강한 반대를 감추는 무의미한 대답인 경우가 많고 '어쩌면'은 한층 더 나쁘다. 협상가는 '예'라는 답을 얻어내기 위해 밀어붙이는 작전으로는 승리에 조금도 다가갈 수 없다. 이 작전은 그저 상대를 화나게 할 뿐이다.

'예'가 그렇게 엄청나게 불편할 수 있고 '아니요'가 그렇게 안도감을 준다면 왜 우리는 그동안 '예'에 전념하고 '아니요'를 악마 취급해왔을까? 우리는 잘못 알고 있다. 우수한 협상가에게 '아니요'는 순금만큼이나 가치 있다. '아니요'는 당신이 원하지 않는 사항을 제거함으로써 정말로 원하는 것이 무엇인지 당신과 상대가 명확히 알 수 있는 좋은 기회를 제공한다. '아니요'는 현상을 유지하는 안전한 선택이다. 이는 통제라는 일시적인 안식처를 제공한다.

모든 협상가는 성장 과정에서 어느 시점에 이르면 '아니요'를 이해해야 한다. 그 이면에 숨겨진 진짜 심리적 역동을 깨닫게 될 때면 그 단어를 사랑하게 될 것이다. 단순히 '아니요'에 대한 두려움이 사라질 뿐만 아니라 '아니요'가 당신에게 어떻게 도움이 되는지, 그 말에서 어떻게 협상을 구축할 수 있는지 배우게 될 것이다. '예'와 '어쩌면'은 쓸모없을 때가 많다. 그러나 '아니요'는 언제나 대화를 바꾼다.

'아니요'라고 말하는 순간 협상은 시작된다

내가 '아니요'에 함축된 온갖 아름다운 어감에 빠지게 된 계기는 협상가로서 활동을 시작하기 몇 달 전에 나눴던 어떤 대화였다. 처음 FBI에서 일하기 시작했을 때 나는 피츠버그 지국 소속 특수기동대원이었다. 이 업무를 2년 정도 했을 때 뉴욕 지국으로 전근을 가게 됐고 그곳에서는 합동테러대책팀에 들어갔다. 정말 흥미진진한 직책이었다. 우리는 밤낮으로 테러리스트 혐의자들을 추적하고 그들의 휴대전화를 조사하며 공격 여부나 방법을 가늠했다. 우리는 미국 최대 도시 한가운데에서 인간 분노의 매듭을 풀면서 누구는 위험하고 누구는 그저 허풍에 불과한지 생사가 달린 결정을 내렸다. 나는 이 일에 푹 빠졌다.

FBI에 근무한 지 얼마 되지 않았을 때부터 나는 위기 대응에 사로잡혔다. 긴박한 업무에 마음을 빼앗겼던 것이다. 커다란 이해관계가 걸려 있기도 했고 목숨이 위태로운 상태에 처할 때도 있었다. 감정 분야는 복잡하고 계속 변화했으며 자주 상충했다. 인질을 무사히 구출하려면 협상가는 인질범의 동기, 심리 상태, 지적 능력, 감정의 강점과 약점을 파악해야 했다. 협상가는 불량배, 조정자, 집행자, 구세주, 고해신부, 선동자, 중재자를 비롯한 온갖 역할을 담당했다. 나는 그 모든 역할에 내가 적임이라고 생각했다.

맨해튼으로 옮기고 몇 주가 지난 뒤 나는 뉴욕 FBI 위기협상팀을 이끌고 있던 에이미 본더로의 책상 앞에 얼굴을 내밀었다. 나는 협상에 대해 아무것도 몰랐기 때문에 직접적인 공격법을 취했다.

"저는 인질 협상가가 되고 싶습니다."

"여기 사람들은 다 그래. 훈련 받은 적은 있어?"

"아니요."

"자격증은?"

"없습니다."

"경력은 있어?"

"아니요."

"심리학이나 사회학, 그 외 협상과 관련된 분야 학위를 갖고 있나?"

"아니요."

"보아하니 답은 나온 것 같은데. 안 돼. 이제 가 봐."

"가라고요? 정말이요?"

"그래. '혼자 있게 해 줘.' 와 같은 뜻이지. 이곳 직원은 모두 인질 협상가가 되고 싶어 하는데 자네는 이력도 경력도 기술도 없잖아. 자네가 내 입장이라면 뭐라고 말할까? 당연히 '안 돼.' 라고 하지."

나는 팀장 앞에서 말문이 막힌 채 생각했다. 내 협상 경력이 이렇게 시작도 못 해보고 끝날 수는 없었다. 나는 테러리스트를 노려본 적도 있다 보니 순순히 물러날 생각은 없었다. 나는 "팀장님, 뭐라도 제가 할 수 있는 일이 있을 겁니다."라고 말했다. 팀장은 고개를 젓더니 자기는 전혀 가망없다고 생각한다는 의미로 냉소적인 태도를 보였다.

팀장은 "있잖아, 사실 정말로 당신이 할 수 있는 일이 있어. 자살 방지 긴급 상담전화 자원봉사자 일이야. 일단 해보고 다시 와서 얘기해보지. 장담은 못해. 알아들었지? 이제 진짜로 가 봐."라고 말했다.

팀장과 대화를 나눈 뒤 나는 대화에 숨은 복잡한 세부 요소, 특정한 단어의 힘, 이해할 수 있는 논쟁 이면에 잠재한 이해할 수 없는 감정의 진상에 눈을 뜨기 시작했다. 많은 사람이 상대가 말하는 내용을 말 그대로 받아들이는 함정에 빠진다. 나는 사람들이 대화하면서 수작을 부리지만 정작 모든 레버리지Leverage(지렛대를 의미하는 레버lever에서 파생된 말로 지렛대의 원리라는 의미다. 이론상 레버리지는 손해를 입히고 이익을 보류하는 능력이다.)는 극히 일부만이 구사하는 수작 이면의 수작에 숨어 있다는 사실을 깨닫기 시작했다.

팀장과 나눈 대화에서 나온 '아니요'라는 단어는 겉보기에 분명하고 직접적이지만 사실은 그리 단순하지 않았다. 나는 오랫동안 그 대화를 여러 차례에 걸쳐 떠올리면서 팀장이 얼마나 빠르게 몇 번이고 나를 거부했는지 돌이켜 봤다. 그러나 팀장이 유도한 '아니요'는 단지 '예'로 가는 관문이었다. '아니요'라는 답을 통해 팀장과 나는 선회해서 조정하고 재검토할 시간을 얻었으며 실제로 중요한 단 한 번의 '예'를 얻을 수 있는 환경을 만들 수 있었다.

합동테러대책팀 소속일 때 나는 마틴이라는 뉴욕 시 경찰국 부서장과 함께 일했다. 그는 완고한 사람이었고 무엇을 질문하더라도 짧은 부정문으로 답했다. 그와 조금 친해졌을 때 나는 그 이유를 물었다. 그는 당연하다는 듯 "크리스, 부서장의 업무는 거절이야."라고 말했다.

처음에 나는 그 말이 상상력 실패를 암시하는 자동 응답이라고 생각했다. 그러다가 나 역시도 10대 아들을 똑같이 대한다는 사실을 깨달았다. 게다가 아들에게 '아니'라고 말한 다음에는 아들이 하려는 말을 오히려 열린 마음으로 듣게 되는 경우가 많았다. 일단 자기 방어를 하고 나면 느긋한 마음으로 좀 더 편안하게 가능성을 고려할 수 있기 때문이었다.

'아니요'는 협상의 '끝'이 아니라 '시작'이다. 우리는 '아니요'라는 단어를 두려워하도록 길들여졌다. 그러나 '아니요'는 사실을 진술하는 경우보다 지각을 진술하는 경우가 훨씬 많다. '아니요'가 "나는 모든 사실을 검토했고 합리적인 선택을 했습니다."라는 의미인 경우는 거의 없다. 오히려 현재 상태를, 그것도 대개 일시적으로 유지하려는 결정인 경우가 많다. 변화는 두려운 일이고 '아니요'라는 말로 그 두려움으로부터 자신을 보호할 수 있다.

짐 캠프Jim Camp는 《노로 시작하라Start with No》라는 책에서 협상 초기 적수(상대)에게 '아니요'라고 말하도록 허용하라고 말한다. 캠프는 이를 가리켜 '거부권'이라고 부른다. 그는 인간은 '아니요'라고 말할 권리를 지키기 위해 사력을 다해 싸우므로 상대에게 거부권을 주고 나면 협상이 단번에 한층 더 건설적이고 협조적인 분위기를 띠게 될 것이라고 말한다.

캠프의 책을 읽으면서 인질 협상가들은 오래전부터 이 점을 알고 있었다는 사실을 깨달았다. 우리는 인질범이 밖으로 나오게 만드는 가장 빠른 방법이 자수를 '요구' 하는 것이 아니라 인질범과 충분히 대화를 하는 것이라고 배웠다. 자수를 요구하며 밖으로 나오라고 '명령' 하면 언제나 농성 상태가 훨씬 길어지고 때로는 희생을 초래하기도 한다.

이는 본질적으로 자율을 원하는 인간의 보편적인 욕구로 설명할 수 있다. 사람은 통제감을 느끼고 싶어 한다. 당신의 생각에 '아니요' 라고 말할 수 있도록 분명하게 허용함으로써 상대의 자율성을 지켜주면 감정은 차분해지고 상대는 당신의 제안을 자세히 검토하며 거절할 권리를 갖는다. 또한 당신은 자신이 제안하는 변화가 현재 상태보다 더 유리하다고 상대를 납득시킬 수 있도록 상세히 설명할 시간을 확보할 수 있다. 특출한 협상가는 '아니요' 라는 답을 모색한다. '아니요' 라는 답을 이끌어냈을 때 진짜 협상이 시작된다는 사실을 알기 때문이다.

상대에게 공손하게 '아니요' 라고 말하고(이 방법은 Chatper 9에서 좀 더 자세히 알아볼 것이다) '아니요' 라는 말을 침착하게 듣고 상대에게 얼마든지 '아니요' 라고 답해도 된다고 말하면 어떤 협상에서든 긍정적인 영향을 불러올 수 있다. 실제로 상대가 '아니요' 라고 말하도록 이끄는 작업은 마음의 장벽을 허물고 유익한 의사소통을 가능케 하는 놀라운 힘을 발휘한다. 이는 '아니요' 를 거부가 아닌 다른 뜻으로 받아들이고 그에 맞춰 응답하는 훈련을 해야 한다는 뜻이다. 누군가에게 '아니요'라는 말을 들었다면 그 말의 의미가 다음 중 하나가 아닐지 다시 생각해봐야 한다.

- 아직 동의할 준비가 되지 않았어요.
- 저를 불편하게 하네요.
- 무슨 말인지 모르겠어요.
- 그럴 형편이 안 되네요.
- 제가 원하는 건 따로 있어요.
- 정보가 좀 더 필요해요
- 다른 사람과 상의해보고 싶어요.

그렇게 생각해본 다음에 해결책에 근거한 질문을 하거나 그 효과를 명명하라.

"이 방안의 어떤 점이 마음에 안 드세요?"

"그 일을 진행하려면 무엇을 해야 하나요?"

"신경 쓰이는 부분이 있는 모양이네요."

사람들은 '아니요'라고 말하고 싶은 욕구를 지니고 있다. 그러니 언젠가 듣게 될 것이라고 그저 생각만 하고 있지 말고 일찍 말하게 유도하라.

세 가지 종류의 '예'

협상 태세를 갖추고 있는 조 비즈니스맨이라는 사람을 소개하고자
한다. 이전에도 이런 사람을 만나본 적이 있을 것이다. 그는《예스를
이끌어내는 협상법》내용을 필사해가며 외워서 만반의 준비를 하고
있는 사람이다. 게다가 협상 상대에게 그 전략을 펼칠 태세도 단단히
갖추고 있다. 조는 고급 양복을 차려 입고 거울을 보면서 자신이 늘
어놓을 인상적인 주장과 그것을 뒷받침해 상대를 완파할 화려한 그
림과 도표를 머릿속에 그려본다. 그는 영화 〈글래디에이터〉에 나오
는 러셀 크로우, 바로 주인공의 모습이었다.

이제 비밀을 알려 주겠다. 이런 준비는 아무런 의미가 없다. 조의
협상 방식은 전부 나, 나, 나, 자기, 자기, 자기뿐이다. 그리고 협상에
서 이런 신호를 알아챈 상대는 '예' 라고 말함으로써 공손하고 은밀하
게 이 '슈퍼맨' 을 무시하는 게 최선이라는 결론을 내리게 될 것이다.
"뭐라고요?" 라고 생각할지도 모르겠다.

협상에서 상대가 곧바로 할 말은 '예' 이지만, 이는 이 허풍쟁이를
내쫓기 위한 도구에 불과하다. 그 이후로 그들은 변화하는 상황, 예
산 문제, 날씨 등을 이유로 빠져나갈 것이다. 우선은 그냥 조에게서
벗어나고 싶을 뿐이다. 조가 그들에게 아무런 확신을 주지 못하고 있
기 때문이다. 그는 여전히 혼자 확신하고 있다.

한 가지 비밀을 알려 주겠다. '예' 의 종류는 세 가지다. 바로 허위,

확인, 약속이다. 허위의 '예'는 '아니요'라고 할 생각이지만 '예'라고 하는 편이 빠져나가기 쉽거나 정보 수집이나 우위를 차지할 속셈으로 음흉하게 대화를 계속하고자 하는 경우다. 확인의 '예'는 대개 무심하며 단답형 질문을 했을 때 반사적으로 나오는 반응이다. 가끔씩 덫을 놓으려고 사용하는 경우도 있지만 대부분은 아무런 행동도 약속하지 않는 단순한 긍정이다. 진정한 가치를 지니는 경우는 약속의 '예'다. 이는 행동으로 이어지는 참된 합의이며 합의 석상에서 계약서 서명으로 이어지는 '예'이다. 약속의 '예'야말로 정말로 원하는 바이지만 이 세 가지 '예'는 거의 똑같이 들리므로 이를 알아보는 방법을 배워야 한다.

사람들은 더 많은 정보를 알아내기 위한 조건으로 약속의 '예'를 요구받는 데 익숙해진 나머지 허위의 '예'를 말하는 달인이 됐다. 조 비즈니스맨을 대하고 있는 상대가 하고 있는 행동이다. 더 많은 내용을 듣기 위해 허위의 '예'를 남발한다.

'매수'라고 할 수도 있고 '개입'이라고 할 수도 있겠지만 우수한 협상가는 자기 일이 대단한 실적을 올리는 것이 아니라 자기의 목표를 상대 역시 그 자신의 목표라고 받아들이도록 부드럽게 유도하는 것이다. 나는 이 사실을 어렵게 습득했다. 본더로 팀장과 대화를 나눈 지 2개월이 지났을 때 나는 노먼 빈센트 필Norman Vincent Peale이 설립한 위기 상담 전화인 헬프라인HelpLine에서 전화 받는 일을 시작했다.

상대가 누구든 20분 이상 통화해서는 안 된다는 기본 원칙이 있었다. 상담을 제대로 한다면 상대의 기분을 나아지게 하는 데 그보다 더 오래 걸리지 않을 것이었다. 우리는 내담자가 도움을 요청할 수 있는 기관을 알려줬다. 응급처치 같은 일이었다. 일시적으로 진정시킨 다음 가야할 곳으로 보냈다. 하지만 우리가 받는 전화 중 진짜 위기에 처한 사람은 40% 가량이었다. 대개 단골 내담자들에게 걸려왔다. 이들은 아주 상태가 좋지 않았고 그 누구도 더 이상 얘기를 들어주지 않는 정력을 빨아먹는 흡혈귀 같은 사람들이었다.

우리는 단골 내담자 목록을 작성했고 그들의 전화를 받았을 경우 가장 먼저 해야 하는 일은 그날 그 사람이 전화를 또 했는지 확인하는 작업이었다. 상담 전화는 하루에 한 번이라는 횟수 제한이 있었기 때문이다. 그들도 그 사실을 알고 있었다. 전화를 걸어서 "저, 에디예요. 오늘은 전화 안 했어요. 목록 확인해보세요. 저랑 통화하셔야 할 거예요."라고 할 때가 많았다.

나는 상담 기술을 익힐 목적으로 그 일을 했기 때문에 단골들을 좋아했다. 그들에겐 문제가 있었고 그 답을 알아내려는 시도는 즐거웠다. 내가 그 일에 재능이 있다고 느꼈으며 마치 슈퍼스타가 된 기분이었다. 업무 평가를 할 시기가 됐을 때 나는 짐 스나이더라는 근무조 책임자에게 배정됐다. 짐은 상담전화 전문가였고 친절한 사람이었다. 농담을 너무 좋아한다는 점이 유일한 문제였다. 짐은 상담전화 업무의 가장 큰 문제점이 자원봉사자의 기력쇠진이라는 사실을 알고 있었고 업무를 즐겁게 만들고자 자기 시간을 할애했다. 나는 짐과 친한 친구가 됐다.

업무 평가를 할 때 짐은 내가 전화를 받을 때까지 기다렸다가 책임자들이 통화내용을 들을 수 있는 청취실에 들어갔다. 전화를 건 사람은 단골 중 한 명으로 외출을 무서워하고 시간이 여유로운 택시 기사였다. 이 정력 흡혈귀(이름은 대릴이었다)는 집을 잃게 될 처지에 놓여 있고 일할 수 없다면 삶의 의지도 잃게 될 것이라는 늘 하는 얘기를 시작했다. 나는 "진지하게 묻겠습니다. 마지막으로 길에서 누가 선생님을 해치려고 했던 때가 언제인가요?"라고 물었다.

대릴은 "글쎄요, 꽤 오래 전이에요"라고 말했다.

"얼마나요?"

"날짜는 기억나지 않아요, 크리스. 1년 정도 전인 것 같아요."

"그 이후에도 바깥세상이 그렇게 가혹하다고 느꼈나요?"

대릴은 "네, 그런 것 같아요"라고 말했다. 우리는 한동안 이런 대화를 나누면서 사람들 대부분이 세상을 두려워 할 필요가 없다는 사실을 대릴이 인정하게 했다. 나는 대릴의 말을 듣고 그에게 '배려 직면'하는 새 기술에 자신감을 느꼈다. 다소 어리숙한 이 이름은 단골에게 단호하면서도 친절하게 대응하는 방법에 붙인 명칭이었다.

상담은 물 흐르듯 이어졌고 우리 관계는 아주 좋았다. 심지어 대릴을 몇 차례 웃게 만들기도 했다. 상담을 마칠 무렵 대릴은 밖으로 나가지 못할 이유를 하나도 대지 못했다. 끊기 직전에 대릴은 "고마워요, 크리스."라고 말했다.

짐을 보러 가기 전에 나는 의자에 기대어 앉아 대릴의 칭찬을 곱씹었다. '괴로워하는 사람에게 칭찬 받는 일이 얼마나 되겠어.' 라고 생각했다. 그 다음 의자에서 벌떡 일어나 청취실로 성큼성큼 걸어갔다. 나는 나 자신이 너무나 자랑스러워서 거의 자화자찬할 기세였다. 짐은 자기 앞에 있는 의자에 앉으라고 한 다음 밝게 웃었다. 나는 두 배는 더 밝게 웃어보였다.

짐은 여전히 웃으며 "크리스, 내가 들은 역대 최악의 통화 중 하나였네."라고 말했다. 나는 입을 떡 벌리고 짐을 응시했다. 나는 "대릴이 하는 칭찬 들었어요?"라고 물었다. "내가 대릴을 진정시켰다고요. 문제를 해결했죠."

짐은 미소를 짓더니(당시 나는 그 미소가 싫었다) 고개를 끄덕였다. 그러고는 "그게 최악이라는 신호 중 하나야. 내담자가 전화를 끊을 때는 자신에 대해 만족스러워 해야 하네."라고 말했다. "내담자가 자네를 칭찬할 필요는 없어. 그 자체가 도가 지나쳤다는 뜻이야. 자네가 해냈고 자네가 문제를 해결했다고 해서 내담자가 혼자 힘으로 해나가겠는가? 듣기 싫은 말 하고 싶진 않지만 자네는 형편없었어."

짐이 하는 말을 들으면서 나에 대한 비난이 전적으로 옳다는 사실을 받아들여야만 했다. 마치 위산이 역류하는 느낌을 받았다. 대릴은 말하자면 '예' 에 해당하는 반응을 했지만 그것은 결코 진정한 약속의 '예' 가 아니었다. 그는 행동에 옮기겠다는 약속을 전혀 하지 않았다. 단지 내가 그를 혼자 둬도 되겠다고 느끼도록 하기 위해 '예' 라고 답했을 뿐이었다. 딱히 알고 말하지는 않았을지 몰라도 대릴이 말한 '예'는 허위의 '예'였다.

앞에서 본 것처럼 통화 내용은 전부 나 자신에 관한 것뿐 대릴의 얘기는 없었다. 내담자가 필요한 행동을 하도록 만들려면 내담자가 대화를 주도하도록 해서 그들이 직접 어떤 결론, 필요한 후속 조치에 도달하게 하는 것이다. 상담자가 하는 말은 이런 깨달음을 얻기 위한 수단에 불과한 것이다.

상대와 관계를 형성하고 합의를 이루기 위해 온갖 기술을 활용하는 방법은 유용하지만 상대 역시 그 관계를 형성하고 새로운 아이디어를 내놓을 책임이 자신에게 있다고 느끼지 않는 한 궁극적으로 그 관계는 무용지물이다. 나는 천천히 고개를 끄덕였고 전의를 상실했다. 나는 짐에게 "역대 최악의 통화 중 하나라고요? 그러네요."라고 말했다. 그때 이후로 나는 새로운 방향을 설정하기 위해 열심히 노력했다. 정말 많은 질문을 하고 자료를 읽은 끝에 헬프라인 신규 자원봉사자를 가르치는 수업 두 개를 맡게 됐다. 적극적 경청을 다루는 입문 강좌와 '배려 직면'에 관한 강좌였다.

이해했겠지만 중요한 건 내가 아니다. 우리는 우리 관점이 아니라 상대의 입장에서 설득해야 한다. 그러나 어떻게? 상대의 가장 기본적인 욕망에서 시작하라. 모든 협상에서 그 결과는 다른 누군가의 결정에서 비롯된다. 애석하게도 타협과 논리로 상대의 결정을 통제하거나 조작할 수 있다고 믿는다면 크게 손해를 보게 될 뿐이다. 그러나 상대의 결정을 통제할 수는 없다고 해도 상대의 세계에 들어가서 정확히 무엇을 원하는지 듣고 봄으로써 그들에게 영향을 미칠 수는 있다.

사람마다 강도에는 차이가 있겠지만 사람은 모두 두 가지 원초적 충동에 이끌린다. 바로 안도감과 통제감을 느끼고 싶은 욕구다. 우리가 이 두 가지 욕구를 충족시킨다면 상대에게 영향을 미칠 수 있다. 대릴과 내가 나눈 대화에서 살펴봤듯이 상대가 안전하다거나 통제권을 지니고 있다고 논리적으로 납득시킬 수는 없다. 원초적 욕구는 긴급하고 비논리적이므로 그런 욕구를 논쟁으로 해결하려고 해봐야 상대가 거짓의 '예'를 말하도록 압력을 가하게 될 뿐이다. 또한 꾸며낸 동정의 형태를 띤 '친절함' 역시 마찬가지로 효과가 없다. 우리는 다양한 이름으로 친절함을 떠받드는 시대에 살고 있다. 언제 어디에서나 친절하며 상대의 기분을 배려하라고 배운다.

그러나 협상이라는 맥락에서 친절은 역효과를 불러일으킬 수 있다. 책략으로 행하는 친절은 음흉하고 부정직하다. 고객을 기만하는 '친절한' 외판원의 말에 넘어가 불이익을 당하지 않은 사람이 있을까? 진실하지 않은 친절로 돌격한다면 그 무미건조한 미소가 그 모든 마음속 응어리를 들추어낼 것이다. 그렇다면 논리나 거짓된 미소로 공략하는 대신 '아니요'를 이끌어냄으로써 목표를 달성해야 한다. 인간은 '아니요'라고 말할 때 안도감과 통제감을 느낀다. '아니요'는 대화를 시작하고 마지막 약속의 '예'에 도달하기 위한 피난처를 마련한다. 초기에 나오는 '예'라는 대답은 대개 싸구려 거짓 발뺌이다.

에이미 본더로 팀장이 내게 '가 봐'라고 말한 지 5개월 정도 지났을 때 나는 그에게 헬프라인에서 자원봉사를 하고 있다고 말했다. 팀장은 놀란 듯 미소를 지으며 "그랬어?"라고 물었다. "많은 사람에게 해보라고 권하긴 했지만 하는 사람은 못 봤지." 알고 보니 그 역시 헬프라인에서 자원봉사를 하며 협상 일을 시작했다고 했다. 그는 우리가 서로 알게된 여러 사람의 이름을 대기 시작했다. 우리는 짐에 대해 얘기하면서 웃었다. 팀장은 갑자기 말을 멈추고 나를 똑바로 쳐다봤다. 그가 나를 뚫어지게 보는 동안 나는 자세를 바로잡았다. 그때 그가 미소를 지었다.

"다음 자리에 들어가게."

당시 나 말고도 5명이 그 자리를 노리고 있었고 그들은 심리학 석·박사 학위, 실무 경험, 자격증을 지닌 사람들이었다. 그러나 나는 5명을 모두 제치고 버지니아 주 콴티코에 있는 FBI 아카데미에서 실시하는 차기 인질 협상 교육 과정을 밟게 됐다. 협상가로서 내 경력이 공식적으로 시작됐다.

'아니요'는 보호책이다

이번 장 처음에 언급했던 텔레마케터를 다시 생각해보자. 그가 한 질문 "맛 좋은 물 한 잔씩 드시죠?"에는 "예."라고 답할 수밖에 없다. 그러나 사실은 "아니요!"라고 외치고 싶다. 이런 질문을 받고 나면 통화하는 내내 괴로울 것이라는 사실을 알고 있다.

그것이 우리가 '예'와 '아니요'에 부여하는 가치에 내재하는 모순을 간결하게 보여준다. 협상을 할 때면 언제나 당연히 '예'라는 대답으로 끝맺고 싶다. 그러나 그 마지막 '예'가 지니는 긍정적인 가치를 전반적인 '예'가 지니는 긍정적인 가치와 혼동하는 경우가 많다. 그리고 '아니요'를 '예'의 반대라고 생각하기 때문에 '아니요'를 항상 나쁘다고 간주한다.

이 생각은 완전히 잘못된 것이다. 사람은 '아니요'라고 말할 때 안도감, 안심, 통제감을 느낀다. '아니요'라는 대답을 유도하는 질문을 활용하면 상대는 퇴짜를 놓음으로써 자신이 상황을 주도하고 있다고 느낀다. 우수한 협상가는 초기에 상대의 단호한 '아니요'의 반응이 협상에 참여하고 있다는 증거라고 생각해 환영하기도 하고 심지어 자초할 때도 있다.

반면에 시작하자마자 '예'를 노리면 상대는 방어적인 태도를 취하고 경계하며 겁을 먹는다. 그래서 나는 학생들에게 뭔가를 팔려고 하는 경우라면 처음에 "잠시 시간 내 주실 수 있나요?"라고 묻지 말라고 한다. 그 대신 "지금 얘기하기 곤란하신가요?"라고 물어라. 그러면 "네, 지금 곤란하네요."라는 대답과 함께 가능한 시간을 알려주거나 그냥 가라고 할 수도 있다. 또는 "아니요, 괜찮아요."라고 하면서 관심을 보일 것이다.

연습 삼아 다음번에 텔레마케팅 전화를 받으면 판매자가 물어보는 질문을 기록해보라. 당신이 느끼는 불편함의 정도가 판매자가 얼마나 빨리 '예'라는 대답을 강요하는지와 정비례한다는 사실을 발견하게 될 것이다.

내 동료인 마티 에벨사이저는 '아니요'가 '예'보다 좋은 이유를 처음으로 깨닫게 해준 사람이다. 당시 마티는 피츠버그 FBI 위기 협상 조정자였다. 그는 활기 넘치는 사람이었고 협상 천재였으며 덕분에 FBI 내부와 지역 경찰국에서 엄청난 존경을 받고 있었다. 그러나 인간은 원래 질투가 심하고 마티의 직속상사 역시 이 법칙에서 예외가 아니었다. 마티가 성공할수록 직속상사가 설 자리는 줄어들었고 그는 마티에게 위협을 느꼈다. 피츠버그 경찰국 인질 협상팀이 마티에게 신규 팀원 후보를 선정하는 선발위원회 위원을 맡아 달라고 요청했을 때 직속상사는 질투에 눈이 멀고 말았다. 상사를 제치고 마티를 선택한 조치는 전례가 없는 일이었다. 이에 마티의 상사는 그를 그 직위에서 해임하기로 결심했다. 그가 정규 업무를 등한시했기 때문이라고 했다. 그러나 사실은 그가 위협적인 존재였기 때문이었다.

공식 해임 안건으로 상사를 만났을 때 마티가 취할 수 있는 선택지는 거의 없었다. 상사는 원하는 대로 할 수 있는 전권을 갖고 있었다. 마티는 다양한 시나리오를 고려했다고 말했다. 먼저 상사의 질투심을 직설적으로 언급해서 결론을 내는 방안을 생각했다. "우리 FBI가 전문성을 인정받게 되면 좋은 일이잖아요?"라며 위원회 일이 FBI에 긍정적인 영향을 미칠 것이라고 설명하는 방법도 생각했다. 그러나 상사와 마주 앉았을 때 마티는 내가 들어본 중에 가장 강력한 단어를 사용해서 '아니요'를 이끌어내는 질문을 던졌다.

"FBI가 창피를 당하면 좋겠어요?"라고 마티가 묻자 상사는 "아니." 라고 답했다. 마티는 "제가 어떻게 하면 좋겠어요?"라고 대응했다.

상사는 움직일 때마다 의미심장하게 삐걱거리는 소리를 내는 1950년형 인조가죽 의자에 등을 기댔다. 상사는 안경 너머로 마티를 노려보다가 정말 경미하게 고개를 끄덕였다. 그는 "그래, 계속 해도 좋아. 가서 일하고 그 일 때문에 다른 업무에 소홀하지 않도록 해."라 고 말했다. 그렇게 마티는 자기 일을 지켜냈다.

마티가 그렇게 했다는 얘기를 들었을 때 나는 머리를 '쿵!' 하고 부 딪친 기분이었다. 마티는 '아니요'라는 답을 이끌어냄으로써 상사를 결정하는 영역으로 밀어 넣었다. 그 다음 상사에게 마티의 행동을 규 정하는 질문을 던짐으로써 안도감과 통제감을 높였다. 여기에서 중 요한 점은 마티가 단지 '아니요'를 수용하는 데 그치지 않고 이를 찾 고 포용했다는 사실이다.

최근 세일즈맨들을 대상으로 한 강의에서 참여자들에게 그들이 모 두 두려워하는 한 단어가 무엇인지 물었다. 참여자들은 다같이 '아니 요!'라고 외쳤다. 그들, 그리고 거의 모든 사람에게 '아니요'는 단 한 가지, 즉 논의의 끝을 의미한다. 그러나 '아니요'가 의미하는 바는 논 의의 끝이 아니다.

'아니요'는 실패가 아니다. 전략적으로 사용할 때 '아니요'는 전진하는 길을 여는 대답이다. 더 이상 '아니요'라는 단어를 두려워하지 않는 지점에 이르는 때는 모든 협상가가 도달해야 하는 해방의 순간이다. 가장 큰 공포가 '아니요'라면 협상을 할 수 없기 때문이다. 당신은 '예'의 인질이며 수갑을 차고 있다. 그러면 끝이다. 그러니 '아니요'를 파헤쳐보자. '아니요'는 자율성을 재확인하는 답이다. 이는 권력 행사도 권력 남용도 아니다. 거부 행위가 아니다. 완고함을 나타내는 징후도 아니다. 협상의 끝 역시 아니다. 실제로 '아니요'는 논의를 시작하는 경우가 많다. '아니요'라는 말을 빨리 할수록 더 기꺼이 이전에 깨닫지 못했던 선택지와 기회를 살펴보게 된다. '아니요'라고 말하고 나면 자신을 지켰다고 느끼고 이제 사라지는 기회에 눈을 돌리게 되므로 오히려 행동에 박차를 가하게 된다.

스스로 '아니요'에 얽힌 수수께끼를 푼 이래 나는 사람들이 '아니요'에 관해 대단히 흥미로운 생각, 지각, 편견을 지니고 있다는 사실을 발견했다. 마치 1980년대 영화나 뮤직 비디오를 셀 수 없이 여러 번 보는 기분이었다. 그 경험에 공감할 수 있으면서도 동시에 세상과 자기 자신이 변화했다는 사실을 인식하게 된다. 현재 나는 학생들이 '아니요'를 제대로 이해하는 법을 익히도록 지도하고 있다. '아니요'는 학생들이나 협상 상대자들에게 해를 끼친다기보다 오히려 모든 협상 당사자를 보호하고 당사자에게 도움이 된다. '아니요'는 안도감, 안심, 통제감을 창출한다. 이행 가능한 성공을 이끌어내기 위한 필요조건이다. 화자가 원하는 바를 자세히 설명하기 위해 필요한 중간 휴식이자 계기이며 기회다. 다음과 같이 '아니요'는 수많은 기능을 지닌다.

- ■ '아니요'는 진짜 쟁점을 제기할 수 있도록 한다.
- ■ '아니요'는 효력 없는 결정을 하지 않도록 보호해주며 이를 수정하도록 한다.
- ■ '아니요'는 진행 속도를 늦춰 자유롭게 결정과 협약을 수용할 수 있도록 한다.
- ■ '아니요'는 당사자가 안전하다고 느끼게 하며 정서적으로 편안함과 자기 결정에 대한 통제감을 갖도록 돕는다.
- ■ '아니요'는 모든 사람의 노력이 결실을 맺도록 한다.

내가 가르치는 대학원 학생 중 벤 오텐호프라는 정치기금 모금자는 이 가르침을 아주 제대로 알아들었다. 그는 공화당 국회의원 후보를 위한 기금을 모금할 때 오랫동안 전통에 따라 '예'라는 답을 유도하는 대본을 사용해왔다.

기금 모금자 여보세요, 스미스 씨 계신가요?

스미스 씨 네, 전데요.

기금 모금자 XYZ 위원회에서 전화 드렸습니다. 현재 미국 경제에 대한 선생님의 견해에 관해 몇 가지 중요한 질문을 드리고 싶습니다. 현재 휘발유 가격이 너무 비싸다고 생각하십니까?

스미스 씨 네, 휘발유 가격이 너무 비싸서 가계가 힘듭니다.

기금 모금자 휘발유 가격이 비싼 원인 중 하나가 민주당이라고 생각하십니까?

스미스 씨 네, 오바마 대통령이 문제죠.

기금 모금자 오는 11월에는 변화가 필요하다고 생각하십니까?

스미스 씨 네, 그렇게 생각합니다.

기금 모금자 그 변화에 동참하기 위해 선생님의 신용카드 번호를 알려주시겠습니까?

적어도 이론대로라면 '예'라는 답변은 확신을 계속 쌓아올려서 대본 마지막에 후원이라는 긍정적인 결과를 이끌어내야 했다. 실제로는 이 '예'라는 답을 유도하는 대본이 수년간 형편없는 수익률을 기록하고 있었다. 모든 질문에 '예'라는 답이 돌아왔지만 마지막 답변은 언제나 '아니요'였다.

그때 벤은 내 수업을 들으면서 짐 캠프가 쓴 《노로 시작하라》를 읽었고 '아니요'가 후원을 늘리는 도구가 될 수 있지 않을까라는 생각을 하기 시작했다. 벤은 지역 기금 모금자들에게 후원자가 될 지도 모르는 사람들이 전혀 거리낌 없이 전화를 끊을 수 있는 대본을 사용하는 게 어렵다는 사실을 알고 있었다. 이는 그들이 교육받은 내용에 전면적으로 위배됐기 때문이었다. 그러나 벤은 똑똑한 사람이었다. 그는 대본을 완전히 교체하는 대신 모금자 일부에게 '아니요'를 유도하는 대본을 시험 삼아 사용해보도록 했다.

기금 모금자 여보세요, 스미스 씨 계신가요?

스미스 씨 네, 전데요.

기금 모금자 XYZ 위원회에서 전화 드렸습니다. 현재 미국 경제에 대한 선생님의 견해에 관해 몇 가지 중요한 질문을 드리고 싶습니다. 만약 지금 같은 상황이 지속된다고 해도 앞으로 미국의 전성시대가 도래할 것이라고 생각하십니까?

스미스 씨 아니요, 악화 일로에 있다고 생각합니다.

기금 모금자 제대로 싸워보지도 않고 11월에 ○○○ 대통령이 백악관을 차지하도록 마냥 지켜보실 생각입니까?

스미스 씨 아니요, 그런 일이 없도록 무슨 일이든 할 것입니다.

기금 모금자 그런 일이 없도록 지금 어떤 일이든 하고 싶으시다면 선생님을 대신해 열심히 싸우고 있는 XYZ 위원회를 후원하실 수 있습니다.

어떻게 '예'가 '아니요'로 바뀌었고 스미스 씨가 '하고 싶다면' 후원을 할 수 있다고 제안했는지 확실히 알겠는가? 이렇게 함으로써 스미스 씨는 주도권을 쥐면서 상황을 통제하게 됐다. 그리고 이 방법은 효과가 있었다. '아니요'를 유도하는 대본을 사용했을 때 수익률은 정말 놀랍게도 호전돼서 23% 증가를 나타냈다.

여기서 유일하게 유감스러운 부분은 이렇게 엄청난 결과로 개선됐음에도 불구하고 기금 모금자 전체에게 이 대본을 전파하지 못했다는 사실이다. 이 대본은 기존 원칙에 어긋났고 오랫동안 기금 모금을 해온 사람들은 '예'가 주는 거짓된 편안함을 포기하지 못했다. 초기에 천재를 못 알아보는 경우는 흔하지 않은가.

미국 프로농구 구단 중 하나인 댈러스 매버릭스Dallas Mavericks의 구단주인 억만장자 마크 큐반Mark Cuban은 보기 드문 협상 천재다. 나는 언제나 학생들에게 그가 협상에 관해 언급한 명언 "'아니요'라고 할 때마다 '예'에 가까워진다."라는 말을 인용한다. 그러나 그 다음에는 '예'로 이어지는 '아니요'를 뽑아내기란 항상 쉽지만은 않다는 사실도 상기시킨다.

상대가 '아니요'라고 말할 수 있음을 느끼도록 만드는 일과 실제로 그렇게 말하도록 하는 일은 무척 다르다. 때때로 귀 기울여 듣지 않는 사람을 상대로 대화를 나눌 때 그 사람의 관심을 빠르게 끌 수 있는 유일한 방법은 '아니요'라는 대답을 이끌어 반감을 불러일으키는 것이다. 이를 실행하기 위한 아주 좋은 방법은 상대의 감정이나 욕망을 틀리게 명명하는 것이다. 상대가 분명히 일을 계속하고 싶어하는 경우인데도 "보아하니 정말로 일을 그만 두고 싶은 모양이네요."와 같이 완전히 틀린 사실임을 알면서도 일부러 그렇게 얘기한다. 그러면 상대는 귀 기울여 들을 수밖에 없고 "아니요, 그런 뜻이 아니에요."라는 식으로 우리가 한 말을 수정할 수 있다.

협상에서 '아니요'를 끌어내는 또 한 가지 방법은 상대가 무엇을 '원하지 않는지' 물어보는 것이다. 예를 들어 "그러면 어떤 조건은 용납할 수 없는지 말해보세요."라고 말할 수 있다. 이 경우 사람들은 마음 놓고 '아니요'라고 말할 수 있다. 그 말이 자기 방어처럼 느껴지기 때문이다. 그리고 일단 상대가 '아니요'라고 말하도록 유도하고 나면 그는 새로운 선택지와 생각을 검토하는 방향으로 훨씬 더 열린 마음으로 전진하게 된다.

'아니요'라는 말을 하는지 여부는 광산의 카나리아처럼 경고 역할을 한다. 온갖 노력을 기울여도 상대가 '아니요'라고 하지 않는 경우 그가 우유부단하거나 혼란스러워하며 말할 수 없는 문제를 안고 있다고 볼 수 있다. 그런 경우에는 협상을 끝내고 돌아서야 한다. 이렇게 생각하라. '노'라는 말이 없으면 진행 불가능이다.

다시는 무시당하지 않는 이메일의 마법

무시당하는 것보다 짜증나는 일은 없다. 거절당하는 것도 나쁘지만 아예 답변을 받지 못하는 것은 최악이다. 무시당하면 마치 존재하지 않는 듯, 투명인간 같은 느낌이 든다. 게다가 이는 시간 낭비이기도 하다. 다들 경험해본 적이 있을 것이다. 거래를 시작해보려는 생각으로 이메일을 보내지만 상대는 이를 무시한다. 공손하게 다시 한 번 메일을 보내지만 상대는 이를 회피한다. 그러면 어떻게 해야 할까? 단 한 문장만 쓴 이메일로 '아니요'를 유도해야 한다.

'이 프로젝트 포기하셨습니까?'

핵심은 단 한 문장의 이메일이 '아니요'를 유도하는 질문의 진수를 압축하고 상대가 지닌 인간 본연의 손실 기피 경향을 이용한다는 점이다. 이 이메일이 요구하는 '아니요'라는 대답은 상대에게 안도감과 통제감을 부여하는 한편 그들의 입장을 규정하고 이를 설명하도록 부추긴다. 또한 이 문장은 이메일을 보낸 측이 자기 의지에 따라 제안을 접을 수도 있다는 은밀한 위협도 내포하고 있다. 이런 일을 막기 위해, 즉 손실을 기피하고 자신의 위세를 입증하기 위해 상대는 즉시 "아니요, 우리 우선순위는 바뀌지 않았습니다. 잠시 교착 상태에 빠져 있을 뿐이고…"와 같은 답변을 보내서 이의를 제기하고자 한다.

　부모는 이런 기법을 본능적으로 사용한다. 공원이나 쇼핑몰에 갔을 때 아이가 거기서 꼼짝하지 않으려고 할 때 부모는 어떻게 하는가? "알았어, 엄마 혼자 간다."라고 말하고 걸어가기 시작한다. 그러면 대개 절반 이상은 아이가 "아니야, 같이 가!"라고 소리 지르며 뛰어온다. 버림받고 싶어 하는 사람은 없다.

　업무 담당자가 사용하기엔 무례한 방법으로 느껴질 수도 있지만 그것을 극복해야 한다. 이 방법은 무례하지 않다. 직설적이기는 하지만 '아니요'가 주는 안심감에 묻힌다. 무례란 상대를 무시하는 것이다. 나는 북미권뿐만 아니라 절대 '아니요'라고 말하지 않기로 유명한 서로 다른 두 문화권(아랍과 중국) 사람들에게도 이 방식을 성공적으로 사용했다.

이번 장에서 소개한 도구를 일상생활에서 사용하기란 어렵게 느껴질 수 있다. 그 도구가 우리 사회가 강조하는 가장 중대한 인간관계 원칙에 직접적으로 위배되기 때문이다. 그것은 바로 '친절해라'이다. 우리는 대인 관계를 원활하게 하는 수단으로 친절함을 이용해왔지만 이는 책략인 경우가 많다. 우리는 예의바르게 행동하고 최소한의 마찰만을 일으키면서 일상생활을 버티기 위해 이의를 제기하지 않는다. 그러나 친절함을 윤활제로 바꿈으로써 우리는 그 의미를 변질시켰다. 미소를 지으면서 고개를 끄덕이는 행동은 "만나서 반가워요."라는 뜻일 수도 있지만 동시에 "여기서 나가게 해줘!"라는 의미일 수도 있다. 상대의 상황을 이해하고 그의 욕망과 욕구에 대한 정보를 찾아냄으로써 권력을 얻는 협상가에게 이는 대단히 힘든 상황이다. 그런 정보를 찾아내려면 상대가 안도감과 통제감을 느끼도록 해야 한다. 또한 모순되게 들릴 수도 있지만 상대가 이의를 제기하며 자기 경계를 긋고 자신이 원하지 않는 바를 표현해 욕구를 분명히 밝히도록 함으로써 그 목표를 달성해야 한다.

이번 장에서 소개한 방법을 사용하고자 할 때에는 그것을 '친절함의 책략'에 반대되는 것으로 생각하라. 이는 그 방법이 불친절하다는 의미가 아니라 진실하다는 의미다. '아니요'를 유발하면 '예'의 허위를 벗겨내고 정말로 중요한 속내가 무엇인지 알려준다. 다음에 정리한 효과적인 가르침을 명심하라.

- 상대에게 '예'라는 대답을 이끌어 내려고 시도하는 습관을 버려라. '예'라는 답을 해야 하는 상황에 몰리면 인간은 방어적인 태도를 나타낸다. 인간은 '예'라는 대답을 선호하기 때문에 누군가가 우리에게 '예'라고 대답하도록 강요할 때 자신이 느끼는 방어성을 깨닫지 못한다.
- '아니요'는 실패가 아니다. 우리는 '아니요'가 '예'의 반대라고 배워왔기 때문에 무슨 수를 쓰더라도 피해야 하는 단어라고 생각한다. 그러나 사실 '아니요'는 단

135

순히 '잠깐만요'나 '저는 마음에 안 들어요'라는 의미에 불과한 경우가 많다. '아니요'라는 대답을 차분하게 듣는 법을 배워라. '아니요'는 협상의 끝이 아니라 시작이다.

- '예'는 협상의 최종 목표이지만 시작부터 그 대답을 목표로 하지 말라. "스미스 씨, 물 자주 드시죠?"와 같은 질문처럼 대화에서 상대에게 '예'라는 답변을 너무 빨리 요구하면 그는 방어벽을 세우고 당신을 신뢰할 수 없는 인간으로 치부한다.

- 사람은 '아니요'라고 말할 때 안도감, 안심, 통제감을 느끼므로 이를 유도하라. 자신이 원하지 않는 바를 말하고 나면 상대는 자기 영역을 한정하고 자신감과 편안함을 느껴 당신의 말에 귀 기울여 듣게 된다. 이런 맥락에서 볼 때 "잠시 시간 내 주실 수 있나요?"라는 질문보다 "지금 얘기하기 곤란하신가요?"라는 질문이 언제나 더 바람직하다.

- 때로는 상대가 '아니요'라고 하도록 유도해야만 당신이 하는 말을 듣고 반응하는 경우도 있다. 의도적으로 상대의 감정이나 욕구를 틀리게 명명하거나 "보아하니 당신은 이 프로젝트가 실패하기 바라시는 모양이네요."와 같이 부정으로 대답할 수밖에 없는 터무니없는 질문을 사용할 수 있다.

- 상대의 세계에서 협상하라. 설득에서 중요한 점은 당신이 얼마나 명석한지 또는 얼마나 달변이거나 단호한지가 아니다. 당신이 원하는 해결책이 상대의 생각이라고 납득하도록 만드는 것이 중요하다. 그러니 논리나 의지만으로 상대를 이기려고 하지 말라. 당신의 목표로 향하는 길목을 여는 질문을 하라. 중요한 건 당신이 아니다.

- 잠재적인 사업 파트너가 당신을 무시하고 있는 경우라면 당신은 제안을 접을 준비가 됐음을 암시하며 명확하고 간결하게 '아니요'를 유도하는 질문을 던져라. "이 프로젝트 포기하셨습니까?"는 기적 같은 효과를 나타낸다.

CHAPTER 5

상대의 마음속에
지워지지 않는 말 한마디

2000년 8월 필리핀 남부를 본거지로 하는 무장 이슬람 조직 아부 사야프Abu Sayyaf는 CIA 요원을 생포했다고 발표했다. 아부 사야프는 섬에 있는 그들의 근거지 주변을 홀로 여행하고 있던 24세 미국인 제프리 실링을 납치했다. 캘리포니아 출신인 실링은 몸값 1,000만 달러가 걸린 인질이 됐다.

당시 나는 FBI의 엘리트 위기협상팀 소속 감독특별수사관이었다. 위기협상팀은 협상계의 특수 부대 같은 조직이다. 특수 부대는 FBI 인질구출팀 소속이다. 위기협상팀과 인질구출팀은 미국의 대對테러

대응 조직이다. 이 둘은 최고 중에서도 최고다.

위기협상팀 본부는 버지니아 주 콴티코에 있는 FBI 아카데미에 있다. FBI 아카데미는 '콴티코'라는 한 단어로 통하게 됐으며, 정보와 법률 집행의 중심지라는 명성을 쌓아왔다. 협상이 꼬여가고 있을 때 담당 협상가는 '콴티코'에 전화해서 지시를 받아야 하며 위기협상팀이 바로 그 연락을 받는 곳이다.

위기협상팀은 중대한 이해관계가 걸린 위기 협상에서 사용하는 강력한 도구인 행동변화계단모형BCSM(Behavioral Change Stairway Model)을 개발했다. 이 모형은 어떤 협상가라도 듣기부터 행동에 영향 미치는 단계까지 숙지할 수 있도록 도와주는 적극적 경청, 공감, 관계, 영향, 행동 변화라는 5단계를 제안한다.

이 모형이 나오게 된 기원을 찾아보면 미국이 낳은 위대한 심리학자 칼 로저스Carl Rogers까지 거슬러 올라갈 수 있다. 칼 로저스는 상담자가 내담자를 있는 그대로 받아들일 때 비로소 진짜 변화가 일어날 수 있다고 주장했다. 이 접근법을 가리켜 '무조건적 긍정적 존중unconditional positive regard'이라고 한다. 그러나 로저스가 설명했듯이 우리는 대개 사람들(주로 부모님)이 옳다고 여기는 말과 행동을 해야 사랑, 칭찬, 인정을 받을 수 있다고 생각한다. 즉, 우리가 대개 경험하는 긍정적 존중은 조건적이기 때문에 우리는 습관적으로 자신이 어떤 사람이고 어떤 생각을 하는지 숨기게 됐다. 즉, 인정을 받기 위해 말을 조절하는 대신 드러내지 않게 됐다.

사회적 상호작용이 실제 행동 변화로 이어지는 경우가 대단히 드문 이유가 바로 이것이다. 심각한 관상동맥성 심장 질환으로 심장 절개 수술을 받은 환자를 생각해보자. 의사는 환자에게 "이 수술로 문제가 해결된 것은 아닙니다. 다음과 같이 행동을 바꿔야만 정말로 수명을 늘릴 수 있습니다."라고 말한다. 환자는 고마워하며 "네, 물론이죠, 선생님! 다시 한 번 기회를 얻었으니 달라질 거예요!"라고 대답한다.

과연 환자는 달라질까? 거듭된 연구에 따르면 아무런 변화도 일어나지 않는다고 한다. 수술을 받은 뒤 2년이 지난 후 환자들을 살펴봤을 때 90% 이상이 생활 방식을 전혀 바꾸지 않았다. 자녀, 상사 또는 고객을 상대로 하는 일상적인 협상에 걸린 이해관계가 인질 협상이나 건강 위기에 걸린 이해관계만큼 크지는 않다. 그러나 진짜 실질적인 변화에 필요한 심리적 환경은 똑같다.

행동변화계단모형을 성공적으로 적용해 각 단계를 오를 때마다 신뢰 관계를 한층 더 심화해나간다면 무조건적 긍정적 존중이 확립되고 영향력을 발휘할 수 있게 되는 획기적인 순간이 찾아올 것이다. 다년간에 걸쳐 행동변화계단모형과 그 전술을 개선한 이후 나는 누구에게라도 그 순간에 이르는 방법을 가르칠 수 있게 됐다. 그러나 심장병 전문의들이 너무나도 잘 알고 있듯이, 그리고 세상에서 가장 유명한 협상 서적인 《예스를 이끌어내는 협상법》을 단념한 수많은 경영 대학원 졸업생들이 결국에 발견했듯이 당신이 지금 '예'라는 대답을 듣고 있다면 아직 그 순간에 이르지 못했을 가능성이 높다. 곧 알게 되겠지만 협상에서 가장 듣기 좋은 두 단어는 사실 '그래, 맞아'다.

감지하기 힘든 통찰의 순간

나는 실링 사건에 적임자였다. 필리핀에서 산 적이 있었고 뉴욕 시 합동테러대책팀에 있으면서 테러에 관한 폭넓은 배경 지식을 쌓았다. 실링이 인질로 잡히고 며칠이 지난 뒤 나는 파트너 척 레지니와 함께 협상을 하기 위해 마닐라로 날아갔다. 마닐라 주재 FBI 최고위 간부인 짐 닉슨과 함께 우리는 필리핀 고위 군 장교들과 협의했다. 필리핀 장교들은 우리가 협상을 이끄는 데 합의했다. 우리는 바로 일에 착수했다. 우리 중 한 명이 FBI와 결과적으로 미국 정부를 대표하는 협상 전략을 책임지기로 했는데, 내가 그 역할을 맡았다. 나는 동료들의 도움을 받아 전략을 제시하고 그것을 승인을 받고 실행하는 일을 하게 됐다. 이후 실링 사건의 성과를 인정받아 나는 FBI 수석 국제 납치 협상가가 됐다.

우리의 주적主敵은 직접 실링의 몸값을 협상한 반란군 지도자 아부 사바야였다. 사바야는 과거 온갖 폭력을 저지른 노련한 반란 운동가였다. 그는 마치 영화에 나올 법한 테러리스트에 반사회적 인격 장애 살인범이었으며 강간과 살인을 저질렀고 참수한 이력도 있었다. 또한 그는 자기가 저지른 잔학무도한 행동을 녹화해서 필리핀 언론에 보내곤 했다.

사바야는 언제나 선글라스를 쓰고 두건을 둘렀으며 검은색 티셔츠와 전투복 바지를 입었다. 그렇게 하면 한층 더 늠름하게 보인다고 생각했던 것 같다. 이 당시 아부 사야프 테러리스트 사진을 보면 어디에나 선글라스를 낀 사람이 한 명 있을 것이다. 그 사람이 사바야다. 사바야는 정말이지 언론을 좋아했다. 그는 필리핀 기자들 연락처를 단축 번호로 지정했다. 기자들은 사바야에게 전화해서 그의 모국어인 타갈로그어로 질문을 했다. 이에 대해 사바야는 영어로 답했다. CNN을 통해 전 세계에 자기 목소리가 울리길 바랐기 때문이다. 그는 기자들에게 "나를 주인공으로 영화가 제작돼야 해."라고 말하곤 했다.

내가 보기에 사바야는 거만하기 짝이 없는 냉혹한 사업가였다. 그는 진짜 사기꾼이나 다름없었다. 사바야는 자기가 상품 거래를 하고 있다고 생각했기 때문에 그에게 제프리 실링은 가치 있는 품목이었다. 사바야는 제프리 실링으로 얼마를 받아낼 수 있었을까? 그는 이를 알아내고자 했고 나는 그가 마음에 들어 하지 않을 뜻밖의 소식을 준비하고자 했다. FBI 요원으로서 나는 인질을 구출하고 범죄자는 법의 심판을 받게 하고 싶었다.

어떤 협상에서든 중대한 한 가지는 상대가 어떻게 지금 입장에 도달했는지 파악하는 것이다. 사바야는 그동안의 사례를 근거로 1,000만 달러라는 몸값을 내뱉었다. 먼저 미국은 1993년 세계무역센터 폭파 사건을 일으킨 테러리스트 잔당 체포로 이어지는 정보에 500만 달러를 제공하고 있었다. 사바야는 미국이 범죄자 체포에 500만 달러를 내놓는 것으로 미국 시민을 구하기 위해서라면 훨씬 더 많은 돈을 내놓을 것이라고 추론했다.

둘째, 아부 사야프의 경쟁 파벌이 최근 서유럽인 6명을 인질로 2,000만 달러를 받았다는 소문이 돌았다. 리비아 독재자 무아마르 카다피Muammar Gaddafi는 그 몸값을 '개발 원조금'이라고 했다. 그러나 그 몸값 중 상당 부분이 위조 지폐였다는 사실로 인해 상황은 한층 악화됐다. 카다피에게 이는 서구 국가들을 난처하게 만드는 동시에 자기가 지지하는 조직들에게 돈을 나눠줄 기회였다. 카다피는 분명 죽는 날까지 이 얘기를 하면서 웃었을 것이다.

어쨌든 가격은 정해졌다. 사바야는 계산을 해서 실링의 가치가 1,000만 달러라고 판단했다. 문제는 제프리 실링이 노동자 계층 출신이었다는 사실이었다. 실링의 어머니는 아마도 1만 달러 정도나 겨우 내놓을 수 있었을 것이다. 미국 정부는 한 푼도 내놓지 않을 생각이었다. 그러나 '함정' 수사로 실행할 수 있다면 몸값을 지불할 수도 있었다.

우리가 사바야를 제안과 역제안을 반복하는 흥정으로 끌어들일 수만 있다면 우리는 매번 효과적인 흥정 장치를 사용할 수 있게 된다. 우리는 원하는 데까지 가격을 깎고 인질을 구출하고 '함정'을 팔 수 있었다. 몇 달째 사바야는 입장을 바꾸지 않았다. 그는 16세기에 스페인 선교사들이 필리핀에 가톨릭을 전파한 이래 500년 동안 필리핀의 이슬람교도들이 압제에 시달렸다고 주장했다. 게다가 이슬람 조상들을 상대로 자행된 잔학 행위 사례도 들며 아부 사야프가 필리핀 남부에 이슬람 국가를 건설하고자 하는 이유를 설명하기도 했다. 그는 어업권이 위반되고 있다는 등 말도 안 되는 주장을 펼치며 이를 이용하고자 했다.

사바야는 1,000만 달러가 몸값이 아니라 전쟁 보상금이라고 주장했다. 그는 주도권을 확실히 잡고 우리가 사용하고자 하는 제안-역제안 장치를 피했다. 게다가 때때로 제프리 실링을 고문하고 있다고 위협했다. 사바야는 필리핀 육군 장교 벤지와 직접 협상했다. 그들은 타갈로그어로 이야기했다. 우리는 영어로 번역한 녹취록을 검토하고 이를 바탕으로 벤지에게 조언했다. 나는 마닐라를 드나들면서 협상과 전략을 지휘했다. 나는 실링과 지난 500년 동안 이슬람교도와 필리핀인 사이에 존재해온 원한이 어떤 관계가 있는지 물어보라고 벤지에게 지시했다. 벤지는 사바야에게 1,000만 달러는 지불할 수 없다고 말했다.

실링이 '전쟁 보상금'과 아무런 관련이 없는 이유를 사바야에게 '설득'하기 위해 온갖 접근 방법을 다 취해봤지만 전부 묵살됐다. 실링 사건에서 '그래, 맞아.'라는 말이 처음으로 나온 때는 사실 내가 벤지와 협상을 하고 있던 때였다. 그는 진짜 필리핀을 사랑하는 애국자였고 영웅이었다. 게다가 필리핀 경찰청 특수작전부대를 이끄는 지도자였고 총격전 경험도 풍부했다. 벤지와 그의 부하들은 여러 차례 인질을 구출하는 임무로 파견된 적이 있었고 훌륭한 성과를 거뒀다. 벤지의 부하들은 두려움의 대상이었고 그럴 만한 이유도 있었다. 그들은 적을 생포하는 경우가 별로 없었다.

벤지는 사바야에게 강경 노선을 취하고자 했으며 직설적이고 간단명료하게 말했다. 우리는 사바야를 대화에 참여시켜서 그를 움직이게 만드는 요소가 무엇인지 찾아내고 싶었다. 우리는 사실 사바야와 관계를 확립하고 싶었지만 벤지는 이를 못마땅하게 여겼다.

벤지는 몇 주 간 일주일 내내 하루 거의 24시간 가까이 일했으며 이제 휴식이 필요하다고 말했다. 그는 마닐라 북부에 있는 산에서 가족들과 시간을 보내고 싶다고 했다. 그의 말에 동의했지만 우리가 동행하고 주말 동안 각각 몇 시간씩 협상 전략을 세워야 한다는 조건을 걸었다. 주말 밤 늦게까지 우리는 필리핀 주재 미국 대사의 여름 별장에 있는 서재에 앉아 전략을 짜고 있었다. 사바야만큼 위험한 적수를 상대로 할 때에도 친밀함을 바탕으로 한 작용 관계가 중요하다고 설명하는 동안 벤지의 얼굴은 분노로 일그러졌다. 나는 벤지와 협상을 해야 한다는 사실을 깨달았다.

나는 명명 방식을 활용해 "사바야를 증오하시죠?"라고 물었다. 벤지는 감정을 분출하며 "그렇다고 했잖아요!"라고 말했다. "그 놈은 사람을 죽이고 강간을 저질렀습니다. 우리가 그의 진지에 박격포를 쏘고 있을 때 우리 무전에 '박격포 소리가 정말 듣기 좋군.' 이라는 그 놈 목소리가 들렸죠. 하루는 우리 무전으로 지금 자기가 내 부하의 시체 위에 서 있다고 떠벌리더군요."

벤지가 내보인 이런 감정 분출은 '그래, 맞아.'에 상당했다. 그가 격노를 인정하는 동안 나는 그가 자기 분노를 통제하고 진정하는 모습을 바라봤다. 벤지는 그동안도 아주 잘해왔지만 그 순간 이후 슈퍼스타가 됐다. 그는 정말이지 재능 있는 협상가로 발전했다. 벤지와 내가 했던 이 '협상'은 전략에 동의하지 않는 동료들이 벌이는 그 어떤 협상과도 다를 바 없었다. 우리가 무엇을 성취하려고 하는지 납득시키려면 상대가 "그래, 맞아."라고 말하도록 이끌 무엇인가를 얘기해야 한다. 협상 초기에 '그래, 맞아.'라고 말하는 순간이 오는 일은 흔치 않다. 이때가 왔을 때 상대는 알아차리지 못하지만 우리가 말한 바를 수용하게 된다. 그들에게 이 순간은 감지하기 힘든 통찰의 순간이다.

'그래, 맞아'를 이끌어내는 법

4개월에 걸쳐 협상을 거듭한 후에도 사바야는 여전히 입장을 바꾸지 않았다. 나는 이제 상황을 전환할 때가 됐다고 생각했다. 벤지가 능숙하게 대화를 길게 끌어준 덕분에 사바야는 전화하기 한 시간 전부터 자기가 원하는 바를 어떻게 얻어낼 수 있을지 고민하면서 서성거리곤 했을 것이다. 사바야는 전화를 걸어서 "예나 아니요로 답해! 예나 아니요로!"라고 말하곤 했다.

우리는 사바야가 이 말도 안 되는 전쟁 보상금 논리를 그만 들먹거리도록 해야 했다. 그 어떤 질문, 논리, 추론을 시도해도 그는 이를 포기하지 않았다. 실링에게 위해를 가하겠다는 위협이 오갔다. 우리는 매번 그러지 말라고 설득했다.

이 국면을 돌파하기 위해서는 장벽을 허물도록 사바야가 직접 한 말로 그를 공략할 필요가 있다고 느꼈다. 우리는 그의 입에서 '그래, 맞아'라는 말이 나오게끔 만들어야 했다. 당시 나는 이를 통해 어떤 돌파구가 열릴지 정확히 몰랐다. 그저 그 방법을 믿어야 한다는 사실만 알았다. 나는 벤지에게 진로를 바꾸라고 지시하는 문서를 두 장 작성했다. 우리는 적극적 경청에 해당하는 거의 모든 전술을 사용할 생각이었다.

1 **효과적인 휴지休止** : 침묵은 강력하다. 강조하고 싶거나 사바야가 계속해서 얘기하도록 격려하고 싶을 때 침묵을 사용하라고 벤지에게 말했다.

2 **최소한의 맞장구** : 벤지가 사바야가 하는 말에 충분히 주의를 기울이고 있다는 사실을 효과적으로 전달하기 위해 침묵하지 않을 때에는 '네' '좋아' '응' '알겠어'와 같은 간단한 어구를 사용하도록 지시했다.

3 **미러링** : 사바야와 언쟁을 벌이거나 실링을 '전쟁 보상금'과 떼어 놓으려고 시도하는 대신 벤지는 사바야가 하는 말을 듣고 그 말을 반복하도록 했다.

4 **명명** : 벤지는 사바야가 느끼는 감정에 명칭을 붙이고 이에 동질감을 표시해야 했다. "전부 다 비참할 만큼 부당하군. 이제 당신이 왜 그렇게 화가 났는지 알겠어."

5 부연 설명 : 벤지는 사바야가 하는 말을 자기 나름대로 해석한 후 반복해서 말해야 했다. 이렇게 하면 벤지가 사바야의 걱정을 진심으로 이해하고 있다는 사실을 확실하게 보여줄 수 있었다.

6 요약 : 앞에서 말한 내용의 의미를 다시 한 번 분명히 설명하는 동시에 그 의미의 이면에 깔린 감정을 인정할 때 이를 훌륭한 요약이라고 할 수 있다(부연 설명 + 명명 = 요약). 우리는 벤지에게 '아부 사바야가 보는 세계'를 듣고 반복해야 한다고 말했다. 벤지는 사바야가 언급한 전쟁 보상금, 어업권, 500년에 걸친 압제 등 온갖 허튼소리를 완전히 철저하게 요약해야 했다. 이렇게 완전하고 철저한 요약을 듣고 나면 사바야뿐만 아니라 그 어떤 사람이라도 '그래, 맞아'라는 반응밖에 할 수 없을 것이다.

이틀 뒤 사바야가 벤지에게 전화를 걸었다. 사바야가 말하는 동안 벤지는 들었다. 벤지가 말을 할 때는 내가 지시한 대본을 따랐다. 그는 반란 집단이 처한 궁지에 위로를 표했다. 미러링, 맞장구, 명명 등 각 전술이 매끄럽게 누적되면서 효과를 발휘해 사바야를 구워삶았고 그의 관점이 바뀌기 시작했다. 마침내 벤지가 그의 역사에 대한 견해와 그 견해에 딸린 감정을 자기 나름의 말로 바꿔 말했다.

사바야는 거의 1분 동안 말이 없었다. 드디어 그가 입을 열었다. 그는 "그래, 맞아."라고 말했다. 우리는 전화를 끊었다. '전쟁 보상금' 요구도 바로 사라졌다. 그때부터 사바야는 한 번도 돈을 언급하지 않았다. 제프리 실링을 풀어주는 대가로 단 한 푼도 요구하지 않았던 것이다. 그는 이 문제와 제프리 실링 억류에 점차 싫증을 느꼈고 방심하기 시작했다. 실링은 그들의 진영에서 탈출했고 필리핀 특공대가 출동해 그를 구출했다. 그는 무사히 캘리포니아에 있는 가족들에게 돌아갔다.

제프리 실링이 탈출한 지 2주 가까이 흘렀을 때 사바야가 벤지에게 전화를 걸었다. 사바야는 "진급은 했나? 혹시 못 했다면 진급했어야 하는데."라고 말했다. 벤지는 "왜지?"라고 물었다. 사바야는 "제프리를 죽일 생각이었거든. 당신이 대체 무슨 수를 써서 막았는지는 모르겠지만 그 방법은 효과가 있었어."라고 말했다. 2002년 6월 사바야는 필리핀 군부대와 총격전을 벌이다가 사망했다.

사람의 생명을 구하기 위해 한창 협상을 벌이고 있을 때는 이 두 단어 '그래, 맞아.'의 가치를 알아보지 못했다. 이후 사건 녹취록을 검토하고 협상이 흘러간 궤적을 재현해보다가 사바야가 그 말을 한 이후로 진로를 바꿨다는 사실을 깨달았다. 벤지는 우리가 오랜 세월에 걸쳐 개발한 기본적인 기법을 사용했다. 그는 사바야의 시각을 반영했고 대립 상태에서 물러났다. 사바야가 마음껏 말하고 세상을 보는 자신의 관점을 실컷 내뱉도록 내버려뒀다.

'그래, 맞아.'라는 말은 협상이 교착 상태에서 전진할 수 있음을 의미했다. 그 말은 진척을 가로막고 있던 장벽을 허물었다. 또한 상대가 굴복했다는 느낌을 받지 않으면서도 실제로 어떤 의견에 동의하게 되는 달성 시점을 의미했다. 이는 은밀한 승리였다.

'그래, 맞아.'라고 말할 때 상대는 우리가 말한 내용에 대해 옳다고 스스로 인정하게 된다. 따라서 그 내용을 수용하게 된다. '그래, 맞아.'라는 말을 이끌어낸 덕분에 우리는 대화를 길게 할 수 있었고 사바야가 실링을 해치지 않도록 막을 수 있었다. 또한 필리핀 특공대가 구조 작전을 시작할 시간을 벌 수 있었다. 인질 협상에서 우리는 결코 최종 결론으로 '예'를 이끌어내려고 하지 않는다. '방법'이 없다면 '예'는 아무것도 아니라는 사실을 알고 있었기 때문이다. 그리고 인질 협상 전술을 비즈니스에 적용했을 때에도 '그래, 맞아.'는 대개 최선의 결과로 이어졌다.

'당신 말이 맞아'라는 말로는 바뀌지 않는다

모든 협상에서 '그래, 맞아.'를 이끌어내는 방법은 승리하는 전략이다. 그러나 '당신 말이 맞아.'라는 말을 들으면 이는 실패다. 내 아들 브랜던이 미식축구 선수로 성장하던 과정을 예로 들어보겠다. 브랜던은 고등학교 시절 내내 공격과 수비 라인에서 활약했다. 신장 188cm에 체중 113kg인 브랜던은 강적이었다. 그는 상대편 유니폼을 입은 선수라면 가리지 않고 거꾸러뜨렸다.

쿼터백이었던 나는 라인맨 포지션의 특징인 육체노동의 본성을 잘 몰랐다. 라인맨은 산양과 비슷해서 고개를 숙이고 들이받는데, 여기에서 쾌감을 느낀다. 코네티컷 주 소재 세인트토머스모어 고등학교의 미식축구 감독은 브랜던에게 라인배커 포지션을 맡게 했고 브랜던은 그때까지 눈에 띄는 모든 상대 선수를 들이받는 역할을 하다가 갑자기 자기를 막아서는 선수를 피하는 역할을 하게 됐다. 라인배커는 상대가 막아서면 이를 피해 공이 있는 곳까지 뛰어야 했다. 그러나 브랜던은 계속해서 상대편 블로커와 정면으로 맞섰고 이로 인해 그는 공을 갖고 있는 선수에게 다가가지 못했다. 감독은 브랜던에게 블로커를 피하라고 간곡히 말했지만 그는 바뀌지 않았다. 그는 들이받기를 좋아해서 상대편 선수를 납작하게 누르곤 했다.

감독과 내가 계속해서 브랜던에게 설명하면 매번 우리에게 최악의 대답 "그 말씀이 맞아요."가 돌아왔다. 머리로는 우리가 하는 설명에 동의했지만 마음으로 인정하지는 않았던 것이다. 그리고 나서 브랜던은 우리가 막으려고 했던 그 행동을 바로 되풀이했다. 블로커를 들이받고는 경기에서 퇴장 당하곤 했다.

왜 '당신 말이 맞아.'는 최악의 대답일까? 이 점을 생각해보라. 누군가가 당신을 계속 귀찮게 하는데 좀처럼 누그러들 기세는 보이지 않고 당신이 하려는 말에는 귀 기울이지 않을 때 그 사람이 더 이상 말을 못하게 하려면 무슨 말을 하겠나? 바로 '당신 말이 맞아.'다. 이는 언제나 효과가 있다. 사람들에게 '당신 말이 맞아.'라고 하면 만족스럽게 미소를 지으며 적어도 24시간 동안은 당신을 귀찮게 하지 않는다. 그렇다고 해서 당신이 그들 입장에 동의한 것은 아니다. 상대가 더 이상 귀찮게 하지 않도록 '당신 말이 맞아.' 라고 말했을 뿐이다.

나와 브랜던도 이와 같은 상황이었다. 그는 내 말을 듣지 않았고 요구를 받아들이지 않았다. 그가 이해하도록 만들려면 무슨 말을 했어야 할까? 어떻게 해야 브랜던의 관심을 끌어서 그가 행동을 바꾸도록 할 수 있었을까? 나는 벤지와 사바야를 돌이켜 생각했다. 중요한 경기를 앞두고 브랜던을 잠시 구석으로 데려갔다. 결정적인 두 마디 '그래, 맞아.' 를 이끌어낼 방법을 찾기 위해 열심히 머리를 굴렸다.

나는 "보아하니 넌 블록을 피하는 건 남자답지 못하다고 생각하는 모양이구나. 널 들이받으려는 상대를 피하는 건 겁쟁이 같다고 생각하는 거지."라고 말했다. 브랜던은 나를 빤히 보면서 가만있었다. 그러다가 "그래요, 맞아요."라고 말했다. 내가 하는 말을 들으면서 브랜던은 자기가 망설였던 이유의 실체를 받아들였다. 블로커를 전부 들이받으려고 했던 이유를 이해하게 되자 브랜던은 행동을 바꿨다. 그는 블록을 피하기 시작했고 특출한 라인배커가 됐다. 브랜던이 경기장에서 출중한 라인배커로 제 기량을 발휘하게 되자 세인트토머스모어 고등학교는 매 경기에서 승리를 거뒀다.

판매에 '그래, 맞아' 를 활용하는 법

내 학생 중 한 일류 제약회사 영업 담당자 제이슨은 '그래, 맞아.' 를 이끌어내는 방법을 업무에 응용했다. 그는 이미 유사한 약품을 사용하고 있는 의사에게 신제품을 팔고자 했다. 그 의사는 제이슨이 담당하는 지역에서 그 종류의 의약품을 가장 많이 처방했다. 높은 실적을 올리려면 반드시 이 의사에게 판매해야 했다.

처음에 그 의사는 신제품을 무시했다. 그는 신제품이 기존 제품보다 그다지 나을 게 없다고 말했다. 게다가 퉁명스러운 태도로 담당자가 하는 설명을 들으려고도 하지 않았다. 신제품이 지닌 긍정적인 효과를 설명하고 있을 때 의사는 말을 끊더니 전부 반박하며 부정적인 얘기만 했다.

제이슨은 신제품을 판매하기 위해 그 의사에 관한 정보를 최대한 수집했다. 그는 환자 치료에 열정적인 의사였다. 환자 한 명 한 명을 특별하게 대했으며 환자가 증상이 개선됐다고 느끼는 결과를 가장 중요하게 생각했다. 의사의 요구사항, 갈망, 열정을 이해한 제이슨은 이를 어떻게 활용할 수 있었을까?

다음번 방문에서 의사는 어떤 약품을 소개할지 물어봤다. 제이슨은 자기 제품의 장점을 늘어놓는 대신 의사와 진료에 대해 대화를 나눴다. 그는 "선생님, 지난번에 제가 방문했을 때 이 질병을 앓고 있는 환자들 얘기를 하셨죠. 선생님께서는 환자 치료에 대단히 열정적이시고 각각의 환자에게 적절한 맞춤 치료를 하고자 노력하신다는 인상을 받았습니다."라고 말했다.

의사는 마치 제이슨을 처음 본다는 듯이 눈을 맞췄다. 그는 "그래요, 맞아요. 나는 다른 의사들이 인지하지 못한 전염병 치료를 위해 노력하고 있죠. 많은 환자가 제대로 된 치료를 받지 못하고 있다는 뜻이기도 하죠."라고 말했다.

제이슨은 선생님이 환자들을 어떻게 치료해야 할지 아주 잘 알고 계신 것 같다고 말하면서 일부 환자에게 기존 의약품이 듣지 않는 고충도 언급했다. 두 사람은 환자를 치료할 때 의사가 겪는 구체적인 문제점에 대해 대화를 나눴다. 의사는 제이슨에게 예를 들어가며 설명했다. 의사의 설명이 끝나자 그는 들은 내용을 토대로 치료 시에 발생하는 복잡한 사항과 문제점 위주로 요약했다.

제이슨은 "선생님은 각 환자의 상태에 따라 구체적인 치료법과 의약품을 처방하시는군요."라고 말했다. 의사는 "그래요, 맞아요."라고 답했다. 이는 그가 바랐던 돌파구였다. 그동안 의사는 회의적이고 냉담했다. 그러나 제이슨이 환자를 대하는 자신의 열정을 요약해서 말한 순간 마음의 벽이 무너져 내렸다. 의사는 경계를 풀었고 제이슨은 신뢰를 얻을 수 있었다. 제이슨은 제품을 요란하게 홍보하는 대신 치료 과정에 대한 의사의 설명을 들으면서 치료 과정에 자사 제품이 꼭 들어맞는 점을 부각시킬 타이밍을 기다렸다. 그 다음 제이슨은 의사가 말한 치료 과정에서 대면하는 어려움을 부연 설명해서 그에게 다시 들려줬다.

일단 의사가 신뢰와 친밀감을 표시하자 제이슨은 자사 제품의 장점을 홍보하고 그것이 환자 치료에서 원하는 결과를 얻는 데 정확히 어떻게 도움이 될지 설명할 수 있었다. 의사는 귀 기울여 들으며 그에게 "그동안 처방했던 의약품으로 효과를 보지 못했던 환자를 치료하는 데 적합할 수도 있겠네요. 한 번 써 보죠."라고 말했다. 제이슨은 결국 판매에 성공할 수 있었다.

경력 관리에 '그래, 맞아'를 활용하는 법

내가 가르쳤던 한 한국 학생은 전前 상사와 부서 이동을 협상하면서 '그래, 맞아.' 전략을 사용했다. MBA를 취득하고 서울로 돌아가게 된 그는 이전에 있었던 반도체 부서가 아니라 가전제품 부서에서 일하고 싶었다. 그는 인사 관리 담당이었고 사규에 따라 전 상사의 허락을 받지 못하면 계속 이전 부서에서 일해야 한다고 생각했다. 당시 그는 가전제품 부서 내 두 팀에서 제의를 받은 상태였고 미국에서 전 상사에게 전화를 걸었다.

전 상사는 "그 제의를 거절하고 반도체 부서로 돌아와야 하네."라고 말했다. 내 학생은 우울한 마음으로 전화를 끊었다. 회사에서 인정받고 승진하려면 전 상사 말에 따라야 했다. 그는 가전제품 부서의 제의를 거절하고 반도체 부서로 돌아갈 준비를 했다. 그러던 중 그는 사규를 확인하기 위해 인사부에 있는 동기에게 연락했다. 확인 결과 기존 부서에 계속 근무해야 한다는 규정은 없었지만 부서를 이동하려면 전 상사의 허락을 얻어야 했다.

그는 전 상사에게 다시 전화를 걸었다. 이번에는 전 상사의 의중을 떠보기 위한 질문을 했다.

"제가 반도체 본사에 남길 바라시는 이유가 있습니까? 전 상사는 "이 자리가 자네한테 딱 맞아."라고 대답했다. 그는 "딱 맞아요? 제가 반도체 부서에 남아야 한다는 규정은 없는 것 같더라고요."라고 말했다. 전 상사는 "음, 그런 규정은 없지."라고 말했다. 그는 "그러면 팀장님께서 제가 반도체 본사에 남아야 한다고 결정하신 이유를 알 수 있을까요?"라고 물었다. 전 상사는 반도체 본사와 가전제품 본사를 연계하는 일을 담당할 직원이 필요하다고 말했다. "그러면 제가 어디가 됐든 본사에 있으면서 팀장님이 경영진과 인맥을 쌓을 수 있도록 도와드린다면 부서 이동을 허락해주실 수 있는 거죠?" 전 상사는 "그래, 맞아. 자네가 도움을 준다면 가능하네."라고 말했다.

마침내 내 학생은 돌파구를 찾았다. 전 상사가 마법의 어구 '그래, 맞아.'를 말했을 뿐만 아니라 진짜 속내를 밝혔다. 그는 본사에서 자기편이 필요했다. 학생은 "제가 어떻게 도와드리면 될까요?"라고 물었다. 전 상사는 "솔직히 털어놓지."라고 대답했다. 알고 보니 전 상사는 2년 뒤에 부사장 승진을 노리고 있었다. 그는 간절하게 승진을 원했고 대표이사에게 자신에 대해 긍정적으로 말해줄 사람이 필요했다.

내 학생은 "어떤 식으로든 팀장님을 도와드릴 수 있습니다. 그런데 제가 가전제품 본사에 가더라도 대표이사님께 팀장님 얘기는 잘 해드릴 수 있잖아요."라고 말했다. 전 상사는 "그래, 맞아. 가전제품 부서에서 인사이동 요청이 오면 승인하도록 하지."라고 말했다. 빙고!
내 학생은 '그래, 맞아.'를 이끌어내는 질문을 함으로써 목표를 달성
했다. 또한 전 상사는 그동안 입 밖에 내지 않은 이면에 숨겨진 협상
돌파 역동, 즉 '블랙 스완'(Chatper 10장에서 자세히 다룬다) 두 가지를 밝
혔다.

- 상사는 본사 내에서 인맥과 의사소통을 도와줄 사람이 필요했다.
- 상사는 승진을 노리고 있었고 대표이사에게 자신에 대한 긍정적인 평판을 전해
  줄 사람이 필요했다.

내 학생은 자기가 원했던 가전제품 부서로 옮길 수 있었다. 그리고
이후로 계속 전 상사에 대해 좋은 말만 하고 있다. 그는 내게 "정말
놀랐습니다. 우리 문화에서는 상사가 무슨 생각을 하는지 알기가 정
말 어렵거든요."라는 내용의 이메일을 보내왔다. 나는 전국을 돌면서
공식적인 강연회나 개인적인 상담을 통해 기업 CEO들과 대화를 나
눌 때가 많다. 나는 무용담을 늘어놓으면서 즐거운 시간을 보내다가
기본적인 협상 기술을 설명한다. 항상 몇 가지 기법을 알려주는데,
그때마다 '그래, 맞아.'에 이르는 협상법은 빠뜨리지 않는다.

한번은 로스앤젤레스에서 강연을 한 뒤에 참석자 에밀리에게 이메
일을 받았다.

안녕하세요, 크리스 씨. 신규 고객과 가격 협상을 하면서 '그래, 맞아.' 기법을 시도한 이야기를 꼭 말씀드리고 싶어요. 제가 원하던 대로 됐어요. 정말 신나네요.

예전 같았으면 그냥 제시 가격 중간(제가 처음에 제시한 가격과 상대가 제시한 가격 중간)에서 합의를 봤을 거예요. 이번에는 제가 상대의 의도를 제대로 파악하고 '그래, 맞아.'를 이끌어낼 수 있을 만한 말을 했습니다. 그랬더니 제가 원하는 해결책을 상대가 제시하면서 동의하겠냐고 물어보더라고요! 물론 동의했죠.

정말 감사합니다!

에밀리 드림

메일을 읽은 뒤 마음속으로 생각했다. '그래, 맞아.' 라고.

'동상이몽同床異夢'은 혼인 관계에서나 사업 관계 등을 맺고 있는 당사자들이 그 관계를 유지하기 위해 필요한 의사소통을 하지 않고 있는 상황을 일컫는 중국 속담이다. 즉, 겉으로는 함께 행동하면서도 속으로는 각각 딴 생각을 하고 있음을 이르는 말이다. 이는 결혼 생활과 협상이 파탄 나는 지름길이다. 각자가 자기 나름의 목적과 목표, 동기를 지니고 있는 상황에서 대화 초기에 별다른 생각 없이 던지는 '예'와 '당신 말이 맞아' 같은 추임새는 어떤 경우에도 당사자들이 진정으로 서로 이해했다는 표시가 될 수 없다.

무의미한 '예'가 아니라 진정한 이해를 이끌어내는 힘은 협상의 기술에서 드러난다. 당신이 상대의 희망과 감정(상대의 세계)을 진짜로 이해했다고 상대가 납득하는 순간, 생각과 행동을 바꿀 수 있고 돌파구를 뚫을 기반 또한 마련된다. 그 기반을 마련하기 위해 다음 사항을 활용하라.

- 무조건적 긍정적 존중 형성은 생각과 행동을 변화시키는 시작이다. 인간은 사회적으로 건설적인 행동을 하려는 욕구를 타고난다. 이해 받았다고 느끼고 이를 강하게 확신할수록 건설적인 행동을 하려는 욕구가 유지될 가능성 또한 크다.
- '그래, 맞아.'는 '예'보다 바람직하다. 이 말을 끌어내고자 노력하라. 협상에서 '그래, 맞아.'라는 말을 이끌어내면 돌파구를 찾은 것이다.
- '그래, 맞아.'라는 반응을 유발하기 위해 요약을 활용하라. 훌륭한 요약을 구성하는 요소는 명명과 부연 설명이다. '상대의 세계'를 확인하고 분명히 표현하며 감정적으로 지지하라.

CHAPTER 6

우리는 어떻게
조종당하는가

어느 월요일 아침, 아이티 수도 포르토프랭스 소재 FBI 사무실로 아이티의 유명 정치인 조카가 전화를 걸어왔다. 그가 말을 너무 빨리 하는 바람에 세 번째 되풀이했을 때 겨우 무슨 말인지 알아들었다. 요지는 납치범들이 차에 타고 있는 숙모를 납치했고 몸값으로 15만 달러를 요구했다는 내용이었다. 납치범은 그에게 "돈을 주지 않으면 네 숙모는 죽는다."라고 말했다고 한다.

2004년에 발생한 반란으로 장베르트랑 아리스티드 대통령이 실각한 이후 혼란스러운 무법천지가 된 아이티는 아메리카 대륙의 납치

천국이던 콜롬비아를 넘어섰다. 인구 800만 명인 아이티에서 매일 8~10명이 납치됐고 이로써 아이티는 세계에서 납치율이 가장 높은 국가라는 불명예를 얻었다. 이렇게 납치와 살해 위협이 판치는 시기에 나는 FBI 수석 국제 납치 협상가였다. 납치는 점점 대담해져서 벌건 대낮에 번화가 한가운데서 일어났고 납치 신고는 한 시간이 멀다하고 사무실에 걸려왔다. 통학 버스에 타고 있던 학생 14명이 납치됐다. 미국인 선교사 필립 스나이더가 눈 수술을 받을 아이티 소년을 미시간으로 데려가던 중 습격 받아 총에 맞고 소년과 함께 납치됐다. 유명한 아이티 정치가와 기업인들이 백주대낮에 집에서 유괴 당하는 사건도 일어났다. 아무도 안전하지 않았다.

유괴 사건 대부분은 같은 식으로 일어났다. 스키 마스크를 쓴 납치범들이 집이나 차를 둘러싸고 총으로 위협해 침입한 다음 여성, 아이, 노인 등 연약한 상대를 납치했다. 초기에는 정치 세력과 연합한 폭력단이 아이티의 새 정부를 교란할 목적으로 납치를 자행한다는 가능성이 제기됐지만 이는 사실이 아니었다. 아이티 범죄자들은 정치적 목적을 위해서 악랄한 수법을 마다하지 않기로 유명하지만 당시 납치 사건들은 거의 맹목적이었다.

우리가 어떻게 단서들을 끼워 맞춰서 가해자가 누구였고 원하는 바가 무엇인지 알아냈는지는 나중에 설명하겠다. 이런 범죄 조직과 협상하고 이들을 와해시키고자 할 때 이는 매우 중요한 정보다. 그러나 먼저 중대한 이해관계가 걸린, 생사를 가르는 협상의 구체적인 특징, 즉 표면에 드러나는 부분이 얼마나 적은지 논의하고자 한다.

정치인 조카는 납치범들의 전화를 받고 너무 겁에 질려서 납치범에게 몸값을 치러야겠다는 생각밖에 할 수 없었다. 이런 반응은 충분히 이해할 수 있다. 악랄한 범죄자가 즉시 돈을 주지 않으면 숙모를 죽이겠다는 전화를 걸어왔을 때 그 상황에서 안정을 찾기란 불가능해보인다. 몸값을 주고 인질이 풀려나길 바랄 수밖에 없지 않겠는가? 그러나 이는 틀렸다. 언제나 레버리지는 존재한다. 협상은 결코 Y에 X를 더해서 Z를 얻는 방정식이 아니다. 우리는 모두 비이성적인 맹점, 숨은 욕구, 드러나지 않은 생각을 지니고 있다.

일단 입 밖에 내지 않은 욕구와 생각이 숨어 있는 비밀 세계를 이해하고 나면 상대의 욕구와 기대를 바꾸기 위해 사용할 수 있는 수많은 변수를 발견하게 될 것이다. 마감으로 인한 압박과 기묘한 숫자가 지닌 불가사의한 힘부터 오해하고 있는 공정성에 대한 관계에 이르기까지 상대가 처음에 얻고자 했던 바가 아니라 우리가 궁극적으로 주고자 하는 바에 들어맞도록 상대가 처한 현실을 활용할 수 있는 방법은 언제나 존재한다.

타협은 잘못된 협상이다

15만 달러 몸값 요구로 돌아가보자. 우리는 언제나 쌍방에게 유익한 해결책을 찾고 요구를 수용하며 타당하게 행동하라고 배운다. 그렇다면 과연 쌍방에게 유익한 해결책은 무엇일까? 타협이란 무엇일까? 우리가 어릴 때부터 주입받은 타협을 칭송하는 전통적인 협상 논리라면 "그냥 절충해서 상대에게 7만 5,000달러를 주자. 그러면 모두 만족할 거야."라고 말할 수 있다.

그러나 그 논리는 틀렸다. 한마디로 틀렸다. 수많은 협상 전문가가 강권하는 쌍방에게 유익한 해결책은 대개 효과가 없으며 지독한 대실패인 경우도 적지 않다. 기껏해야 쌍방이 불만을 느낄 뿐이다. 게다가 승패 전략을 추구하는 상대에게 이를 적용한다면 사기 당하기 좋은 처지에 놓일 뿐이다. 물론 앞에서 언급했듯이 협조적이고 신뢰 관계를 형성하며 공감을 나타내는 접근법, 협상을 체결할 수 있는 역동을 형성하는 접근법을 취해야 한다. 그러나 천진난만한 태도는 버려야 한다. 타협 즉, 절충은 끔찍한 결과로 이어질 수 있다. 타협은 보통 '잘못된 협상'이고 이번 장에서 살펴볼 핵심 주제는 '잘못된 협상보다는 협상 결렬이 낫다.' 이다.

심지어 납치에서도 그럴까? 그렇다. 납치에서 잘못된 협상은 몸값은 지불했으나 인질은 무사하지 않은 경우다. 타협에 관한 내 주장을 관철하기 위해 한 가지 예를 들고자 한다. 한 여성이 남편에게 정장과 함께 검은색 구두를 신으라고 권한다. 그러나 남편은 그러기 싫다. 그는 갈색 구두를 선호한다면 두 사람은 어떻게 할까? 타협해서 서로 반씩 양보했다고 하자. 그렇다면 어떻게 될까? 남편은 검은 구두 한 짝과 갈색 구두 한 짝을 신게 된다. 이게 최선의 결과인가? 아니다! 사실 이는 최악의 결과다. 검은색 구두를 신든, 갈색 구두를 신든 간에 다른 두 결과가 타협보다 낫다.

다음번에 타협하고 싶다는 생각이 들면 이 짝짝이 구두를 떠올려라. 타협이 이렇게 잘못된 결과를 가져오는 경우가 많음에도 불구하고 우리는 왜 타협이라는 개념에 이토록 심취해 있을까? 타협과 관련해 진짜 문제는 타협이 인간관계나 정치를 비롯한 온갖 분야에서 훌륭한 개념으로 퍼졌다는 사실이다. 다들 타협은 신성한 도덕적 선이라고 말한다.

몸값 요구를 다시 생각해보라. 몸값을 지불하지 않는 것이 공정하고 조카가 원하는 바는 한 푼도 내지 않는 것이다. 그렇다면 왜 그가 몸값으로 15만 달러는 말할 것도 없고 7만 5,000달러라도 내겠다고 하겠는가? 15만 달러라는 요구에는 아무런 타당성이 없다. 어떤 타협을 하더라도 조카는 결국 어처구니없이 나쁜 결과를 얻을 뿐이다.

나는 지금 타협이 헛소리라고 부르짖고 있다. 우리가 타협하는 이유는 옳기 때문이 아니다. 단지 체면을 세워주기 때문이다. 적어도 절반은 건졌다고 말하기 위해 타협을 한다. 그 본질을 요약하자면 우리는 안전을 추구하기 위해 타협한다. 사람들은 대부분 협상할 때 두려움이나 고통을 피하려는 욕구에서 움직인다. 실제 자기 목표를 달성하기 위해 움직이는 사람은 아주 드물다. 그러니 합의에 머무르지 말고 절충하지 말라. 창조적인 해결책에는 언제나 어느 정도의 위험과 골칫거리, 혼란, 갈등이 따른다. 합의와 절충은 그 어떤 것도 야기하지 않는다. 성공적인 협상을 하려면 힘든 부분을 감수해야 한다. 특출한 협상은 그렇게 이루어진다. 또한 특출한 협상가는 그렇게 한다.

상대에게 마감 기한을 알려라

어떤 협상에서든 시간은 가장 중대한 변수 중 하나다. 단순한 시간의 흐름과 그보다 좀 더 날선 마감은 모든 협상을 마무리로 몰아붙이는 압박이다. 실제로 정말 지켜야 하는 경우이거나 그저 명목상으로 있을 뿐이든 간에 마감이 있으면 만족할 만한 협상 결과를 얻는 것보다 협상 체결 자체가 더 중요하다고 느끼게 된다. 마감에 쫓길 때 우리는 대개 자신에게 가장 유리한 결과에 반하는 일을 억지로 하게 된다. 인간은 모두 마감이 다가오면 서두르게 되는 본성을 지니고 있기 때문이다.

우수한 협상가는 본인이 이런 충동을 느낄 때 이에 저항하고 상대가 느끼는 충동은 이용한다. 이는 그리 쉬운 일이 아니다. 자기 자신에게 물어보라. 왜 마감에서 압박과 불안을 느끼는가? 특정 시점까지 결정을 내리지 못하면 뇌리에 떠오르는 가상의 미래 시나리오에서 '이 협상은 끝이야!' 라고 외치는 소리가 들리면서 향후 손실을 입게 될 것이라고 인식하기 때문이다.

시간이라는 변수가 이런 사고를 유발하게 내버려두면 수동적으로 반응하고 잘못된 선택을 하는 환경을 조성하게 된다. 자기 자신을 인질로 잡히게 만드는 반면 상대는 긴장을 풀고 쉬면서 가상의 마감과 그에 대한 당신의 반응이 자신에게 유리한 방향으로 작용하게 조종할 수 있다.

앞에서 나는 '가상'의 마감이라고 말했다. 민간 부문에서 함께 일했던 거의 모든 기업가와 임원들에게 평생에 걸쳐 일하는 동안 마감을 어겨서 부정적인 영향을 초래한 경우를 본 적이 있는지 물어봤다. 수백 명에 이르는 고객들 중 단 한 분만이 이 질문에 진지하게 고민한 다음 그런 적이 있다고 답했다. 마감은 대개 임의로 정해놓은 경우가 많아서 거의 대부분 조정할 수 있기 때문에 우리가 생각하거나 들은 바와 같이 심각한 문제를 유발하는 경우는 거의 없다.

협상에 있어서 마감은 마치 도깨비처럼 아무런 정당한 이유 없이 불필요하게 불안을 초래하는 상상의 산물이다. 우리는 고객들에게 '잘못된 협상보다는 협상 결렬이 낫다.'라고 주문처럼 말한다. 고객이 이 주문을 진심으로 흡수하고 제대로 된 협상을 체결하기 위해 필요충분한 시간이 있다고 믿기 시작하면 그 인내심이 강력한 무기가 된다.

아이티에서 납치 사건이 늘어나기 시작한 지 몇 주일이 지났을 때 우리는 두 가지 패턴을 눈치챘다. 첫째, 마치 납치범들이 대단히 근면성실해서 일주일이 시작될 때 곧바로 업무에 달려들기라도 하는 듯 특히 월요일에 납치 사건이 많이 발생했다. 둘째, 납치범 패거리들은 주말이 다가올수록 몸값을 받고 싶어서 안달을 냈다.

처음에는 이를 도저히 이해할 수 없었다. 그러나 납치범과 구조된 인질들의 얘기를 자세히 들으면서 한 가지 분명한 사실을 발견했다. 이 납치 사건들은 정치 상황과 무관했다. 그저 금요일까지 몸값을 받아 주말 동안 파티를 벌이려는 지극히 평범한 불량배들이었다.

일단 패턴을 이해하고 납치범들이 자체적으로 정해놓은 마감 기한을 알게 되면서 주도권을 완전히 우리 쪽으로 옮길 두 가지 정보를 손에 쥐게 됐다. 첫째, 협상을 목요일이나 금요일까지 끌면서 압박감이 쌓이게 두면 최선의 흥정을 할 수 있었다. 둘째, 아이티에서 주말을 즐기는데 15만 달러 같은 거금은 필요하지 않으므로 이보다 훨씬 더 적은 금액을 제의해도 충분할 것이었다.

납치범들이 자체적으로 정한 마감 기한에 얼마나 가까워졌는지는 그들이 얼마나 구체적인 위협을 하는지 보면서 알 수 있었다. 초기 단계에는 "돈을 내놓지 않으면 숙모를 죽이겠다."와 같은 위협처럼 구체적으로 시간을 제시하지 않는다. 어떤 협상에서든 위협이 구체성을 띨수록 정확한 시각에 발생할 진짜 결말을 향해 가고 있다는 신호다. 구체적인 위협의 수준을 가늠하기 위해 우리는 '무엇을, 누가, 언제, 어떻게'라는 4가지 질문을 얼마나 여러 번 언급하는지에 주의를 집중했다. 사람들은 협박할 때 의식적으로나 잠재의식적으로 애매하게 말하고 의도적으로 빠져나갈 구멍을 만든다. 주말이 다가올수록 그 구멍이 좁아지고 서로 다른 여러 납치 사건에서 비슷하게 계속 반복되다 보면 패턴이 드러난다.

이런 정보를 손에 넣게 됐을 때 나는 일련의 납치가 규칙적인 사건이라고 예상하기에 이르렀다. 피해자 입장에서 이 사실을 안다고 해서 유괴가 즐거운 사건이 될 리는 만무하지만 피해자 가족 입장에서 볼 때 확실히 예측가능성이 커지고 몸값을 크게 낮출 수 있는 정보였다.

인질 협상 이외의 협상에서도 마감을 유리하게 이용할 수 있다. 자동차 판매업자는 실적 평가가 다가오는 월말에 최저가를 제시하는 경향을 나타낸다. 또한 기업 영업직은 분기별로 실적 평가를 받기 때문에 분기가 끝나갈 무렵에 가장 취약하다.

협상가가 주도권을 쥐기 위해 상대의 마감을 어떻게 활용하는지 알고 나면 자기 자신의 마감을 상대에게 알리지 않아야 유리하다고 생각하기 쉽다. 또한 전통적인 협상 전문가 대부분이 이렇게 충고한다. 협상 전문가 허브 코헨Herb Cohen은 1980년에 발표한 베스트셀러 《협상의 법칙You Can Negotiate Anything》에서 자기가 처음으로 맡은 중대 사업 계약 건으로 공급업체와 협상하기 위해 일본에 갔던 일화를 들려준다.

그가 도착했을 때 상대 업체 담당자는 코헨에게 일본에 언제까지 머무를 것인지 물어봤고 그는 일주일이라고 답했다. 이후 일주일 동안 상대 업체는 협상은 하지 않고 파티, 관광, 견학 등으로 그를 끌고 다녔다. 실제로 상대 업체는 그가 떠나기 직전까지 협상은 시작하지 않았고 양측은 공항으로 가는 차 안에서 계약의 구체적인 사항에 합의했다.

코헨은 자신이 상대 업체에 놀아났고 마감이라는 압박에 눌려 너무 많이 양보했다는 착잡한 기분에 휩싸여 미국에 도착했다. 돌이켜 생각해봤을 때 그는 마감 기한을 얘기해야 했을까? 코헨은 "그들은 내 마감 기한을 알고 있었고 나는 그들의 마감 기한을 몰랐다."라고 말하면서 그가 갖고 있지 않은 무기를 상대에게 쥐어줬다는 점에서 얘기하지 말았어야 했다고 말한다.

요즘은 이런 사고방식이 팽배하다. 간단하게 따라 할 수 있는 규칙을 발견하고 마감 기한이 전략적 약점이라고 간주한 협상가 대부분은 코헨의 조언에 따라 자기 마감일을 숨긴다. 한 가지 비밀을 알려주겠다. 코헨과 그를 따르는 협상 전문가 무리는 틀렸다. 마감은 어느 쪽에나 똑같이 적용된다. 코헨은 계약을 성사시키지 못한 채 빈손으로 돌아갔을 때 상사의 반응 때문에 분명히 불안했을 것이다. 그러나 코헨의 협상 상대 역시 협상 결렬 상태로 돌아갔다면 분명히 곤란했을 것이다. 그것이 핵심이다. 한쪽이 협상을 끝내면 상대에게 있어서도 그 협상은 끝이다.

실제로 캘리포니아 대학교 버클리캠퍼스 하스 경영대학교 교수 돈 A. 무어Don A. Moore는 협상가는 마감을 감출 때 최악의 처지에 놓이게 된다고 말한다. 그는 조사 연구를 통해 마감 기한을 감출 때 궁지에 빠질 위험이 커진다는 사실을 발견했다. 본인은 마감에 쫓겨 서둘러 양보할 수밖에 상황인데 아직 시간이 있다고 생각하는 상대는 더 얻어내기 위해 버티기 때문이다.

NBA 구단주가 계약 협상 중에 직장 폐쇄 기한을 정해놓고 이를 선수 노조에는 비밀로 했다고 상상해보자. 기한이 다가오면 구단주는 선수 노조가 그 기한을 넘겨서까지 계속해서 협상을 거듭하도록 조장하면서 양보하고 또 양보하게 될 것이다. 이런 측면에서 볼 때 마감 기한을 감추는 전략은 자기 자신과 협상하는 것이고 이렇게 하면 반드시 질 수밖에 없다.

무어는 협상가가 상대에게 마감 기한을 말할 때 더 좋은 결과를 얻는다는 사실을 발견했다. 이는 사실이다. 첫째, 자기 마감 기한을 밝힘으로써 궁지에 빠질 위험을 줄일 수 있다. 둘째 상대가 당신의 마감 기한을 알고 나면 좀 더 빨리 진짜 협상에 임하고 양보하게 된다.

다음 주제를 논하기 전에 마지막으로 한 가지만 짚고 넘어가겠다. 어길 수 없는 마감이란 거의 없다. 마감에 집착하기보다는 협상을 하면서 시간이 얼마나 걸릴지 감을 잡는 것이 더 중요하다. 마감 시간이 닥치기 전에 실제로 해야 할 일이 많다는 사실을 깨닫게 될지도 모른다.

감정의 지배를 받는 의사결정

협상 수업 3주차에는 내가 제일 좋아하는 게임을 한다. 이는 학생들이 자기 자신을 얼마나 모르는지 보여주는 게임이다(스스로도 잔인하다고 생각한다). 이는 '최후통첩 게임Ultimatum Game'이라고 부르며 진행 방식은 다음과 같다. 학생들을 '제안자'와 '수용자'로 짝을 지어 나눈 다음 각 제안자에게 10달러를 준다. 그 다음 제안자는 10달러 중 일부를 수용자에게 주겠다고 제시해야 한다. 수용자가 제시 받은 금액을 받겠다고 하면 제안자는 그 나머지를 갖는다. 수용자가 제안을 거부하면 두 사람은 한 푼도 얻지 못하고 10달러는 다시 내 주머니로 돌아온다.

이 게임에 이겨서 돈을 가질지 아니면 지게 되어 돈을 돌려줄지는 중요하지 않다(내 지갑 사정에는 상관있겠지만). 중요한 부분은 학생들이 하는 제안이다. 정말 놀라운 사실은 거의 예외 없이 누가 어떤 선택을 하든 간에 언제나 소수집단에 속하게 된다는 점이다. 6/4달러, 5/5달러, 7/3달러, 8/2달러 등 어떤 조합을 선택하더라도 한 조합이 다른 조합들에 비해 특별히 많은 경우는 없다. '공돈' 10달러를 나눠 갖는 것만큼 단순한 일에서도 '공정'하거나 '합리적' 배분이 무엇인지 의견이 일치되지 않는다.

이 실험을 한 뒤에 나는 강단에 서서 학생들이 듣고 싶어 하지 않는 사실을 밝히곤 했다. 학생들 각자가 내린 추론은 전적으로 비합리적이고 감정적이라는 사실이다. 학생들은 "뭐라고요? 전 합리적으로 판단했어요."라고 말한다. 그러면 나는 그들이 어떻게 틀렸는지 차근차근 설명한다. 먼저 다들 합리적으로 판단했다면 어째서 그렇게 서로 다른 제안이 제각각 나왔을까? 그것이 핵심이다. 학생들은 합리적으로 판단하지 않았다. 그저 상대 역시 자기처럼 판단할 것이라고 가정했을 뿐이다. 나는 "상대가 자기 자신처럼 판단할 거라 생각하면서 협상에 접근한다면 이는 틀린 방법입니다. 그건 공감이 아니라 투사예요."라고 말한다.

그 다음에는 한층 더 세게 몰아붙인다. 나는 제안자 입장에서는 1달러를 주겠다는 제안이 가장 합리적이고 수용자 입장에서도 논리적으로 거절할 수 없지만 1달러를 제시한 제안자가 아무도 없는 이유가 무엇인지 물어본다. 그리고 만약 제안자가 1달러를 제시했다가 거절당한 경우라면 수용자가 이를 거절한 이유는 무엇인지 물어본다.

나는 "1달러 외에 다른 제의를 한 제안자는 모두 감정적인 선택을 한 것입니다. 그리고 1달러를 거절한 수용자 여러분, 대체 언제부터 0달러가 1달러보다 더 좋은 쪽이 됐나요? 경제 법칙이 갑자기 바뀌기라도 했습니까?"라고 말한다. 이 말은 스스로를 합리적 행위자라고 믿고 있던 학생들의 관점을 흔들어 놓는다. 그들은 합리적 행위자가 아니다. 인간은 모두 합리적 행위자가 아니다. 우리는 모두 비합리적이고 감정적이다. 감정은 의사결정에 반드시 필요한 요소이며 이를 무시하면 위험에 처하기 쉽다. 이 사실을 깨달았을 때 사람들은 큰 충격을 받는다.

신경학자 안토니오 다마지오Antonio Damasio는 《데카르트의 오류Descartes' Error : Emotion, Reason, and the Human Brain》[2]라는 책에서 자신이 발견한 획기적인 사실을 설명한다. 다마지오는 감정을 유발하는 뇌 부위에 손상을 입은 사람들을 연구하던 중 그들이 전부 특이한 공통점을 지니고 있다는 사실을 발견했다. 그 사람들은 결정을 내리지 못했다. 자기가 무슨 일을 해야 하는지는 논리적인 언어로 설명할 수 있었지만 아주 간단한 선택조차 하지 못했다. 다시 말해 인간은 결정을 내리기까지 과정에서 논리에 기댈지 몰라도 실제 의사결정은 감정의 지배를 받는다.

공정이라는 단어는 어떻게 사용해야 하는가

협상에서 가장 강력한 단어는 '공정'이다. 인간으로서 우리가 얼마나 존중받고 있는지 느끼는가에 따라 대단히 크게 좌우된다. 사람들은 공정한 대우를 받았다고 느낄 때 합의에 따르고 그렇지 않다고 느낄 때 합의를 내팽개친다.

10년에 걸친 뇌 영상 연구에 따르면 특히 감정을 조절하는 뇌섬엽에서 일어나는 인간의 신경 활동은 사회적 상호작용에서 느끼는 불공정의 정도를 반영한다고 한다. 심지어 인간을 제외한 영장류도 불공정 대우를 거부하는 본능을 타고난다. 한 연구에서는 꼬리감는 원숭이 두 마리에게 똑같은 과제를 시킨 다음 한 마리에게는 달콤한 포도를 주고 다른 한 마리에게는 오이를 줬다. 이렇게 노골적으로 불공정한 대우에 오이를 받은 원숭이는 미친 듯이 화를 냈다.

오랫동안 최후통첩 게임을 실시해본 결과 수용자 대부분은 제안자 몫의 절반 이하를 제의받은 경우 언제나 거절한다. 얼마 되지도 않는 돈에서 4분의 1을 주겠다고 제안하면 수용자는 모욕 받았다고 느낀다. 사람들은 대부분 그런 하찮은 제의를 수락하느니 안 받고 만다는 비합리적인 선택을 한다. 불공정한 대우를 받았다는 부정적인 감정이 지니는 가치가 돈에서 얻을 수 있는 긍정적인 합리적 가치를 넘어서기 때문이다. 불공정 대우를 받을 때 나타내는 이 같은 비합리적인 반응은 중대한 경제 거래에서도 나타난다.

디즈니 애니메이션 〈알라딘〉에서 로빈 윌리엄스가 지니 목소리를 맡아 열연했던 것을 기억하는가? 윌리엄스는 자기 아이들이 좋아할 만한 작품을 남기고 싶다는 생각에 그의 평균 출연료 800만 달러에 훨씬 못 미치는 단 7만 5,000달러를 받고 지니 목소리를 연기했다. 그러다가 사건이 발생했다. 〈알라딘〉은 엄청난 흥행 성적을 올리면서 5억 400만 달러를 벌어들였다. 윌리엄스는 분통을 터트릴 수밖에 없었다.

최후통첩 게임을 염두에 두고 이 일을 생각해보라. 윌리엄스는 돈 때문에 화가 난 것이 아니다. 불공정한 대우를 받았다는 생각에 열을 받은 것이었다. 〈알라딘〉이 흥행작이 되기 전까지는 계약금에 불만은 없었지만 엄청난 흥행 성적을 올리자 윌리엄스와 소속사는 자기들이 갈취를 당했다며 분통을 터트렸다. 다행히도 디즈니는 윌리엄스에게 적절한 대우를 해주고자 했다. 디즈니는 먼저 그가 기꺼이 그 계약에 서명했다는 사실을 분명히 지적했다. 그런 다음 그 가치가 100만 달러에 달한다는 피카소 그림을 그에게 보내는 조치를 취했다.

이란은 그리 운이 좋지 않았다. 최근 이란은 자국의 에너지 필요량의 단 2%밖에 충족시킬 수 없는 우라늄 농축 핵 프로그램을 지키기 위해 1,000억 달러를 훨씬 웃도는 손해를 끼치는 국외 투자와 석유 수익 제재를 받아들였다. 다시 말해 1달러를 주겠다는 제안을 모욕으로 받아들여 공짜 1달러를 마다한 학생들처럼 이란은 기대 수익이 얼마 되지도 않는 에너지 프로젝트를 추진하기 위해 주요 소득원인 석유와 가스 수입을 포기하기에 이르렀다. 왜? 이번에도 공정성 때문이다. 이란 입장에서 볼 때 다 합쳐서 핵무기를 많이 보유하고 있는 강대국들이 이란의 핵에너지 사용을 결정한다는 사실은 공정하지 않다. 또한 비밀리에 핵무기를 획득한 인도와 파키스탄은 국제 사회 구성원으로 받아들여지는 반면 자국이 우라늄을 농축한다고 해서 따돌림을 받는 상황을 납득할 수 없다.

한 텔레비전 인터뷰에서 전前 이란 핵 협상가 세이드 호세인 무사비안Seyed Hossein Mousavian이 정곡을 찌르는 말을 했다. 그는 "오늘날 이란 국민들에게 핵 문제란 단순하지 않습니다. 이는 독립 국가로서 다른 국가들의 압력에 맞서 일국의 독립을 수호하는 일입니다."라고 말했다. 이란을 신뢰하지 못할 수도 있겠지만 이란의 움직임은 상당한 대가를 치르더라도 부당한 처사를 거부하겠다는 의지야말로 강력한 동기가 된다는 확실한 증거라고 하겠다. '공정함'이 얼마나 골치 아프고 감정적이며 파괴적인 힘을 지닐 수 있는지 이해하고 나면 '공정'이 주의를 기울여 사용해야 하는 엄청나게 강력한 단어인 이유도 알 수 있다.

사실 이 '공정'이라는 단어를 사용하는 세 가지 중 오직 한 가지 방법만이 긍정적이다. 가장 흔한 사용 방법은 상대를 불안정하게 만드는 유도와 같은 방어적인 움직임이다. 이 방법은 대개 "우리는 단지 공정한 대우를 원할 뿐입니다."와 같은 형태를 띤다. 마지막으로 누군가가 이렇게 당신에게 하는 불공정을 암시하는 비판을 떠올리면 즉시 방어적이고 불편한 감정을 느꼈다는 사실을 인정할 수밖에 없을 것이다. 이런 감정은 대개 잠재의식 속에 존재하고 주로 비합리적인 양보로 이어진다.

주택 시장이 붕괴됐던 몇 년 전 내 친구 한 명이 보스턴에 있는 집을 팔려고 내놓았다. 원하던 가격보다 훨씬 낮은 조건을 제시 받아 막심한 손해를 보게 된 친구는 좌절해서 집을 보러온 사람에게 "우리는 단지 공정한 가격을 원할 뿐이에요."라고 말했다. 이 말에 내재된 비판 때문에 감정적으로 흔들린 잠재 매수인은 바로 제시 금액을 높였다. 일을 하면서 이런 비판을 받게 된다면 상대가 딱히 우리에게 돈을 더 받아내려고 하는 수작으로 이런 말을 한 것은 아닐 수도 있다는 사실을 인식해야 한다. 내 친구처럼 어쩌면 그들도 단지 상황에 압도당했을 뿐일 수도 있다. 어느 경우든 최선의 대응은 심호흡을 하며 양보하고 싶은 욕구를 억누르는 것이다. 그 다음 "좋아요, 사과드리죠. 일단 전부 중단하고 제가 어떤 부분에서 불공정하게 대했는지 확인한 뒤 고쳐 나갑시다."라고 말하라.

'공정'이라는 단어를 사용하는 두 번째 방법은 다소 사악하다. 이는 상대가 "우리는 당신에게 공정한 제안을 했습니다."라고 말함으로써 기본적으로 당신이 멍청하다거나 정직하지 않다고 비난하는 경우다. 당신의 주의를 흐트러뜨려서 포기하게 만들려는 치사한 시도다. 누군가가 내게 이런 시도를 할 때마다 NFL(미국 미식축구리그) 직장 폐쇄가 일어났던 때를 떠올리곤 한다. 협상은 마지막으로 치닫고 있었고 NFL 선수협회는 최후 협상에 동의하기 전에 구단주에게 장부를 공개하라고 요구했다. 구단주는 어떻게 답했을까?

"우리는 선수들에게 공정한 제안을 했습니다."

이 얼마나 소름끼치게 천재적인 발언인가. 장부를 공개하거나 이를 거부하는 대신 구단주는 선수협회가 공정함을 제대로 이해하지 못하고 있는 것 같다며 초점을 흐렸다. 만약 이런 상황에 놓이게 된다면 가장 바람직한 반응은 방금 당신에게 날아온 '공정'이라는 단어를 그냥 되풀이해서 말하는 것이다. "공정하다고요?"라고 대답한 뒤 상대가 의도했던 바로 그 영향력이 그대로 발휘되도록 기다려라. 그다음 이어서 명명하라. "방금 하신 말씀을 뒷받침할 증거를 보여주실 준비가 된 모양이군요." 이는 장부를 공개하거나 그렇지 않으면 공정하다는 그들의 주장을 반박하거나 또는 더 많은 데이터를 제공하는 정보를 넘겨야 함을 암시하는 말이다. 당신은 즉시 상대의 공격을 무력화한 것이다.

'공정'이라는 단어를 사용하는 마지막 방법은 긍정적이고 건설적이라는 점에서 내가 가장 좋아한다. 이는 정직하고 공감할 수 있는 협상을 위한 장을 마련한다. 나는 이 단어를 이런 식으로 사용한다. 협상 초기 단계에서 "당신이 항상 공정한 대우를 받고 있다고 느끼길 바랍니다. 그러니 제가 불공정한 행동을 한다고 느끼신다면 언제라도 저를 제지해주세요. 그런 다음 그 문제를 논의하도록 하죠."라고 말한다.

이는 간단하고 명확하며 내가 정직하게 행동하는 사람이라는 인상을 심어준다. 이렇게 말함으로써 나는 정직하게 사용하기만 한다면 공정이라는 단어를 사용해도 좋다고 상대에게 알린다. 협상가는 공정하다는 평판을 얻기 위해 노력해야 한다. 평판이 당신을 앞서가면서 성공 가도를 닦게 하라.

결정을 부추기는 감정의 동인

몇 년 전 우연히 《레인메이커How to Become a Rainmaker》[3]라는 책을 보게 됐다. 때때로 결정을 부추기는 감정의 동인을 다시 떠올려보고자 할 때 이 책을 다시 읽어 보곤 한다. 이 책은 영업직이 합리적인 논쟁을 벌이는 일이 아니라 감정의 틀을 잡는 일이라는 사실을 설명한다.

상대가 떠안고 있는 문제, 괴로움, 충족되지 않은 욕구를 알아낼 수 있거나, 상대가 실제로 무엇을 사고 싶어 하는지 알아낼 수 있다면 우리가 제안한 것이 완벽한 해결책이라고 느끼도록 상대가 문제를 보는 시각을 바꿀 수 있다. 가장 기초적인 수준에서 이 문제를 살펴보자. 실제로 유능한 보모는 무엇을 제공할까? 정확하게 말하자면 보육 서비스가 아니라 편안한 저녁 시간이다. 난방용품 판매원은 무엇을 팔까? 가족들이 함께 시간을 보낼 안락한 방이다. 열쇠공은? 안전하다는 느낌을 판다. 감정을 움직이는 요인을 알면 어떤 거래의 혜택이든 마음을 울리는 언어로 포장할 수 있다.

비합리적 결정의 원칙

똑같은 상대라고 할지라도 한두 가지 변수를 바꾸면 100달러가 영광스러운 승리일수도 있고 지독한 모욕이 될 수도 있다. 이런 현상을 인식하면 현실을 모욕에서 승리로 조작할 수 있다.

예를 들어 보겠다. 나는 붉은색 바탕에 흰색 십자가를 그려 넣은 스위스 국기 무늬 커피 머그잔을 갖고 있다. 언뜻 보기에 새 것처럼 보이지만 이미 사용한 제품이다. 솔직히 말해 이 머그잔에 얼마를 내겠는가? 아마도 3달러 50센트 정도를 부를 것이다.

이제 이 머그잔이 당신 소유라고 해보자. 당신이 이것을 나에게 팔려고 한다. 얼마를 받고 싶은지 말해보라. 아마도 5~7달러 사이 가격을 부를 것이다. 두 경우 모두 정확히 똑같은 머그잔이다. 단지 내 머그라고 했다가 당신 것이라고 했을 뿐이지만 그 가치는 완전히 달라졌다. 또는 내가 당신에게 3분 만에 할 수 있는 커피 심부름 값으로

20달러를 제안했다고 상상해보라. 3분에 20달러라면 시급으로 계산하여 400달러라고 생각하고 아주 신날 것이다.

그 다음에 당신이 그 심부름을 해준 덕분에 내가 100만 달러를 벌었다는 사실을 알았다면 어떨까? 시급 400달러라고 좋아하다가 갈취당했다며 화를 낼 것이다. 머그잔의 가치와 마찬가지로 20달러의 가치는 변하지 않았다. 그러나 당신이 이를 바라보는 시각이 변했다. 단지 20달러를 내놓는 방식에 따라 받아들이는 사람은 행복할 수도 있고 분개할 수도 있다.

의사결정이 감정적이고 비합리적이라는 사실을 드러내지 말라. 이 사실은 이미 살펴봤다. 내가 말하고자 하는 바는 인간이 하는 결정은 대부분 비합리적이지만 그렇다고 해서 우리 행동 이면에 일관적인 패턴과 원칙, 규칙이 없다는 뜻은 아니라는 사실이다. 일단 이런 정신적인 패턴을 알고 나면 이에 영향을 미칠 수 있는 방법도 보이기 시작한다.

인간이 내리는 비합리적인 결정의 원칙을 설명하는 최고의 이론은 단연 '전망 이론Prospect Theory'이다. 1979년에 심리학자 대니얼 카너먼과 아모스 트버스키가 창안한 이 이론은 사람들이 협상과 같이 위험을 수반하는 대안 중 하나를 선택하는 방식을 설명한다. 전망 이론에서는 사람들이 기대효용이 더 높은 확실하지 않은 대안보다 확실한 대안을 선호한다고 주장한다. 이를 가리켜 '확실성 효과Certainty Effect'라고 한다. 그리고 사람은 이득을 얻고자 할 때보다 손해를 회피

하기 위해 더 큰 위험을 감수한다. 이를 가리켜 '손실 회피Loss Aversion'
라고 한다.

통계적으로 보험에 들 필요가 없는 사람이 보험에 가입하는 이유
가 바로 이것이다. 생각해보자. 95% 가능성으로 1만 달러를 받거나
100% 가능성으로 9,499달러를 받는 대안 중 하나를 선택하라고 했
을 때 사람은 대개 위험을 회피하고 100% 안전한 선택을 한다. 그러
나 같은 사람이라도 95% 가능성으로 1만 달러를 잃거나 100% 가능
성으로 9,499달러를 잃는 대안 중 하나를 선택하라고 하면 반대로 선
택해 손실을 회피하고자 더 큰 기대손실을 무릅쓰고 95% 대안을 선
택한다. 손실 가능성은 동일한 크기의 이득을 얻을 가능성에 비해 더
큰 위험을 감수하도록 선동한다.

지금부터는 자신에게 유리하게 사용할 수 있는 몇 가지 전망 이론
에 근거한 전술을 설명할 것이다. 우선 손실 회피와 관련된 중대한
사실을 알려주고자 한다. 힘든 협상에서는 상대가 원하는 바를 내놓
을 수 있다는 사실을 보여주는 것만으로는 충분치 않다. 진짜 주도권
을 쥐기 위해서는 그 협상이 결렬될 경우 상대가 구체적인 손실을 보
게 될 것이라고 설득해야 한다.

1. 상대의 감정을 손실에 대비하도록 만들어라

상대가 현실을 조작하도록 만들려면 기본적인 공감에서 시작해야 한
다. 상대가 느끼는 모든 두려움을 인정하는 비난 심사로 시작하라.

상대의 감정을 손실에 대비하는 상태로 만들려면 손실을 피하는 기회에 선뜻 달려들도록 손실 회피 성향을 자극해야 한다.

FBI를 그만둔 이후 처음으로 맡았던 컨설팅 프로젝트에서 나는 아랍에미리트의 국가 인질 협상팀을 교육하는 명예로운 기회를 얻었다. 유감스럽게도 총책임을 맡은 업체(나는 협력자였다) 측의 문제로 프로젝트 진행 중에 이 업무의 명망은 바래고 말았다. 문제가 너무 심각해지는 바람에 일반적으로 하루에 2,000달러를 받는 계약 업체에게 몇 달 동안 500달러밖에 지불할 수 없다는 얘기를 해야 했다. 이상황을 솔직하게 털어놓으면 어떤 반응을 보일지 정확히 알고 있었다. 그들은 동네가 떠나가라 나를 비웃을 것이었다. 따라서 나는 계약 업체 각각에게 전화를 걸어 심각하게 비난 심사를 벌였다.

나는 "진짜 말도 안 되는 제의를 해야 하는 상황입니다."라고 말한 뒤 상대가 계속 얘기해보라고 할 때까지 기다렸다. "전화를 끊을 때쯤이면 아마 제가 형편없는 사업가라고 생각하실 겁니다. 예산도 못 세우고 계획도 못 짜는 인간이라고 생각하시겠죠. 크리스 보스는 입만 살았다고 생각하실 겁니다. FBI를 그만두고 나와서 처음으로 맡은 대형 프로젝트를 완전히 망쳤다고 하시겠죠. 사업체를 경영하는 방법도 모른다고 하실 거예요. 심지어 제가 거짓말을 했다고 생각하실 지도 모르겠네요." 이렇게 기대 수준을 낮춰서 상대의 감정을 고정한 다음 나는 손실 회피 성향에 호소했다.

나는 "그래도 일단 다른 사람에게 말하기 전에 당신에게 먼저 이 기회를 제안하고 싶었습니다."라고 말했다. 별안간 그들은 2,000달러를 500달러로 깎을지를 고민하다가 어떻게 500달러를 다른 사람에게 빼앗기지 않을지를 고민하게 됐다.

업체들은 전부 거래를 받아들였다. 역제안을 하지도 않았고 불만을 늘어놓지도 않았다. 만약 기대를 낮게 조정하지 않았다면 그들이 500달러를 바라보는 시선은 완전히 달랐을 것이다. 만약 내가 다짜고짜 전화를 걸어서 "하루에 500달러를 드릴 수 있어요. 어떻게 생각하시나요?"라고 말했다면 그들은 이를 모욕으로 받아들이고 당장 전화를 끊었을 것이다.

2. 상대가 먼저 제시하도록 하라

이제 상대가 처한 현실을 조작하는 일에 관한 한 감정을 고정함으로써 큰 이득을 얻을 수 있다는 사실을 분명히 알았을 것이다. 그러나 가격 협상에 관해서는 먼저 제시하지 않는 편이 바람직하다.

유명 영화감독 빌리 와일더Billy Wilder가 탐정 작가 레이먼드 챈들러 Raymond Chandler에게 이제 고전이 된 1944년 작 〈이중 배상Double Indemnity〉 각본을 의뢰하고자 했을 때 챈들러는 영화 작업이 처음이었다. 그러나 챈들러는 협상할 태세를 취하고 와일더와 영화 제작자를 만나서 처음으로 임금을 제시했다. 그는 무뚝뚝하게 일주일에 150달러를 요구했고 와일더에게 각본을 다 쓰려면 3주는 걸릴 것이라고 말했다.

와일더와 제작자는 터져 나오는 웃음을 가까스로 참았다. 그들은 챈들러에게 일주일에 750달러를 지급할 생각이었고 영화 각본을 쓰는 데 몇 달은 걸린다는 사실을 이미 알고 있었기 때문이다. 다행히도 와일더와 제작자는 몇 백 달러보다는 그와의 관계에 더 큰 가치를 뒀기 때문에 챈들러를 애처롭게 여겨 그를 대신해 협상 업무를 할 대리인을 붙여줬다. 비슷한 경우로 제리라는 학생은 선수를 쳤다가 연봉 협상을 완전히 망쳤다(미리 말해두지만 이는 내가 제리를 가르치기 전에 일어난 일이다).

뉴욕 소재 한 금융 회사에서 면접을 본 제리는 연봉으로 11만 달러를 요구했다. 이는 30% 인상을 의미했다. 입사하고 나서야 같은 일을 하는 다른 직원들의 초봉이 12만 5,000달러에서 시작한다는 사실을 알았다. 이런 이유로 나는 금전 협상에서 상대가 먼저 금액을 제시하도록 하라고 조언한다.

진짜 문제는 협상에 임하는 양측이 모두 완벽한 정보를 갖고 있지 않다는 점이다. 이는 자신만만하게 의중을 터놓을 만큼 충분히 알지 못하는 경우가 많다는 뜻이다. 제리나 챈들러의 경우처럼 본인이 사거나 팔려고 하는 대상의 시장 가치를 모를 때는 특히 더 그렇다. 또한 상대가 먼저 금액을 제시하도록 함으로써 행운을 누릴 수도 있다. 나는 협상에서 상대가 처음으로 제시한 금액이 내가 염두에 두고 있던 마지노선보다 더 높은 경우를 여러 차례 경험했다. 내가 먼저 금액을 제시했더라면 상대는 바로 동의했을 것이고 그랬다면 나는 승자의 저주나 구매자의 후회와 같이 과한 보수를 받았거나 반대로 제값을 받지 못해 아쉬운 마음으로 자리를 뜨게 됐을 것이다.

상대가 먼저 가격을 제시하도록 할 때에는 주의를 기울여야 한다. 첫 번째 제안에 저항할 수 있도록 심리적으로 만반의 준비를 갖춰야 한다. 상대는 선수, 즉 사기꾼인 경우 현실 조작을 위해 극단적인 기준점을 제시할 것이다. 그런 다음에 여전히 터무니없지만 그보다는 나은 제안을 하면 적정한 가격처럼 느껴지게 된다. 마치 말도 안 되는 가격인 600달러에 팔던 아이폰을 여전히 비싼 가격인 400달러에 팔면 적정하게 느껴지는 것과 같다.

극단적인 기준점에 얽매이게 되는 경향은 심리적 특성 중 하나로 '정박과 수정anchor and adjustment' 효과라고 불린다. 연구에 따르면 인간은 처음으로 마주치는 참고 기준에서 수정해나가는 경향을 나타낸다고 한다. 예를 들어 $8 \times 7 \times 6 \times 5 \times 4 \times 3 \times 2 \times 1$라는 식을 언뜻 본 사람들 대부분은 그 결과 값이 같은 숫자를 역순으로 써놓은 식보다 크다고 추정한다. 이는 우리가 처음 본 숫자에 초점을 맞추고 이를 근거로 추론하기 때문이다.

이는 '절대 공개하지 말라.' 라는 뜻이 아니다. 그런 법칙은 기억하기 쉽지만 지나치게 단순화한 접근 방법이 대개 그렇듯이 항상 바람직한 조언은 아니다. 상대가 초보라면 사기꾼처럼 극단적인 기준을 제시하고 싶은 충동을 느낄 수도 있다. 또는 시장을 아주 잘 알고 있고 상대 역시 대등한 정보통이라면 협상을 빨리 진행시키기 위해 먼저 제시할 수도 있다.

초보를 상대로 사기 치고 싶은 유혹을 느낀다면 이렇게 충고하고 싶다. 평판은 당신을 앞서 간다는 사실을 기억하라. 나는 언제나 치사한 수법으로 상대를 등친다는 평판을 듣고 있는는 CEO들을 여러 명 만난 적 있는데, 얼마 안가 아무도 이들과 거래하지 않게 됐다.

3. 범위를 설정하라

먼저 하는 제안이 바람직한 경우는 드물지만 제안을 하는 듯하며 그 과정에서 상대의 기준을 조작하는 방법이 있다. 이는 범위를 언급하는 방식이다. 내가 말하고자 하는 바는 이런 뜻이다. 상대가 조건이나 가격을 제안해달라고 요구하면 당신이 원하는 최선의 가격을 포함하는 대략적인 범위를 밝히는 방식으로 대응하라. 제리의 경우 "연봉으로 11만 달러를 받고 싶습니다."라고 말하는 대신 "X 주식회사와 같은 일류 기업에서 이 업무를 담당하는 사람들은 13만~17만 달러 정도 받죠."라고 말하는 편이 유리했다.

이렇게 하면 상대가 방어적인 태도를 취하도록 압박하지 않으면서도 당신의 입장을 전달할 수 있다. 또한 상대가 더 높은 수준에서 생각하도록 유도한다. 연구에 따르면 극단적인 수치를 들은 사람은 무의식적으로 기대 수준을 그 방향으로 조정하게 된다고 한다. 곧장 상한가 또는 하한가로 조정하는 사람도 많다. 만약 제리가 이 범위를 제시했다면 회사는 아마도 13만 달러를 제안했을 것이다. 17만 달러에 비하면 훨씬 낮아 보이기 때문이다.

최근 실시한 한 연구[4]에서 콜롬비아 대학교 경영대학원 심리학자들은 범위를 제시한 구직자들이 구체적인 수치를 제시한 구직자들에 비해 전반적으로 유의미하게 더 높은 연봉을 받았다. 특히 그 범위에서 낮은 수치가 실제로 원하는 연봉인 '안전 범위'인 경우 더욱 그런 경향이 강했다. 범위를 제시하는 전략은 바람직하지만 그 경우 상대는 그 범위의 최저 수준을 수용할 것이라고 예상하라.

4. 숫자와 무관한 조건을 내세우라

사람들은 '얼마?'에 집착한다. 그러나 숫자만으로 협상하지는 말라. 그러면 공정과 자존심을 내세우는 감정적인 시각에 휘둘리는 강경한 입장이 좌충우돌하는 흥정으로 이어진다. 협상은 그보다 좀 더 복잡하고 미묘한 역동이다.

비용과 무관한 조건을 내세우는 전략은 상대가 당신의 관점을 받아들이도록 조작하는 가장 쉬운 방식 중 하나다. 상대에게 높은 가격을 제시한 후 당신에게는 별 것 아니지만 그에게는 중요할 수도 있는 조건을 제시함으로써 원래 제안이 타당해보이도록 만들 수 있다. 또는 상대가 낮은 가격을 제시한 경우 당신에게 더 큰 가치를 지니는 조건을 요구할 수도 있다. 이 전략은 어려울 수도 있으므로 브레인스토밍 과정을 시작하기 위해 예시를 제시하는 경우가 많다.

얼마 전 나는 멤피스 변호사 협회를 대상으로 교육을 했다. 그들이 요청하는 교육을 할 때 나는 보통 하루에 2만 5,000달러를 청구한다. 그들은 이보다 훨씬 더 낮은 금액을 제시했기에 나는 망설였다. 그때 그들은 협회지 표지 기사로 내 이야기를 다뤄주겠다고 제안했다. 내 입장에서 일류 변호사들이 주로 구독하는 잡지 표지로 등장하는 기회는 더할 나위 없는 광고였다.(게다가 어머니가 무척 자랑스러워 하셨다!)

그들 입장에서는 어쨌든 추가 비용이 전혀 들지 않았고 나는 대폭 할인된 가격을 받고 교육을 했다. 이후 나는 협상에서 값을 부를 때 계속해서 이를 사례로 사용한다. 상대에게는 큰 비용은 아니지만 또는 굳이 돈은 아니더라도 내게는 중요한 가치를 지니는 어떤 귀중한 보배가 있을지 상대가 떠올릴 수 있도록 격려하는 차원이다.

5. 협상에 유리한 숫자는 따로 있다

모든 숫자는 그 값을 넘어서는 심리적인 의미를 지닌다. 17이라는 숫자가 행운을 가져준다는 생각에 17을 좋아하는 차원의 이야기가 아니다. 협상할 때 다른 숫자들에 비해 더 요지부동이라는 인상을 주는 숫자가 있다는 뜻이다. 기억해야 할 가장 중요한 사실은 0으로 끝나는 숫자는 예외 없이 협상으로 쉽게 깎을 수 있는 임의로 채워 놓은 숫자, 어림값으로 느껴진다는 점이다. 이에 비해 3만 7,263달러와 같이 딱 떨어지지 않는 숫자는 신중하게 계산한 결과로 얻은 수치처럼 느껴진다. 이런 숫자는 상대에게 바꾸기 어렵다는 인상을 줌으로 제안을 강화하고자 할 때 이것을 사용해보라.

6. 깜짝 선물을 준비하라

상대에게 극단적인 조건을 제시했을 때 거절 당하고 나서 완전히 무관한 깜짝 선물을 안겨주면 관대한 분위기를 이끌어낼 수 있다. 이렇게 예상치 못한 회유책은 호혜라는 역동을 이끌어낸다는 점에서 대단히 큰 효과를 발휘한다. 상대는 당신의 너그러운 행동에 똑같이 대응해야 할 필요를 느낀다. 갑자기 제시 가격을 높이거나 아니면 향후에 당신의 친절에 보답하고자 할 것이다. 인간은 친절을 받으면 반드시 갚아야 한다는 의무감을 갖기 때문이다.

이를 국제 정치 측면에서 살펴보자. 1977년에 이집트 대통령 안와르 사다트Anwar Sadat는 이스라엘 국회에서 깜짝 연설을 함으로써 이집트·이스라엘평화조약에 관한 협상을 추진했다. 사다트가 이 연설을 통해 실질적 양보를 하지는 않았으나 평화를 향해 나아가는 중대한 걸음을 의미하는 관대한 표시였다. 다시 아이티 사건으로 돌아가 보자. 내가 정치인 조카의 전화를 받은 때는 납치범이 숙모를 유괴한 지 몇 시간 지난 후였다.

조카는 자기 가족에게 15만 달러는 무리지만 5만~8만 5,000달러 사이라면 낼 수 있다고 말했다. 그러나 파티를 즐길 목적으로 몸값을 요구했다는 사실을 안 나는 이보다 훨씬 적은 5,000달러를 목표로 잡았다. 우리는 타협할 생각이 없었다. 이는 협상 전문가로서 자존심이 걸린 문제였다.

나는 조카에게 돈이 없다는 말로 대화를 시작하되, 상대의 자존심을 건드리지 않도록 '아니요'라는 말은 피하라고 조언했다. 다음번 전화에서 조카는 "제가 그 요구를 어떻게 들어줄 수 있겠습니까?"라고 물었다.

납치범은 다시 한 번 숙모를 들먹이며 위협한 뒤 현찰을 요구했다. 이때 조카에게 납치범의 공정성에 살짝 의문을 제기하라고 시켰다. 조카는 "죄송하지만 숙모를 죽이신다면 제가 어떻게 돈을 내겠습니까?"라고 대응했다. 이 질문엔 납치범이 가장 피하고 싶은 화제인 숙모의 죽음이 언급된 것이다. 한 푼이라도 돈을 받아내려면 그들은 숙모를 해치지 말아야 했다. 결국 그들은 상품 거래자다.

이 시점까지 조카가 값을 부르지 않았다는 사실에 주목하라. 이렇게 소모전을 펼치면서 결국에는 납치범이 먼저 값을 부르도록 압박했다. 재촉하지 않았지만 그들은 5만 달러로 낮춰 불렀다. 이제 납치범이 몸값을 낮췄으므로 우리는 조카에게 버티기에 들어가라고 일렀다.

우리는 그에게 "그렇게 큰돈을 제가 어떻게 마련할 수 있겠어요?"라고 질문하라고 했다. 납치범은 몸값을 다시 2만 5,000달러로 낮췄다. 이제 목표가 시야에 들어왔으므로 조카에게 아주 낮은 금액인 3,000달러를 첫 번째로 제시하도록 했다.

상대는 말이 없었고 조카는 땀을 뻘뻘 흘리며 긴장했지만, 우리는 그에게 흔들리지 말라고 말했다. 이는 납치범이 경제 현실을 완전히 재인식할 때 항상 일어나는 일이었다. 다시 대화가 시작했을 때 납치범은 대단히 곤란해하는 느낌이었다. 그러나 그는 말을 계속했다. 이번에는 더 낮은 금액인 1만 달러를 제시했다. 그 다음 우리는 조카에게 숙모 목숨의 가치를 심사숙고해서 계산한 결과처럼 보이는 기묘한 숫자 4,751달러를 제시하라고 했다.

납치범이 이번에 제시한 가격은 7,500달러였다. 이에 대응해 조카는 '자발적으로' 새로 산 휴대용 CD 스테레오를 얹어주겠다고 말하면서 다시 4,751달러를 불렀다. 딱히 CD 스테레오가 필요하지 않았던 납치범은 더 이상 돈을 받아낼 수 없다고 생각했는지 알겠다고 말했다. 6시간 뒤 가족은 몸값을 지불했고 숙모는 무사히 집으로 돌아왔다.

높은 연봉을 받는 협상 방법

경영대학원 순위를 결정하는 중요 요소 중 하나는 졸업생이 얼마나 높은 연봉을 받는가이다. 따라서 MBA 과정에서 강의할 때마다 내 첫 번째 목표는 학생들에게 더 높은 연봉을 받는 협상법을 가르침으로써 학교 순위를 높이는 것이라고 말한다.

이번 장에서 다룬 내용을 복합적으로 사용해 높은 연봉을 받는 협상 방법을 세 부분으로 나눠 설명해보겠다. 이를 통해 더 높은 연봉을 받을 수 있을 뿐만 아니라 그 과정에서 상사가 협력하도록 설득할 수 있다.

연봉 외 조건을 예의 바르게 고집하라

예의 바른 고집은 상사와 공감대를 형성하고 건설적인 상의를 하기에 적절한 심리적 환경을 구축하는 감정상의 정박 행위다. 또한 연봉외 조건을 많이 논의할수록 상대가 제공할 수 있는 대안 전체를 듣게될 가능성 또한 높아진다. 당신이 요구하는 연봉 외 조건을 충족시킬수 없는 경우 연봉 인상의 조건을 제시할 수도 있다. 예전에 프랑스출신 미국인인 학생을 가르친 적이 있었다. 그 학생은 활짝 웃으며회사가 일반적으로 제공하는 휴가 외에 추가로 휴가를 일주일 더 달라고 계속해서 요구했다. 그녀는 자기가 '프랑스 출신'임을 강조하면서 프랑스 사람들은 다 그렇게 한다고 말했다. 그 회사는 휴가 문제에 관한 한 융통성이 없었지만 그녀가 너무나 애교 넘치는 태도를 취했던 데다가 비금전적인 변수에 가치를 두는 바람에 결국은 연봉 인상을 제안했다.

직위에 걸맞은 성과를 규정하라

연봉 협상 후 반드시 당신의 직위에 걸맞은 성과를 다음번 연봉 인상지표와 함께 규정하라. 이는 당신에게 동기 부여가 되며 동시에 상사에게는 어렵지 않은 일이다. 이렇게 하면 상사의 지휘 하에 성과를규정함으로써 연봉 협상이 체계적으로 이루어지며 다음 단계로도 연결된다.

비공식적인 멘토를 얻어라

상대가 진짜로 사려고 하는 대상이 무엇인지 파악해야 한다고 했던 말을 기억하는가? 상사에게 자신을 알리고 싶다면 그 업무에 쏟는 열정 이상으로 자신을 홍보하라. 상사가 스스로 납득하고 그 내용을 회사 전체에 퍼트릴 정도로 당신 자신과 당신의 성과를 홍보하라. 당신이 상사의 중요성을 증명할 산 증인 역할을 할 것이라는 사실을 확실히 알려라. 당신이 상사의 홍보 대사 노릇을 할 사람이라는 인상을 강하게 주고 나면 상사는 당신의 성공 여부에 대해 관심을 갖고 지켜볼 것이다.

"여기에서 성공하려면 무엇이 필요합니까?"라고 질문하라. '정확하게' 일치하지는 않지만 이 질문은 많은 MBA 진로 조언 센터가 제시하는 것과 비슷하다. 그리고 이 질문의 정확한 표현 그 자체가 중요하다. 내가 하는 MBA 수업을 들은 학생들이 면접에서 이 질문을 하면 실제로 면접관들이 적극적인 태도를 보이면서 "지금까지 그런 질문을 한 지원자는 없었습니다."라고 말했다. 그 다음 면접관들은 아주 구체적이고 훌륭한 답변을 내놓는다.

여기에서 중요한 사항은 누군가가 당신에게 조언한 경우 그 사람은 당신이 그것을 따르는지 지켜볼 것이라는 점이다. 그 사람은 당신이 성공할지 개인적으로 관심을 갖고 지켜볼 것이다. 이렇게 해서 당신은 방금 첫 번째 비공식적 멘토를 얻었다. 내가 예전에 MBA 과정에서 가르쳤던 앙헬 프라도라는 학생의 사례는 이를 거의 완벽에 가깝게 할 수 있는 방법을 알려준다.

MBA 과정이 끝나갈 무렵 앙헬은 상사에게 가서 MBA를 마친 뒤 (회사가 학비를 대주고 있었다) 회사로 복귀하기 전 물밑 작업을 시작했다. 마지막 학기 중에 앙헬은 상사에게 곧 학교를 졸업하게 되고 그러면 회사가 더 이상 MBA 학비(연간 약 3만 1,000달러)를 내지 않아도 된다는 말을 꺼냈다. 그런 다음 자신이 그만큼을 연봉으로 받아야 하지 않겠냐고 일종의 범위를 제안함으로써 포괄적인 포석을 깔았다.

상사는 아무런 약속을 하지 않았지만 앙헬은 예의바르게 계속해서 이를 고집했고 상사는 마음속에 그의 말을 염두에 두게 됐다. 졸업을 앞두고 상사는 앙헬과 중요한 면담을 했다. 앙헬은 적극적이면서도 차분한 태도로 대화의 초점을 연봉에서 다른 곳으로 돌리기 위해 금전과 무관한 쟁점을 꺼냈다. 그는 새로운 직함을 요구했다.

앙헬이 MBA를 취득한 관계로 새로운 직함을 부여하는 것은 전혀 어려운 문제가 아니었고 상사는 바로 승낙했다. 그 시점에서 앙헬과 상사는 어떤 역할과 책임이 새로운 직함에 부과될 것인지 결정하고 그에 따른 성과 기준을 마련하게 됐다. 앙헬은 심호흡을 하고 말을 멈춰 상사가 먼저 숫자를 부르도록 유도했다. 마침내 상사가 입을 열었다. 정말 기묘하게도 그가 미리 깔아놓은 포석이 효과를 발휘했다. 상사는 그가 원래 받던 연봉에 3만 1,000달러를 더한 연봉을 제시했고 이는 거의 50% 인상에 해당했다. 그러나 내 수업을 들은 앙헬은 더 이상 초보 협상가가 아니었다. 따라서 바로 여기에 반응을 보이며 숫자에 매달리는 대신 앙헬은 계속 대화를 끌고가며 상사의 감정을 명명하고 그가 처한 상황에 공감을 표시했다(당시 회사는 투자자들을 대상으로 난해한 협상을 하고 있던 중이었다).

그 다음 앙헬은 상사에게 잠시 자리를 비우겠다고 정중하게 말한 뒤 서로 합의한 직무 기술서를 인쇄하러 갔다. 그가 자리를 비운 사이 상사는 마감 기한을 앞두고 있는 것처럼 느꼈고 직무 기술서를 가지고 돌아온 앙헬은 이 감정을 이용했다. 앙헬은 맨 밑줄에 '13만 4,500달러~14만 3,000달러'라고 희망 연봉을 덧붙였다. 앙헬은 이번 6장에서 소개한 다양한 기법을 함께 엮어서 사용했던 것이다. 기묘한 숫자로 사려 깊은 계산 끝에 나온 듯한 무게감을 부여했다. 숫자 자체가 큰 극단적인 조건에 대면했을 때 곧바로 한계 가격을 제시하게 되는 자연적 경향을 이용했다. 또한 이를 범위로 제시했기 때문에 덜 공격적으로 보일 수 있었고 하한가는 비교적 적정하게 보이는 효과도 나타났다.

눈살을 찌푸리는 몸짓으로 볼 때 상사는 희망 연봉을 보고 분명히 놀란 듯했다. 그러나 기대했던 효과가 나타났다. 기술서에 관해 몇 마디 언급한 후 상사는 12만 달러를 제시했다. 앙헬은 가타부타 대답하지 않고 계속 대화를 이어가며 공감을 형성했다. 그러던 어느 순간 무슨 얘기를 하다가 난데없이 상사가 12만 7,000달러를 불렀다. 상사가 분명히 갈등하고 있다는 느낌을 받은 앙헬은 계속 그를 부추겼다. 결국 상사는 연봉 13만 4,500달러에 합의했고 3개월 후에 이사회 승인을 받아 지급하겠다고 말했다.

금상첨화로 앙헬은 '공정'이라는 단어를 긍정적인 의미로 사용했고(그는 "그건 공정하네요."라고 말했다) 상사를 자기 멘토로 삼으며 연봉 인상과 긴밀하게 결합시켰다. 그는 "저는 이사회가 아니라 팀장님께 진급을 부탁드리니 이를 승인해주시기만 하면 됩니다."라고 말했다. 이 말에 앙헬의 상사가 어떻게 대답했을까? "자네가 이 연봉을 받을 수 있도록 내가 힘써주겠네." 그러니 앙헬처럼 협상하여 성공을 거두라!

이전 내용에서 논의했던 도구들에 비해 이번 장에서 소개한 기법들은 구체적이고 쉽게 활용할 수 있다. 그러나 속임수처럼 보인다는 이유로 많은 사람이 그 기법들을 사용하기 꺼린다. 상대의 현실적인 조건을 조작하다니 부정행위가 아니냐고 반문하기도 한다. 이런 의문에 답하자면 인간의 마음을 있는 그대로 인식한다는 점에서 최고의 협상가는 이 기법들을 모두 사용한다고 말할 수밖에 없다. 인간은 예측가능하고 정형화된 방식으로 감정적이고 비합리적인 행동을 하는 동물이다. 이 기법을 활용하는 행동은 그저 합리적인 처사에 지나지 않는다. 일상생활에서 이런 도구를 사용할 때에는 다음의 중대한 가르침을 염두에 둬라.

- 숨어 있는 욕망과 욕구가 모든 협상을 규정한다. 순진하게 표면에 속지 말라. 아이티의 납치범들이 원하는 것이 단지 유흥비에 필요한 돈이라는 사실을 알고 나면 이에 훨씬 더 잘 대처할 수 있다.
- 절충은 갈색 구두 한 짝과 검은색 구두 한 짝을 신고 있는 것과 같으니 타협하지 말라. 중간 절충은 양측 모두에게 나쁜 결과로 이어지는 경우가 많다.
- 마감 기한이 닥치면 사람들은 협상을 서두르게 되어 자신의 이익에 반하는 행동을 한다.
- '공정' 이란 상대를 방어 태세로 몰아 양보를 얻어내기 위해 사용하는 감정적인 단어다. 상대가 공정이라는 말을 내뱉었을 때 이에 말려서 양보하지 말라. 그 대신 당신이 그들을 어떻게 홀대했는지 설명하라고 요청하라.
- 출발 기준점을 설정함으로써 상대가 제시하고자 하는 조건을 조작할 수 있다. 제안하기 전에 조건이 얼마나 형편없을지 미리 말함으로써 상대의 감정을 고정하라. 숫자를 제시할 경우 당신이 '진짜' 염두에 두고 있는 제안이 합당하게 느껴지도록 극단적인 기준점을 제시하고 공격적으로 보이고 싶지 않을 때는 범위

를 활용하라. 무엇이든 그 진짜 가치는 그것을 어떤 관점에서 바라보는가에 달려 있다.

■ 사람들은 이득을 얻는 것보다 손실을 회피하고자 할 때 더 큰 위험을 감수한다. 상대가 행동하지 않음으로써 손해를 본다고 느끼도록 만들어라.

CHAPTER 7

문제 해결을 위한
교정 질문의 힘

2001년 5월 제프리 실링 사건을 마무리한 후 한 달 뒤에 나는 본부로부터 다시 마닐라로 가라는 지시를 받았다. 실링을 납치했던 악당들, 잔혹한 급진 이슬람 집단 아부 사야프가 도스팔마스 사설 다이빙 리조트를 습격해 20명을 인질로 잡았고 그중 미국인이 세 명 있었다. 캔자스 주 위치토에서 온 선교사 부부 마틴과 그라시아 번햄과 캘리포니아에서 방수 시공업체를 경영하고 있는 남자였다.

도스팔마스는 시작부터 협상가에게 악몽과도 같았다. 납치 사건 발생 다음 날 최근 당선된 필리핀 대통령 글로리아 마카파갈 아로요

Gloria Macapagal-Arroyo가 아부 사야프를 상대로 '총력전'을 공포함으로써 최악의 대치 국면이 펼쳐졌다.

공감을 이끌어낼 수 있는 상태는 아니지 않은가? 여기에서 사태는 훨씬 악화됐다. 필리핀 육군과 해병대는 협상이 진행되고 있는 가운데 세력 다툼을 하면서 몇 차례에 걸쳐 섣불리 습격을 시도하다가 납치범들을 열 받게 만들었다. 미국인이 인질로 잡혔기 때문에 CIA, FBI, 미국 군사정보부가 모두 소집됐고 우리 역시 옥신각신 다투고 있었다. 그때 납치범들이 일부 인질을 강간하고 살해하는 사태가 벌어지고 911 테러 사건이 발생했으며 아부 사야프는 알카에다와 연관을 맺고 있었다.

2002년 6월, 충격이 난무하는 가운데 사태가 마무리됐을 때 도스팔마스 사건은 내 이력에서 최악의 실패로 기록됐다. 대참사라는 말로는 부족할 정도였다. 그러나 실패는 미래 성공의 싹을 틔울 씨를 뿌리기 마련이고 우리가 필리핀에서 겪은 실패 또한 예외가 아니었다.

도스팔마스 참사에서 배운 점이 있었다면 협상할 때 상대가 항복할 때까지 진을 빼면서 낙관하며 후퇴하지 않는 게 중요하다는 점이었다. 도스팔마스 사태로 낙담한 나는 우리가 적용한 기법이 실패 요인이라고 판단했고, 최신 협상 이론을 주의 깊게 살펴봤다. 훌륭한 이론도 있었고 완전히 무모한 이론도 있었다. 그중에서 나는 우연히 피츠버그에서 발생한 한 사례를 보게 됐고 이는 협상 대화에서 발생하는 대인 역동을 바라보는 방식을 완전하게 바꿔놓았다.

도스팔마스 사태의 잿더미에서 우리는 FBI의 납치 협상 방식을 완전히 바꿔 놓을 교훈을 얻었다. 우리는 협상이 압도가 아니라 구슬리기이고 물리치기가 아니라 끌어들이기라는 사실을 깨달았다. 무엇보다도 협상을 성공으로 이끌기 위해서는 상대가 우리에게 유리하게 움직이도록 해야 하고 우리의 해결책을 상대가 직접 제시하도록 해야 한다는 점을 깨닫는 것이 중요했다. 이렇게 하려면 우리 측이 실질적으로는 협상을 이끌어 나가면서도 상대가 자신이 통제하고 있다고 착각하게 만들어야 했다.

이렇게 해서 우리가 개발한 도구가 바로 교정 질문, 즉 개방형 질문이다. 교정 질문은 상대가 마음을 열고 순순하게 인정함으로써 대화에서 공격성을 제거하는 기능을 한다. 이렇게 함으로써 강요하는 분위기를 드러내지 않으면서 생각과 요구사항을 내놓을 수 있게 해주고 내가 원하는 방향으로 상대가 넘어오도록 만들어 준다. 나중에 좀 더 자세하게 설명하겠지만 일단 예를 들자면 이는 "가시면 안 됩니다."라는 평서문에서 적대감을 제거해 다음과 같은 질문으로 만드는 작업이다.

"이 자리를 떠난다면 무엇을 얻고자 하십니까?"

총격전에서 협상은 불가능하다

번햄 부부와 소베로 씨가 인질로 잡힌 사건으로 마닐라에 도착하자마자 나는 미다나오 섬으로 이동했다. 그곳에서는 필리핀 군대가 아부 사야프와 인질들이 숨어 있는 병원 건물로 총과 폭탄을 쏘고 있었다. 이곳은 협상가가 있을 곳이 아니었다. 총격전이 벌어지고 있는 가운데 대화를 나누기란 불가능하기 때문이다. 게다가 사태는 악화됐다. 다음 날 눈을 떴을 때 나는 밤새 납치범이 인질들을 데리고 도망쳤다는 소식을 들었다.

이 '탈출'은 이번 작전이 힘겨운 대참사가 될 것이며 필리핀 군대가 믿을 만한 파트너가 아님을 보여주는 첫 번째 징조였다. 사건 직후 실시한 보고회의에서 전투 중지 명령이 내려진 다음 군인 한 명이 병원에서 일당들에게 여행 가방을 받았고 그로부터 얼마 지나지 않아 병원 후방을 지키던 군인들이 전부 '회의'에 참석하라는 소집을 받았다는 사실을 알게 됐다. 우연인지 아닌지 몰라도 악당들은 그 틈을 타 빠져나갔다.

2주일 뒤 필리핀 독립기념일에 정부가 정오까지 아부 사야프 조직 검거를 철회하지 않으면 '백인 중 한 명'을 참수하겠다고 아부 사바야가 발표했을 때 정말로 사태가 커졌다. 우리는 이 말이 미국인 중 희생자가 나올 것이라는 뜻임을 알았고 희생자는 기예르모 소베로가 될 것이라고 예측했다.

우리는 당시 납치범과 직접 연락을 하지 못한 상태였다. 필리핀 군대에서 우리에게 붙여준 중간 연락책이 납치범들과 전화 연락을 할 때마다 우리를 부르는 것을 잊었고 통화 내용 녹음조차 잊었기 때문이었다. 우리가 할 수 있는 일이라고는 대화 일정을 알리는 문자 메시지를 보내는 것뿐이었다.

결과적으로 이 사태는 기한으로 정해진 날 정오 직전에 사바야와 필리핀 장관 한 명이 라디오 토크 쇼에서 대화하다가 한 말레이시아 상원 의원을 협상가로 지명하라는 사바야의 요구를 정부 측이 들어주면서 끝났다. 그 대신 사바야는 인질을 죽이지 않기로 했다. 그러나 이처럼 대립과 불신, 거짓이 만연한 분위기를 바로잡기에는 너무 늦었다. 그날 오후 사바야가 전화에 대고 "그게 합의의 일부였어! 그게 합의의 일부였다고!"라고 고함지르는 소리를 들었다. 얼마 지나지 않아 아부 사야프는 기예르모 소베로를 참수했고, 추가로 15명을 잡았다.

중요한 부분은 우리가 전혀 통제할 수 없었고 미국 정부는 소베로가 살해당했음에도 불구하고 대체로 무관심한 태도를 보이는 가운데 나는 워싱턴 D.C.로 돌아왔다. 우리가 할 수 있는 일이 거의 없는 듯 보였다. 그러다가 911 테러가 모든 것을 바꿨다.

사소한 테러 집단에 불과했던 아부 사야프가 갑자기 알카에다와 연계됐다. 그때 알린 델라 크루즈라는 필리핀 TV 기자가 아부 사야프 진영에 들어가서 사바야가 미국인 선교사 마틴과 그라시아 번햄 부부를 조롱하는 모습을 동영상으로 찍어왔다. 선교사 부부는 너무 수척해서 마치 강제 수용소 생존자처럼 보였다. 이 영상은 미국 뉴스 매체에 벼락같은 충격을 던졌다. 미국 정부에게 이 사건은 갑자기 시급히 처리해야 할 사안이 됐다.

승리를 위한 새로운 방식

FBI는 나를 돌려보냈다. 이번에는 결착을 짓고 오라는 지시를 받았다. 게다가 세간의 주목을 받는 사건이 됐다. 내부 연락책에 따르면 FBI 국장 로버트 뮬러가 매일 아침 조지 부시George W. Bush 대통령에게 직접 상황을 보고한다고 했다. 뮬러 국장이 마닐라 소재 미국 대사관에 왔을 때 국장은 나를 알아봤다. 무척 흥분되는 순간이었다. 그러나 전 세계가 지지해준다고 하더라도 상대가 제대로 반응하지 않으면 아무런 소용이 없다. 협상 노력이 상대에게 닿지 않으면 '희망'에 근거한 협상을 할 수밖에 없지만 희망은 전략이 아니다.

당시 내가 그 중대성을 제대로 파악하지 못했던 일은 납치범 측이 협상 담당자를 바꿨다는 부분이었다. 사바야는 교체됐다. 이전 납치 사건에서 내 상사 게리 네스너는 상대편 협상 담당자가 바뀌었다는 건 훨씬 더 강경한 노선을 취하기로 했다는 신호라고 알려줬다. 당시에 이것이 사바야를 제대로 다루지 못할 경우 그가 협상을 깨는 역할을 하게 될 것이라는 의미인지는 깨닫지 못했다.

우리는 몸값을 치르고 번햄 부부를 구출한다는 새로운 방침을 새웠다. 공식적으로 미국은 몸값을 지불하지 않지만 30만 달러를 내겠다는 기부자가 나타났다. 아부 사야프 측의 새로운 협상 담당자는 인질 석방에 합의했다. 이 몸값 제시가 실패였다. 납치범들은 번햄 부부를 석방하지 않겠다고 결정했다. 정확히 말하면 인질들을 실질적으로 감금하고 있던 사바야가 석방을 거부했다. 사바야는 자체적으로 우리 측은 모르는 부가 협상을 하고 있었는데 그것이 결렬된 것이었다. 난처하고 불쾌한 상태에 처한 새 협상 담당자는 몸값에서 600달러가 모자란다고 주장하면서 책임을 회피하고자 했다. 우리는 몹시 당혹스러웠다. "600달러? 고작 600달러 때문에 인질을 풀어주지 않겠다고?" 우리는 만약 돈이 모자란다면 운반책이 돈을 훔쳤을 것이라고 항변했다. 그러나 우리 사이에는 이를 뒷받침할 신뢰 분위기가 형성되어 있지 않았다. 30만 달러는 사라졌고 우리는 다시 좀처럼 답이 오지 않는 문자 메시지에 의지할 수밖에 없었다.

천천히 진행되던 참사는 약 2개월 후 '구출' 작전 실패로 막을 내렸다. 필리핀 특수 부대 팀이 숲속을 거닐다가 아부 사야프 진영을 우연히 발견했다. 이후 우리는 다른 정부 기관이 그들에게 제보했다는 소식을 들었다. 그 다른 정부 기관이 우리에게는 아부 사야프 진영 위치를 알려주지 않았다. 대체 왜? 그 이유를 나는 앞으로도 결코 이해하지 못할 것이다.

필리핀 특수 부대는 나무에 올라 아부 사야프 진영을 내려다보는 전선을 형성하고 발사를 개시해 진영 내에 무차별로 총격을 퍼부었다. 그때 그라시아와 마틴 부부는 해먹에서 낮잠을 자고 있었다. 두 사람은 모두 해먹에서 빠져 나와 안전한 쪽을 향해 언덕을 따라 뛰기 시작했다. 그러나 구조대가 쏜 총알이 그들에게도 퍼부었고 그라시아의 허벅지를 관통하고 지나가자 타는 듯한 아픔과 함께 마틴이 축 늘어지는 느낌을 받았다.

몇 분 뒤 악당 무리가 전부 도망치고 나서 필리핀 특수 부대는 그라시아에게 남편이 괜찮다고 안심시키려고 했으나 그녀는 고개를 저었다. 1년 동안 억류 생활을 한 그녀는 비현실적인 기대를 품지 않았다. 그라시아는 남편이 죽었다는 걸 알았고 그녀가 옳았다. 남편은 가슴에 '아군' 총격을 세 발 맞았다. 결국 그 구출 작전으로 그날 그곳에 있던 인질 세 명 중 두 명이 숨졌고(에디보라 얍이라는 필리핀 간호사도 사망했다) 대어인 사바야는 탈출에 성공해 몇 개월 더 목숨을 부지했다. 시작부터 끝까지 13개월에 걸친 이 작전은 목숨과 금전을 낭비한 완전한 실패였다. 며칠 뒤 나는 어두운 집안에 허탈하고 기진맥진한 상태로 앉아서 달라져야 한다고 생각했다. 이런 일은 두 번 다시 일어나지 말아야 했다.

인질들의 죽음이 헛되지 않으려면 우리는 적군은 물론 아군과도 협상하고 대화하며 듣고 말하는 새로운 방식을 찾아야 했다. 하지만 그 목적은 의사소통이 아니었다. 우리는 '이기기' 위해서 그렇게 해야 했다.

호혜를 유발하지 않는 의사소통

미국으로 돌아온 나는 수많은 생각에 빠지게 됐다. 나는 FBI가 일하는 방식에 의문을 느꼈고 의혹을 품기도 했다. 지금까지 알고 있었던 방법이 부족하다면 보완이 필요했다. 귀국한 후 사건 관련 정보를 검토하다가 상당 부분을 현지에 있던 우리가 몰랐다는 사실을 발견했을 때 큰 자극을 받았다. 특히 그중 한 가지 사실을 알았을 때 나는 완전히 정신이 나갔다.

마틴 번햄이 누군가와 전화 통화를 한 기록이 있었다. 나는 대체 그가 어째서 우리 모르게 전화 통화를 했는지 의아했다. 도대체 그 통화 상대는 누구였단 말인가? 인질이 전화를 받게 되는 이유는 단 한 가지다. 바로 생사 확인이다. 우리가 아닌 다른 누군가가 몸값을 주고 번햄 부부를 구출하려고 했다. 알고 보니 그는 번햄 부부를 구출하기 위해 우리와 동시에 협상을 진행하고 있었던 한 부정직한 필리핀 정치인 밑에서 일하는 사람이었다. 그는 필리핀 대통령 아로요에게 창피를 주기 위해 직접 몸값을 주고 인질을 구출하고자 했던 것이다.

그러나 내가 정말 신경이 쓰이는 부분은 그가 우리 모르게 움직이고 있었다는 사실이 아니었다. 비밀리에 온갖 물밑 작업이 이뤄지고 있다는 사실은 이미 알고 있었다. 진짜 나를 초조하게 만든 부분은 FBI에서 훈련받은 인질 협상가도 아닌 이 얼간이가 내가 하지 못했던 일을 해냈다는 사실이었다. 그는 마틴 번햄과 직접 전화 통화를 했다. 그것도 공짜로 너무나 손쉽게 말이다. 그때 나는 우리가 실패한 일을 이 부정직한 정치인이 해냈다는 현실 앞에서 우리의 1차원적 사고방식의 문제점을 전부 보여주고 있음을 깨달았다.

필리핀 군대와 관련된 문제 외에 우리가 납치범과 인질들에게 실질적인 영향을 미치지 못했던 커다란 이유는 우리가 맞대응 사고방식을 지니고 있기 때문이었다. 이런 사고방식에 따르면 만약 우리가 상대에게 전화를 걸어서 어떤 요청을 하고 그들이 그것을 들어주면 우리도 그들에게 뭔가를 해줘야 했다. 같은 맥락에서 우리는 번햄 부부가 살아 있다고 낙관했기 때문에 굳이 전화를 걸어서 부부가 살아 있다는 증거를 요구하지 않았다. 빚을 지기가 싫었다.

우리가 '요청'을 하고 상대가 이를 허락하면 빚을 지게 된다고 생각했다. 빚을 제대로 갚지 않으면 부정직한 협상이라는 의심을 살 수 있고 인질 납치 사건에서 불신을 사면 인질이 죽는다. 물론 인질과 직접 통화하게 해달라고 납치범들에게 말해도 '싫다'라는 대답이 돌아올 것이고 그런 굴욕감을 맛보고 싶지 않아서 요청하지 않은 부분도 있었다. 그런 두려움이 협상에 임하는 우리 사고방식의 커다란 문제점이었다.

상대와 오랫동안 직접 상호작용을 해야만 얻을 수 있는 정보가 존재한다. 또한 우리는 상대에게 요청하지 않고 원하는 바를 얻는 새로운 방법이 필요했다. 단답형 대답만 나오는 폐쇄형 질문이 아니라 좀 더 정교한 질문으로 교묘하게 '요청'을 하는 술책이 필요했다. 그때 우리가 그동안 해왔던 행동은 의사소통이 아니라 말로 하는 힘자랑이었음을 깨달았다. 우리는 상대가 사물을 우리 식으로 보길 바랐고 상대는 우리가 사물을 그들 식으로 보길 바랐다. 현실 세계에서 이런 역동이 판치게 두면 협상은 결렬되고 긴장은 불타오른다. 그 모든 기풍이 FBI가 하는 모든 행동에 침투해있었다. 만사가 대결이었다. 그리고 이는 효과가 없었다.

우리가 생사 확인 문제에 접근하는 방식은 이 모든 문제를 포함하고 있었다. 당시 우리는 인질만이 알 수 있는 정보를 물어보는 질문을 생각해내서 인질이 살아 있는지 확인했다. "마틴이 처음으로 키운 개 이름은 무엇입니까?"나 "마틴 아버지의 중간 이름은 무엇입니까?" 등 컴퓨터 보안 질문과 같은 형식이었다. 그러나 이런 유형의 질문에는 많은 결점이 존재했다. 우선 이는 전문가가 개입했다는 신호로 작용할 수 있다. 피해자 가족이 이런 질문을 하기 시작하면 거의 확실하게 경찰이 배후에 있다고 볼 수 있다. 그러면 납치범이 몹시 불안을 느끼게 된다.

불안감을 조성한다는 것 외에도 이런 질문에 답하기란 그리 어렵지 않다는 문제도 있다. 너무 쉬운 일이기 때문에 사실을 확인한 뒤 바로 알려 준다. 탕, 탕, 탕! 너무 빨리 끝나기 때문에 그 어떤 전술적 이점이나 유용한 정보도 얻을 수 없고 상대가 우리에게 유리한 목표를 향해 움직이도록 만들 수도 없다. 그리고 모든 협상은 성공했을 때 상대가 우리에게 유리한 결과를 내기 위해 움직이도록 만드는 정보 수집 과정이어야 한다.

그중 최악은 납치범이 방금 우리에게 무엇인가를, 즉 생존 확인을 해줬다는 사실을 깨닫게 되고 이는 인간에 내재된 호혜 유전자를 발동시킨다는 점이다. 인정하고 싶든 그렇지 않든 간에 그 어떤 문화권에서든 누가 무엇을 줄 때에는 그 보답으로 뭔가를 기대하는 것이 인간의 보편적인 본성이다. 또한 그 보답을 받기 전까지는 그 어떤 것도 내놓으려고 하지 않을 것이다.

우리는 그 무엇도 주고 싶지 않았기 때문에 이런 호혜 본능을 끌어내고 싶지 않았다. 그래서 어떻게 됐나? 상대에게서 뭔가를 뽑아내고는 싶지만 양측이 주고 싶어하지 않다 보니 모든 대화는 마비된 대립 국면을 맞이했다. 우리는 자존심과 두려움 때문에 의사소통을 하지 않았다. 이런 이유로 우리는 실패했지만 부정직한 필리핀 정치인 얼간이는 아무 생각없이 저질러서 우리가 그토록 원하던 바를 손에 넣었다. 즉, 호혜를 유발하지 않는 의사소통이다. 나는 의자에 기대 앉아 '우리'가 대체 어떻게 그렇게 할 수 있을지 고민했다.

불신을 중단시키는 방법

우리는 마틴 번햄과 통화를 하지 못했는데, 그 추잡한 정치인은 대체 어떻게 통화를 했는지에 대해 열심히 머리를 굴리며 생각하는 동안 피츠버그에서 납치 사건이 발생했다. 사건이 재미있다고 생각한 내 파트너 척은 사건 관련 테이프를 보내왔다. 사건 내용은 피츠버그에서 활동하는 한 마약 거래상이 다른 마약 거래상의 여자친구를 납치했고 어떤 이유에서인지 그 피해자 마약 거래상이 FBI에 도움을 청했다. 마약 거래상이라는 신분을 생각할 때 FBI에 도움을 요청하는 행동이 그에게 불리하다는 생각이 들기도 하지만 그가 어떤 사람이든 간에 FBI의 도움이 필요했으니 그렇게 한 모양이다.

테이프를 보니 이 마약 거래상이 상대 마약 거래상과 협상하고 있는 동안 FBI 인질 협상가들이 옆에서 지켜보고 있었다. 보통 우리는 이런 상황에서 "여자친구가 어릴 때 갖고 놀았던 곰 인형 이름이 무엇인가?"와 같이 확실하게 생사 확인을 위한 질문을 하도록 시켰다. 그러나 당시는 아직 이 마약 거래상에게 '올바른' 질문을 하는 방법을 알려주지 않은 상황이었다. 납치범과 전화 통화를 하다가 피해자 마약 거래상이 불쑥 "야, 이 자식아, 애인이 무사한지 내가 어떻게 알아?"라고 말했다.

그 다음 정말 웃기는 일이 벌어졌다. 납치범은 정말 10초 정도 말이 없었다. 정말 당황한 기색이었다. 그러더니 이전보다 훨씬 반항기가 덜한 목소리로 "기다려봐, 전화 바꿔 줄게."라고 말했다. 나는 어안이 벙벙했다. 이 마약 거래상이 방금 협상에서 경탄스러운 승리를 이끌어 냈기 때문이었다. 납치범이 '자진해서' 인질과 전화 연결을 해주도록 유도하는 것은 정말 대단한 일이다.

바로 이때 이것이야말로 내가 그동안 찾아 헤맨 방법이라는 사실을 깨달았다. 단 하나의 정답이 존재하는 폐쇄형 질문을 하는 대신 이 마약 거래상은 상대가 행동을 멈추고 그 문제를 어떻게 해결할지 생각하도록 만드는 개방형 교정 질문을 던졌다. 나는 마음속으로 '이거야말로 완벽해!'라고 생각했다. 이는 사실을 확인하는 요구가 아니라 자연스러우면서도 평범한 질문이다. 이는 '방법'을 물어보는 질문이고, '방법'은 도움을 요청한다는 점에서 관여를 유도한다.

무엇보다도 이 마약 거래상은 납치범에게 아무것도 빚지지 않았다. 납치범은 자진해서 여자친구와 전화 연결을 해줬다. 자기가 원해서 그렇게 했다고 여기기 때문에 자신이 주도권을 쥐고 있다고 생각할 것이다. 협상에서 우위를 점하는 비결은 상대가 자신이 통제하고 있다는 착각에 빠지도록 만드는 것이다.

심리학자 케빈 더튼Kevin Dutton이 《극한의 협상, 찰나의 설득Split-Second Persuasion》이라는 책에서 언급한 한 요소가 이 기법의 정수를 아주 잘 설명한다. 이 책에서 더튼은 상대가 말하는 내용에 적극적으로 저항하는 완전한 부정인 '불신unbelief'을 설명한다. 협상에 참여하는 양측은 대개 이 상태에서 시작한다. 그 역동에서 벗어나지 못한다면 각자가 자기 관점을 강요하려다가 결국 대결 국면에 처하게 된다. 도스팔마스 사태에서 봤듯이 강경한 양측 입장이 충돌하게 되는 것이다. 그러나 상대의 불신을 거두게 할 수 있다면 피해자 측 마약 거래상이 던진 질문에 납치범이 자진해서 상대가 원하는 대로 해줬듯이 상대가 자신도 모르게 천천히 우리 관점을 받아들이도록 만들 수 있다. 우리 견해를 수용하라고 직접 설득해서는 안 된다. 그보다는 상대가 우리 견해와 같은 방향으로 가게 해야 한다. 말에 타는 가장 좋은 방법은 말이 향하는 방향으로 타는 것이다.

설득하는 일은 생각보다 간단하다. 이는 상대가 우리가 하는 말을 믿도록 만드는 일이 아니다. 그저 더 이상 불신하지 않도록 만드는 것이다. 일단 여기에 성공하고 나면 반은 이긴 것이나 마찬가지다. 더튼은 "불신은 설득을 억누르는 저항이다. 불신이 없다면 제한은 존재하지 않는다."라고 말한다. 교정 질문을 하거나 도움을 요청함으로써 상대가 통제하고 있다는 착각에 빠지게 하는 방법은 불신을 중단시키는 가장 강력한 도구 중 하나다.

얼마 전 나는 〈뉴욕타임스New York Times〉[2]에서 한 의대생이 쓴 훌륭한 글을 읽었다. 그는 생체 조직 검사 결과가 며칠이 지나도록 나오지 않아서 기다리다 지친 어떤 환자가 정맥 주사를 뽑고 가방을 챙겨서 퇴원하려는 상황이 벌어졌다고 한다. 그때 한 노련한 의사가 나타났다. 의사는 차분하게 환자에게 물을 한 잔 권하고 잠시 대화를 할 수 있는지 물어봤다. 그런 다음 환자가 화가 난 이유를 이해한다며 실험실에 전화를 걸어서 결과가 늦어지는 이유를 알아 봐주겠다고 약속했다.

이 다음에 의사가 한 행동에 환자는 정말로 불신을 거뒀다. 의사는 "그렇게 퇴원해야겠다고 생각하시는 이유가 무엇입니까?"라는 교정 질문을 했고 환자가 처리해야 할 용건이 있다고 말하자 의사는 그것을 도와주는 서비스를 환자에게 소개해줬다. 그러자 환자는 자진해서 계속 입원해 있겠다고 했다. 이 의사가 사용한 기법에서 특히 출중한 부분은 퇴원하겠다는 환자와 퇴원할 수 없다는 병원 측이 대결 구도를 벌이고 있는 상황에서 환자 자신의 문제를 의사가 원하는 방식으로 해결할 수 있게 유도하는 질문을 했다는 점이다. 이는 일종의 대결 구도였지만 그 의사는 환자에게 통제하고 있다는 착각을 심어줌으로써 대립과 허세를 제거했다. 예전에 〈워싱턴포스트Washington Post〉 편집자였던 로버트 에스타브룩이 말했듯이 "불쾌감을 주지 않으면서 이의를 제기하는 방법을 터득한 사람은 협상에서 가장 귀중한 비결을 발견한 것"이다.

납치범과 도망가려는 환자의 불신을 중단시키기 위해 사용한 바로 그 기법은 어떤 상황에서도, 심지어 가격 협상에서도 효과가 있다. 가게에 들어가서 판매원에게 무엇이 필요한지 말하는 대신 어떤 물건을 찾고 있는지 설명하면서 추천해달라고 요청하라.

일단 원하는 물건을 골랐다면 값을 깎는 대신 그 가격이 계획한 예산보다 좀 비싸다고 말하며 사상 최고 교정 질문 중 하나인 "제가 어떻게 해야 할까요?"로 도움을 요청하라. 이 접근법에서 가장 중요한 부분은 당신이 진정으로 도움이 필요하다는 것을 확실히 전해야 한다는 것이다. 이런 협상 책략에서는 점원을 난처하게 만드는 대신 조언을 구하고 점원이 통제감을 느끼도록 해야 한다. 대화를 나눈 뒤에 이런 식으로 도움을 요청하는 전략은 대립 국면에 처한 상황을 문제 해결하는 상황으로 바꿔놓는 대단히 강력한 협상 기법이다. 그리고 교정 질문은 최고의 도구다.

질문을 교정하라

몇 년 전 나는 대기업의 홍보 업무를 대행하는 작은 기업을 경영하는 의뢰인과 상담한 적이 있다. 대기업 고객들은 제때 대금을 지불하지 않았고 시간이 갈수록 내 의뢰인은 받아야 할 돈이 쌓여갔다. 대기업들은 계속해서 일을 하기만 하면 큰 수입을 얻도록 더 많은 일을 주겠다고 약속하며 의뢰인을 곤란하게 했다. 의뢰인은 속은 기분이었다.

나는 의뢰인에게 간단한 충고를 했다. 대기업 고객들과 대화를 하다가 현재 상황을 요약하고 나서 "제가 그 일을 어떻게 할 수 있겠습니까?"라는 질문을 던지라고 했다. 의뢰인은 고개를 저었다. 말도 안 된다고 했다. 이 질문을 한다는 생각만 해도 두렵다고 했다. "그들은 그냥 저한테 해야 한다고 말할 거고 그럼 전 어쩔 수가 없어요."라는 반응을 보였다. 의뢰인은 그 질문이 "내 돈을 떼먹고 안 주고 있으니 더 이상 다른 일을 어떻게 하겠냐."라는 말처럼 들린다고 했다. 이 말을 했다가는 더 이상 고객들의 일을 맡지 못할 것 같다는 것이다.

나는 의뢰인에게 그런 의미가 함축되어 있는 건 사실이기는 하지만 의뢰인의 마음속으로만 느껴질 뿐이라고 설명했다. 차분한 태도를 유지하고 비난이나 위협하는 것처럼 들리게 하지 않는다면 고객은 함축된 의미가 아니라 그 말의 액면 그대로 듣게 된다. 의뢰인이 냉정을 잃지 않는다면 고객은 이를 해결해야 할 문제로 받아들일 것이었다.

의뢰인은 내 말을 완전히 믿지는 않았다. 우리는 대본을 여러 번 꼼꼼하게 점검했지만 그는 여전히 겁을 냈다. 그러더니 며칠 뒤 의뢰인이 행복에 들뜬 목소리로 전화를 걸어왔다. 그는 다른 요청 건으로 전화를 걸어서 마침내 상황을 설명하고 "제가 그 일을 어떻게 할 수 있겠습니까?"라고 물었다.

어떻게 됐을까? 상대는 "그 말씀이 맞네요. 하기 힘드시겠네요. 죄송합니다."라고 대답했다. 의뢰인의 고객은 현재 회사 내부에 문제가 좀 있지만 재무팀에서 다시 연락할 것이고 48시간 내에 체불 대금을 지급하겠다고 말했다. 그리고 실제로 지급을 받았다.

이제 내 의뢰인이 한 질문이 어떻게 효과를 발휘했는지 생각해보라. 그 질문은 고객에게 아무런 비난을 하지 않으면서도 내 의뢰인의 문제를 이해하고 그가 바라던 해결책을 내놓도록 유도했다. 구체적인 효과를 노리고 교정한 개방형 질문을 간단명료하게 요약하면 바로 이것이다.

'어쩌면' '아마도' '제 생각에는' '보아하니'와 같이 말을 부드럽게 하는 단어나 구절처럼 바꾼 개방형 질문은 상대를 화나게 만들 수 있는 대립국면을 나타내는 문장이나 꽉 막힌 요청에서 공격성을 제거한다. 개방형 질문이 효과를 나타내는 이유는 그 정의가 엄격하지 않아서 상대가 해석하기 나름이기 때문이다. 개방형 질문을 사용하면 강요하는 느낌을 주지 않으면서 생각과 요구사항을 전할 수 있다.

그것이 "당신들이 내게서 돈을 뜯어내고 있고 더 이상 그런 일은 없어야 해."와 "제가 그 일을 어떻게 할 수 있겠습니까?"를 가르는 차이점이다. 교정 질문이 지닌 진짜 장점은 진술문과 달리 공격할 표적을 지정하지 않는다는 부분이다. 교정 질문은 상대에게 무엇이 문제인지 말해서 갈등을 유발하는 대신 무엇이 문제인지 깨닫게 하는 힘을 지니고 있다.

그러나 교정 질문은 단순히 느낌을 물어보는 것이 아니다. 교정 질문에는 방향이 있다. 일단 어느 방향으로 대화를 이끌어가고자 하는지 정하고 나면 상대가 자기 선택으로 당신을 좌지우지한다고 생각하게 만들면서 원하는 방향으로 대화를 끌고갈 질문을 고안해야 한다.

내가 이 질문을 교정 질문이라고 칭하는 이유가 바로 이것이다. 사격 조준기나 측정용 저울 같은 계기를 교정하듯이 구체적인 문제를 중심에 두고 주의 깊게 질문을 교정해야 한다. 다행인 점은 이를 위한 규칙이 존재한다는 사실이다. 우선 교정 질문에는 짧게 답할 수 있는 의문문을 사용하지 않는다. 즉, '예' 또는 '아니요'로 간단하게 답할 수 있는 폐쇄형 질문을 피한다. 그 대신 기사문을 쓸 때 사용하는 육하원칙 '누가' '무엇' '언제' '어디서' '왜' '어떻게'가 들어가는 질문을 활용한다. 이런 단어를 사용하면 상대는 생각한 다음 터놓고 말하게 된다.

이 목록은 한층 더 축소할 수 있다. '무엇' 또는 '어떻게'가 들어가는 질문이 최선이고 때로는 '왜'도 사용할 수 있지만 나머지는 쓰지말라. '누가' '언제' '어디서'가 들어가는 질문을 하면 상대는 대개아무런 생각을 하지 않고 사실만을 알려준다. 그리고 '왜'가 들어가는 질문은 역효과를 유발할 수 있다. '왜'라는 단어는 어떤 언어로 바꾸더라도 비난조를 띤다. 아주 드물게 이를 유리하게 사용할 수 있는때가 있다.

'왜'를 성공적으로 사용할 수 있는 유일한 경우는 그 질문으로 방어하게 만들어 의도하는 변화에 상대가 눈을 돌리게 만들 수 있을 때다. "왜 당신이 항상 해오던 방식을 바꿔 제 접근 방식을 시도하려 하십니까?"와 같은 질문이 그 예다. "왜 귀사는 오래된 거래처를 바꿔저희 회사를 선택하려고 하십니까?"와 같은 질문도 이에 해당한다.이때 반드시 상대를 존중하고 공손한 어조를 항상 유지해야 한다.

이런 경우를 제외한다면 '왜'가 들어가는 질문은 뜨거운 난로의화구라고 생각하고 건드리지 말라. 질문을 단 두 가지 단어로만 시작한다면 부족하게 느껴질 수도 있겠지만 장담컨대 '무엇'과 '어떻게'만 사용하더라도 어떤 질문이든지 만들어 낼 수 있다. "이 제품이 원하는 형태인가요?"라는 질문은 "이 제품을 어떻게 보시나요?"나 "이제품을 어떻게 생각하십니까?"로 바꿀 수 있다. 심지어 "이 제품의 어떤 점이 마음에 안 드시나요?"라고 물어볼 수도 있고 아마도 상대로부터 유용한 정보를 상당히 얻어낼 수 있을 것이다.

"왜 그런 일을 했습니까?"와 같이 혹독한 질문조차도 "무엇 때문에 그렇게 하셨습니까?"와 같이 감정을 배제하고 덜 비난조로 들리게 교정할 수 있다.

교정 질문은 타이밍과 횟수가 중요하다. 특히 거의 모든 협상 초기에 사용해야 할 교정 질문들이 몇 개 있다. "당신이 직면하고 있는 가장 큰 문제는 무엇입니까?"는 그런 질문 중 하나다. 이 질문을 하면 상대는 자기 자신에 대해 알려주게 되고 모든 협상은 정보 수집 과정이라는 사실을 고려할 때 이는 대단히 중요하다. 다음은 상황에 따라 모든 협상에서 사용해볼 수 있는 훌륭한 예비용 질문이다.

- 당신에게 이 일의 어떤 점이 중요합니까?
- 이를 개선하기 위해서 제가 어떻게 도울 수 있을까요?
- 제가 어떻게 진행하길 바라십니까?
- 저희가 무엇 때문에 이 상황에 처하게 됐을까요?
- 우리가 어떻게 이 문제를 해결할 수 있을까요?
- 목적이 무엇입니까? 여기에서 우리가 성취하고자 하는 바가 무엇입니까?
- 제가 그 일을 어떻게 할 수 있겠습니까?

제대로 만든 교정 질문은 상대가 원하는 바를 당신도 원하고 있으며 그 문제 해결을 위해서는 상대의 지혜를 빌려야 한다는 뜻을 함축한다. 이는 아주 공격적이거나 자기중심적인 상대에게 정말 잘 통한다.

교정 질문은 다루기 힘들었던 상대가 이제 당신의 문제를 해결하기 위해 자신의 감정 자원을 사용하고 있는 상황을 설계한다. 이는 상대가 당신이 가야 할 길은 물론 그 길에 있는 장애물까지도 자신의 것으로 바라보게 하는 첫 번째 단계다. 그리고 이는 상대가 어떤 해결책을 설계하도록 유도하는것으로 바로 당신을 위한 해결책이다.

환자가 퇴원하지 않도록 말리기 위해 교정 질문을 사용했던 의사를 다시 떠올려보라. 그 사례가 보여주듯이 상대가 사물을 우리 식으로 보게 만들려면 상대의 생각에 맞서지 말고("퇴원하실 수 없습니다.") 그 생각을 솔직하게 인정하고("왜 화가 나셨는지 이해합니다.") 문제를 해결하는 방향으로 유도해야 한다("퇴원하시려는 목적이 무엇입니까?").

앞에서 말했듯이 협상에서 우위를 점하는 비결은 상대가 주도권을 갖고 있다고 착각에 빠지게 하는 것이다. 교정 질문이 기발한 이유가 바로 이것이다. 교정 질문을 들으면 상대는 자신이 주도권을 쥐고 있다고 느끼지만 실제로 대화의 틀을 짜는 사람은 당신이다. 상대는 당신이 한 질문에 얼마나 제약을 받는지 전혀 느끼지 못할 것이다.

한번은 하버드 대학교의 한 경영자 프로그램에 참석하는 문제로 상사와 협상한 적이 있다. 그는 이미 프로그램에 참석하는 데 필요한 출장 비용 지출을 승인한 상태였으나 출발 하루 전날 나를 사무실로 불러 참석 목적에 대해 의문을 제기하기 시작했다. 나는 그가 주도권을 쥔 사람은 자신이라는 사실을 내게 보여주려고 한다는 사실을 눈치 챌 만큼 그를 잘 알고 있었다. 그래서 잠시 다화를 나눈 다음에 그를 보며 "처음에 출장을 승인하셨을 때 어떤 생각을 하셨습니까?"라고 물었다.

그는 여유를 보이며 의자에 기대앉은 뒤 양손을 모아 첨탑 모양을 만들었다. 이는 대개 사람이 우월감과 통제감을 느낄 때 취하는 몸짓이다. 그는 "이봐, 돌아오면 모두에게 내용을 꼭 보고하도록 해."라고 말했다. 그의 권력을 인정하고 자기 심중을 털어놓도록 슬쩍 유도하는 그 질문은 그에게 주도권을 갖고 있다는 착각을 심어줬다. 이로써 나는 원하던 바를 얻었다.

상대의 마음을 움직이는 법

여기서 잠시 한 가지 짚고 넘어가겠다. 교정 질문으로 무장하고 협상에 임할 때 기억해야 할 아주 중요한 점이 하나 있다. 이는 정말 훌륭한 전략이지만 단 한 가지 문제가 있다. 자제력과 감정 조절 능력이 없으면 이 전략은 효과를 발휘할 수 없다.

신입 협상가들을 훈련할 때 나는 가장 먼저 자제력이 얼마나 중요한지 강조한다. 자기 자신의 감정을 통제할 수 없다면 어떻게 상대의 감정에 영향을 미칠 수 있겠는가? 무슨 뜻인지 쉽게 설명하기 위해 실제 사례를 들어 보겠다.

얼마 전에 어떤 프리랜서 마케팅 전략가가 문제를 상의하고자 나를 찾아왔다. 그 전략가의 고객 중 한 명이 새로 CEO를 고용했는데 그는 가능한 한 전부 해외로 업무를 위탁해서 비용을 삭감하는 전략을 선호했다. 게다가 자신감 넘치게 행동하는 이 여성 전략가를 탐탁지 않게 여기는 남성 우월주의자였다.

내 의뢰인과 그 CEO는 화상 회의에서 미국 경제계에서 항상 일어나는 수동 공격적 방식으로 서로 싸워대기 시작했다. 몇 주 뒤 내 의뢰인은 이제 더 이상은 못 참겠다고 생각하며 마지막으로 일한 대가(약 7,000달러)를 CEO에게 청구하고 더 이상 협의가 제대로 이뤄지지 않을 것 같다고 공손하게 말했다. CEO는 청구 금액이 너무 비싸다고 하면서 절반은 지급하고 나머지 절반은 좀 더 고려해봐야겠다고 대답했다.

그 이후로 CEO는 의뢰인의 전화를 받지 않았다. 여기에는 CEO가 자신에게 이의를 제기하는 상황을 좋아하지 않는다는 역동이 숨어 있다. 따라서 의뢰인은 CEO에게 자신이 어떤 부분을 잘못했는지 알고 있다는 사실을 알려주고, 그의 권력을 인정하는 동시에 CEO가 의뢰인의 문제를 해결하는 방향으로 에너지를 쏟게 하는 전략을 세웠다.

우리는 지금까지 이 책에서 다룬 최고의 협상 전술을 망라한 대본을 작성했다. 단계별로 소개하면 다음과 같다.

1 **'아니요'를 유도하는 이메일을 보내 연락 재개** : "이 일을 원만하게 해결하는 것은 포기하셨나요?"

2 **"그래, 맞아."라는 반응이 나올 수밖에 없는 문장으로 협의 분위기 형성** : "보아하니 제가 청구한 금액이 타당하지 않다고 느끼는 모양이네요."

3 **문제와 관련된 교정 질문을 해서 CEO가 자신의 생각을 밝히도록 유도** : "이 청구서가 우리 계약을 어떻게 위배했습니까?"

4 **'아니요'를 유도하는 질문을 계속해서 암묵적인 장애물 제거** : "당신을 오도했다는 말씀인가요?" "당신이 요청하신대로 하지 않았다는 말씀인가요?" "제가 계약 사항을 어겼다는 말씀인가요?" "제가 기대를 저버렸다는 말씀인가요?"

5 **CEO의 대답을 수용할 수 없는 경우 그 대답의 요점을 명명하고 미러링해서 재검토 유도** : "제 일처리가 수준 이하라고 느끼시는 모양이네요." 또는 "제 일처리가 수준 이하인가요?"

6 **전액 지급 외의 다른 제안에 대해서는 교정 질문으로 CEO가 해결책을 내놓도록 유도** : "제가 그 제안을 어떻게 받아들일 수 있겠어요?"

7 **앞에서 제시한 방법을 전부 동원해도 전액을 지급하겠다고 하지 않는 경우 통제감과 권력을 추켜세우는 명명을 실시** : "그럴 만도 하시지만 당신은 자신이 일하는 방식을 자랑스럽게 여기시는 것 같네요. 규모를 키울 뿐만 아니라 회사를 좀 더 효율적으로 운영하는 비결을 알고 계시는 듯해요."

8 **길게 말을 멈췄다가 '아니요'를 유도하는 질문을 하나 더 한다** : "계약을 이행하지 않는 사람이라는 평판을 얻고 싶으세요?"

오랫동안 협상을 한 경험에 따르면 이런 대본이 성공할 가능성은 90%이다. 즉, 협상가가 냉정과 이성을 유지한다면 성공한다. 이 '가정'은 무척 중요하다. 이 경우 내 의뢰인은 그러지 못했다.

첫 번째 단계, 즉 마법의 이메일은 그녀가 상상했던 이상의 효과를 발휘했다. CEO가 10분도 안 돼서 전화를 걸어오는 바람에 그녀는 깜짝 놀랐다. 잘난 체하는 CEO의 목소리를 듣자 즉시 분노가 치밀어 올랐다. 의뢰인은 그저 CEO가 어떻게 잘못했는지 보여주며 자기 뜻을 강요하고 싶었지만, 대화는 아무런 진전을 보지 못하는 대결 양상으로 돌아갔다. 굳이 설명하지 않아도 그녀가 약속받은 절반조차 받지 못했다는 사실을 예측할 수 있을 것이다.

이를 염두에 두고 나는 협상에서 이성을 유지하는 방법에 관한 조언으로 이번 장을 끝맺고자 한다. 온갖 최고의 기법과 전략을 사용한다고 해도 협상에 이기기 위해서는 먼저 자신의 감정을 조절할 수 있어야 한다.

냉정을 유지하는 가장 기본적인 첫 번째 원칙은 혀를 깨무는 것이다. 물론 말 그대로 혀를 깨물라는 뜻은 아니다. 자동반사적으로 나오는 성급한 반응을 억눌러야 한다는 것이다. 말을 멈춰라. 생각하라. 울화통을 삼켜라. 이를 통해 생각을 정리하고 무엇을 말할지 좀 더 신중하게 주의를 기울일 수 있다. 또한 필요 이상으로 말할 가능성도 줄여준다.

일본인들은 이 사실을 일찌감치 파악했다. 특히 일본 기업인들의 경우 외국인과 협상할 때 상대가 말하는 내용을 완벽하게 이해하더라도 대개 통역사를 고용한다. 통역사를 통해 얘기하면 한 걸음 물러나서 생각할 수밖에 없기 때문이다. 이 시간을 이용해 어떻게 반응할지 계획을 세운다.

또 다른 간단한 원칙은 말로 공격을 받았을 때 반격하지 말라는 것이다. 그 대신 교정 질문을 던져서 상대를 무장 해제시켜라. 웨이터나 판매원이 언쟁을 걸어오는 일이 있다면 이 방법을 시도해보라. 전체 대화의 방향이 바뀔 것이라고 장담한다.

사람들은 대부분 자신이 주도권을 쥐고 있지 않다고 느낄 때 심리학자들이 말하는 인질의 정신 상태를 취하게 된다. 이런 경우 갈등이 발생하는 순간 극도로 방어적인 태세를 취하거나 몰아세우는 반응을 보이게 된다. 신경학적으로 볼 때 이런 상황에서는 대뇌기저핵에서 발생하는 투쟁-도피 기제 또는 변연계에서 발생하는 감정이 이성을 관장하는 부분인 신피질을 압도함으로써 충동적이고 본능적인 방식으로 과민 반응을 일으키게 된다.

내 의뢰인과 CEO가 벌인 것과 같은 협상에서 이는 언제나 부정적인 결과를 산출한다. 따라서 우리는 대뇌기저핵과 변연계에서 발생하는 감정을 억누를 수 있도록 신피질을 단련해야 한다. 즉, 혀를 깨물고 자신의 상태를 의식해서 좀 더 긍정적으로 바꾸는 방법을 배워야 한다는 뜻이다. 또한 질문하거나 나아가 사과를 함으로써("당신 말이 맞아요. 그건 좀 심했습니다.") 상대가 느끼는 인질의 정신 상태를 약화해야 한다는 뜻이다.

경찰에 둘러싸인 무장 납치범을 데려가 심전도 모니터를 달 수 있다면 교정 질문과 사과를 할 때마다 심장 박동수가 조금씩 낮아지는 모습을 볼 수 있을 것이다. 이로써 해결책을 찾을 수 있는 분위기를 형성할 수 있다.

듣는 사람과 말하는 사람 중 대화의 주도권을 쥔 쪽은 누구일까?

당연히 듣는 사람이다. 말하는 사람은 정보를 드러내고 있는 반면, 제대로 듣는 훈련을 받은 사람은 대화를 목표한 방향으로 몰아갈 수 있기 때문이다. 듣는 사람은 말하는 사람의 에너지를 목적 달성을 위해 활용한다.

이 장에서 배운 기법을 일상생활에 적용하고자 할 때 이는 듣는 사람이 사용하는 도구라는 사실을 기억하라. 이는 상대를 강압적으로 굴복시키는 기법이 아니다. 오히려 우리의 목표 달성을 위해 상대의 힘을 사용하는 방법이다. 이는 듣는 사람의 유도柔道다.

- 듣는 사람의 유도를 실천할 때 다음의 막강한 가르침을 기억하라.
- 당신이 옳다는 것을 인정하라고 상대에게 강요하려 하지 말라. 공격적인 대립은 건설적인 협상의 적이다.
- '예' 또는 간단한 정보로 답할 수 있는 질문을 피하라. 이런 질문은 생각할 필요가 없으면서도 인간이 지닌 호혜 욕구를 유발한다. 상대는 질문에 답한 대가를 바랄 것이다.
- '어떻게' 또는 '무엇'이 들어가는 교정 질문을 하라. 이런 질문은 암암리에 도움을 요청하므로 상대는 자신이 통제하고 있다는 착각에 빠져서 많은 내용을 말하게 된다. 결국은 중요한 정보를 밝히게 되는 것이다.
- 상대가 자신의 의도에 따라 당신을 유도하려는 때가 아니라면 '왜'가 들어가는 질문을 하지 말라. '왜'는 어떤 언어에서든 항상 비난조를 띤다.
- 당신의 문제를 해결하는 방향으로 상대를 몰아가도록 질문을 교정하라. 이런 질문을 하면 상대는 해결을 찾고자 자신의 에너지를 쏟을 것이다.

- 허를 깨물라. 협상에서 공격을 받으면 말을 멈추고 화가 치밀어 오르는 반응을 억눌러라. 그 대신 상대에게 교정 질문을 하라.
- 상대편에는 언제나 팀이 존재한다. 그 팀에게 영향을 미치지 못한다면 취약할 수밖에 없다.

CHAPTER 8

상대의 '예스'는
진짜일까

몇 년 전 루이지애나 주 세인트 마틴 패리시에서 발생한 위험하고도 혼란스러웠던 교도소 포위 농성 중에 손수 만든 칼로 무장한 수감자 무리가 교도소장을 비롯한 교도관 몇 명을 인질로 잡았다. 수감자들은 긴장한 동시에 무질서했고, 어떤 일이라도 당장 벌어질 수 있는 걱정스러운 조합이었기 때문에 대단히 초조한 상황이었다.

담당 협상가들은 수감자들이 겉으로는 날뛰고 있지만 사실은 교도관들을 해치고 싶어 하지 않는다는 사실을 감지했다. 수감자들은 궁지에 몰렸다고 느꼈으며 무엇보다도 이 상황이 끝나길 바랐다. 그러나 걸림돌이 있었다. 수감자들은 교도소장은 말할 것도 없고 교도관을 인질로 잡았다가 포기한다면 호되게 두들겨 맞게 될 것이라는 점이 두려웠다.

따라서 협상가들은 재소자들에게 휴대용 무전기 한 쌍을 건넸고 인질범 측이 포위 농성을 그만두게 할 정교한 항복 의례를 고안했다. 그 발상은 명쾌했다.

수감자들은 그들 중 한 명에게 무전기를 들려 내보낸다. 교도소 밖으로 나온 수감자는 여러 법률 집행 기관이 합동으로 대기하고 있는 지대의 경계선을 둘러본다. 마지막 경계선을 돌고 나서 죄수 호송차에 타면 구치소로 이송된다. 그곳에서 무전기를 통해 교도소에 있는 수감자들에게 "두들겨 맞지 않았어."라는 내용을 전달한다. 그러면 나머지 수감자들도 안전하다는 사실을 깨닫고 그가 했던 것처럼 한 번에 한 명씩 나올 것이었다.

약간의 실랑이를 벌인 뒤에 수감자들은 이 계획에 동의했고 첫 번째 수감자가 밖으로 나왔다. 시작은 아주 좋았다. 그는 FBI 지역과 특수기동대 지역을 지난 후 외부 경계에 도달했다. 그러나 그가 막 죄수 호송차에 오르려던 순간 누군가가 무전기를 보고서는 "대체 그걸로 뭐하는 거야?"라고 말한 뒤 무전기를 압수했다. 첫 번째 수감자에게서 연락이 없자 교도소에 남아 있던 수감자들은 흥분하기 시작했다. 남은 무전기를 갖고 있던 수감자가 협상가 측에 전화를 걸어 "왜 그가 연락하지 않는 거요? 놈들이 그를 패고 있는 거지. 그럴 줄 알았어!"라며 소리를 질러댔다. 그는 수감자들이 매우 분노하고 있음을 협상가들에게 알리기 위해 인질의 손가락을 자르겠다는 얘기를 하기 시작했다.

이제는 협상가들이 흥분했다. 그들은 외부 경계로 뛰어나가 소리를 지르기 시작했다. 생사가 걸린 문제였다. 아니 적어도 손가락이 걸린 문제였다.

마침내 조마조마한 15분이 흐른 뒤 문제의 특수기동대 대원이 뽐내는 듯 성큼성큼 걸어왔다. 그는 미소 띤 얼굴로 협상가들에게 무전기를 건네며 "웬 얼간이가 이놈에게 무전기를 줬더라고요."라고 말했다. 협상가들은 대원을 한 대 치고 싶은 마음을 간신히 누르고 첫 번째로 나온 수감자에게 무전기를 돌려주러 황급히 구치소로 뛰어갔다. 위기 상황은 모면했지만 아슬아슬했다.

이 얘기의 핵심은 협상가의 임무는 합의 도출에서 끝나지 않는다는 사실이다. 실행할 수 있는 합의를 도출하고 실행되도록 해야 한다. 협상가는 결정 설계자가 돼야 한다. 협상가는 협상을 구성하는 언어와 비언어 요소를 동적이고 순응적으로 설계해 합의와 실행을 모두 이끌어내야 한다. '방법'이 없다면 '승낙'은 아무것도 아니다. 승낙은 좋은 일이고 계약은 더 좋으며 서명한 수표가 최고다. 승낙으로 이득을 얻지는 못한다. 실행해야만 이득을 얻을 수 있다. 성공은 인질범이 "좋아, 거래 성립이야."라고 말하는 순간이 아니다. 성공은 그 이후 풀려난 인질이 얼굴을 마주보고 "감사합니다."라고 말하는 순간에 찾아온다.

이번 장에서는 협상 당사자는 물론 그 '이면'에 존재하는 보이지 않는 세력을 대상으로 동의를 추진하고 성취하는 방법, 진짜 낙찰과 거짓 묵인을 구별하는 방법, 삼세번 법칙을 사용해 실행을 보장하는 방법을 알려주고자 한다.

계속 '어떻게'를 질문하라

도스팔마스 사태가 있고 나서 1년 뒤 내가 콴티코 FBI 아카데미에서 강의를 하고 있었을 때 FBI는 국무부로부터 긴급한 전화를 받았다. 콜롬비아를 근거지로 움직이는 악당 무리가 에콰도르 정글에서 미국인 한 명을 납치했다는 소식이었다. 이 사건은 FBI 수석 국제 인질 협상가였던 내 소관이었고 나는 팀을 꾸려 콴티코에 작전 본부를 세웠다.

지난 몇 년 동안 호세와 아내 줄리는 콜롬비아 국경 근처 정글을 도는 단체 관광객을 안내하는 일을 하고 있었다. 에콰도르에서 태어난 호세는 미국 시민권을 획득한 뒤 뉴욕 시에서 구급대원으로 일하다가 아내와 함께 자기가 태어난 나라에서 생태 관광 사업을 시작하기로 결정했다. 호세는 에콰도르 정글을 무척 좋아했고 방문객들에게 나무를 타는 원숭이와 오솔길에 향기를 내뿜는 꽃을 알려주는 일을 오랫동안 꿈꿔 왔다.

생태 관광객들이 부부의 열정에 반하면서 사업은 성장했고 2003년 8월 20일에 호세와 줄리는 미라 강을 따라 급류를 타는 코스에 관광객 11명을 인솔해 데려갔다. 강에서 즐거운 하루를 보낸 뒤 다들 흠뻑 젖어 근처 마을에 있는 숙소로 가기 위해 사륜구동 자동차와 픽업트럭에 탔다. 호세는 선두 차량을 몰면서 모험담을 늘어놨고 줄리는 11개월 된 아기를 무릎에 안고 호세 오른쪽에 앉아 있었다.

숙소까지 5분 정도 남았을 때 세 남자가 길로 뛰어들어 트럭에 총을 겨눴다. 네 번째 남자가 나타나 줄리 머리에 권총을 들이댔고 악당 무리는 호세를 차에서 끌어내려 트럭 화물칸에 밀어 넣었다. 그다음 납치범들은 관광객들에게 작은 마을 몇 개를 통과해 계속 가라고 지시했고 어느 갈림길에서 내리더니 호세를 끌고 차에 타고 있던 줄리 곁을 지나쳤다.

줄리는 "어떤 일이 있어도 내가 당신을 사랑하다는 것만 기억해."라고 말했다. 호세는 "걱정 마. 난 괜찮을 거야."라고 대답했다. 그다음 호세와 납치범들은 정글 속으로 사라졌다. 납치범들은 500만 달러를 요구했다. 우리는 시간을 벌고 싶었다.

도스팔마스에서 대실패를 겪고 피츠버그에서 깨달음을 얻은 이래 나는 교정 질문에서 배운 교훈을 적용해보고 싶어서 몸이 근질근질하던 차였다. 그래서 나는 호세가 납치됐을 때 부하들을 에콰도르로 보내면서 새로운 전략이 있다고 말했다. 납치 사건은 이 접근법을 증명할 기회였다.

나는 부하들에게 "우리는 계속해서 '이봐, 호세가 괜찮은지 우리가 어떻게 알겠어? 호세가 괜찮은지 모른다면 우리가 어떻게 몸값을 치를 수 있겠어?' 라고만 말하면 돼."라고 말했다. 부하들은 검증되지 않은 기법에 불안한 기색이었지만 투지에 불탔다. 하지만 그 지역 경찰들은 몹시 화를 냈다. 그들은 항상 구식(애초에 FBI가 가르친 방식)으로 생사 여부를 확인했기 때문이었다. 다행히 시간을 버는 교정 질문방식을 이해한 줄리가 전적으로 우리에게 동조했고 그녀는 시간만 충분하다면 남편이 집으로 돌아오는 길을 찾을 것이라고 확신했다.

납치 발생 다음 날 납치범들은 콜롬비아 국경 주변에 있는 산으로 호세를 끌고 가서 정글 고지대에 있는 오두막에 자리 잡았다. 그곳에서 호세는 납치범들이 자신을 쉽게 죽이지 못하도록 신뢰 관계를 형성했다. 그는 정글 모험담이나 가라데 검은 띠 유단자라는 이야기로 깊은 인상을 남겼고 납치범들에게 무술을 가르치며 시간을 보냈다.

내 부하 협상가들은 납치범들이 연락해오기를 기다리면서 매일 줄리를 지도했다. 나중에 안 사실이지만 호세 납치범 중 협상을 담당한 자는 전화 협상을 하기 위해 마을까지 걸어가야 했다. 내 부하들은 줄리에게 납치범의 모든 요구에 질문으로 답하라고 말했다. 계속해서 납치범들의 관심을 끌면서도 마음을 심란하게 하는 전략이었다.

납치범이 처음으로 말을 했을 때 줄리는 "호세가 살아 있는지 제가

어떻게 알죠?"라고 물었다. 몸값으로 500만 달러를 내놓으라는 요구
에 "우리에게는 그만한 돈이 없어요. 그런 큰돈을 어떻게 마련할 수
있겠어요?"라고 말했다.

다음 번 전화가 걸려왔을 때 줄리는 "호세가 무사하다는 사실을 모
르는데 어떻게 돈을 내놓을 수 있겠어요?"라고 물었다. 질문, 언제나
질문이 답이다.

줄리의 협상 상대인 납치범은 끊임없이 이어지는 질문에 극도로
당황한 모습이었고 계속해서 생각할 시간을 달라고 했다. 그로 인해
모든 진행이 늦춰졌지만 납치범은 줄리에게 한 번도 화를 내지 않았
다. 그는 질문에 답하면서 자기가 협상을 통제하고 있다고 착각에 빠
졌다.

줄리는 계속 질문을 하면서 몸값을 1만 6,500달러까지 낮췄다. 이
금액까지 몸값이 내려가자 납치범은 당장 돈을 내놓으라고 요구했
다. 줄리는 "차와 트럭을 팔아야 하는데 어떻게 당장 드릴 수 있겠어
요?"라고 물었다. 항상 시간을 더 끌어라. 우리는 싱긋 웃기 시작했
다. 성공이 눈앞에 있었다. 우리는 정말로 이 가족이 낼 수 있는 몸값
에 다가가고 있었다.

그러던 어느 날 한밤중에 에콰도르에 가 있던 부하 케빈 러스트가
전화를 걸어왔다. 케빈은 아주 뛰어난 협상가이고 1년 전 내게 마틴
번햄이 살해당했다고 알려준 부하이기도 했다. 케빈의 목소리를 듣
자 긴장으로 속이 꼬이는 듯했다.

케빈은 "방금 호세가 전화를 걸어왔습니다. 아직 분쟁 지역에 있기는 하지만 탈출해서 버스에 탔다고 합니다."라고 말했다.

말이 끝나고 30초가 흐른 뒤에야 반응을 할 수 있었고 그나마도 "이런 세상에! 끝내주는 소식이군!"이라는 말밖에 못했다. 나중에야 안 사실이지만 계속해서 일정이 늘어지고 질문이 쏟아지자 일부 폭도들이 떨어져 나가서 돌아오지 않았다고 했다. 그래서 밤에는 10대로 보이는 청소년 한 명만이 호세를 지키게 됐다. 어느 날 늦은 저녁 비가 내리기 시작할 때 호세는 기회를 포착했다. 보초는 잠들어 있었고 금속 지붕에 빗방울이 튕기는 소리에 다른 모든 소리가 묻혔다. 낙엽이 젖어서 발걸음 소리를 감출 수 있다고 판단한 호세는 창문을 넘어 정글 길을 지나 비포장도로에 닿았고 근처 작은 마을로 찾아갈 수 있었다. 이틀 뒤 딸의 첫돌을 딱 이틀 앞둔 날에 호세는 줄리와 딸의 곁으로 돌아왔다. 줄리 말이 옳았다. 시간을 충분히 벌었더니 호세가 집으로 오는 방법을 찾았다. '어떻게'가 들어간 교정 질문은 협상을 지속시키는 확실한 방법이다. 이런 질문은 상대가 대답을 제시하도록 압력을 가하고 상대가 요구할 때 우리 문제를 고려하도록 유도한다.

'어떻게' 질문을 충분히 사용하면 결국에는 듣고 싶은 대답을 들을 수 있는 방식으로 협상 환경을 이끌 수 있다. 질문을 만들 때 대화를 어느 방향으로 끌고 가고 싶은지 생각하기만 하면 된다. '어떻게' 질문을 올바르게 사용하면 우아하게 거절할 수 있으며 상대가 더 좋은 해결책을 개발하도록 이끌 수 있다. '어떻게' 질문을 활용해 상냥하게 거절하면 협력을 구할 수 있고 상대는 존중받았다는 느낌을 받는다.

콜롬비아 반군 납치범이 첫 번째 요구를 해왔을 때 줄리가 무엇을 했는지 다시 생각해보자. 줄리는 "그런 큰돈을 어떻게 마련할 수 있겠어요?"라고 물었다. 줄리는 거절을 뜻하는 단어를 사용하지 않았다. 그러면서도 결과적으로는 우아하게 납치범이 요구한 500만 달러 몸값을 거절했다.

줄리가 했던 것처럼 맨 먼저, 그리고 가장 흔히 사용하게 될 거절용 질문은 "제가 어떻게 그렇게 할 수 있겠습니까?"를 활용한 질문이다(예를 들어, "그런 큰돈을 어떻게 마련할 수 있겠어요?"). 이 문장은 비난이나 도움을 구하는 요청으로도 전달될 수 있으므로 어조가 매우 중요하다. 그러니 목소리에 주의를 기울여라.

이 질문을 하면 상대가 우리가 처한 상태를 자세히 들여다보도록 만드는 긍정적인 효과를 얻을 수 있다. 이런 긍정적인 역동을 가리켜 '강제 공감forced empathy'이라고 한다. 이 기법은 이미 상대에게 공감하는 태도를 취한 다음에 사용하면 특히 효과적이다. 이렇게 하면 호혜역동이 발생해 상대 역시 공감하는 태도를 보이도록 유도한다. 호세 납치 사건을 시작으로 FBI는 납치범이 몸값을 요구해올 때 초기 대응 방법으로 "제가 어떻게 그렇게 할 수 있겠어요?"라는 질문을 사용하게 됐다. 그리고 이 방법은 한 번도 역효과를 내지 않았다.

예전에 기업 고객에게 상당한 금액을 지급받지 못한 켈리라는 회계 컨설턴트와 일을 한 적이 있다. 켈리는 유용한 거래처를 개발한다고 생각했고 향후에 지급하겠다는 약속만으로도 거래를 유지할 만한 가치가 있다고 생각해서 컨설팅을 계속했다. 그러나 어느 순간 켈리 자신이 지급하지 못한 청구서가 계속 밀려서 결국 곤경에 처하게 됐다. 언젠가는 보수를 받을 수 있다는 어렴풋한 생각만으로는 더 이상 일을 계속할 수 없었지만 지나치게 압력을 가하면 아예 한 푼도 받지 못할까봐 걱정이었다.

켈리가 즉시 단호하게 지급을 요구하고 나서 상대가 거절하면 불리한 상태에 처하게 되므로 나는 고객이 다시 컨설팅을 요청할 때까지 기다리라고 말했다. 다행히도 얼마 지나지 않아 그 고객이 전화를 걸어 컨설팅을 요청했다. 상대가 말이 끝났을 때 켈리는 차분하게 '어떻게' 질문을 던졌다. 켈리는 "기꺼이 도움이 되고 싶지만 제가 더 이상 어떻게 그 일을 할 수 있겠습니까?"라고 말했다.

일을 하고 싶은 의향을 보이는 동시에 그렇게 할 수 있는 방법을 찾아 달라고 요청한 결과 대금을 떼어먹으려던 그 고객은 무엇보다도 먼저 켈리의 요구에 응할 수밖에 없었다. 그렇게 켈리는 보수를 받았다.

거절을 할 수 있다는 점 외에 '어떻게' 질문을 함으로써 얻을 수 있는 다른 중요한 혜택은 말 그대로 상대가 어쩔 수 없이 계약을 어떻게 실행할지 고려하고 설명하도록 강요한다는 점이다. 계약은 제대로 실행되지 않으면 아무 쓸모가 없다. 부실한 실행은 이익을 갉아먹는 암과 같은 존재다.

신중하게 교정한 '어떻게' 질문을 하면 상대는 직접 실행 방법을 분명하게 표현하게 되고 이로써 그들은 최종 해결책이 '자기 자신'의 생각이라고 확신하게 된다. 이 점이 대단히 중요하다. 사람은 언제나 자기 결정이라고 생각하는 해결책을 실행할 때 더욱 더 노력을 기울이게 된다. 그것이 인간의 본성이다. 종종 협상을 가리켜 '상대가 당신 생각대로 하게 만드는 기술'이라고 부르는 이유가 바로 이것이다. 상대가 '자신'의 방식으로 성공을 규정하고 있다고 생각하도록 독려하기 위해 던질 수 있는 핵심 질문은 두 가지다. 바로 "일이 제대로 진행되고 있는지 우리가 어떻게 알 수 있나요?"와 "일이 제대로 진행되지 않고 있다는 사실을 알게 된다면 그 상황에 어떻게 대처할 것인가요?"이다. 상대가 이 질문에 답을 하면 "그래요, 맞습니다."라는 답이 나올 때까지 상대가 한 대답을 요약하면 된다. 그러면 상대가 동의했다는 사실을 알게 될 것이다.

반면에 상대가 해결책에 대해 자신의 생각이라고 여기지 않는다는 명백한 징후 두 가지를 경계하라. 앞에서 언급했듯이 상대가 "당신 말이 맞습니다."라고 말한다면 이는 논의하고 있는 바를 수용하지 않았다는 지표인 경우가 많다. 또한 실행을 요구했을 때 상대가 "해보겠습니다."라고 말한다면 가슴이 철렁 내려앉는 기분을 느껴야 한다. 그 말의 진의는 '실패할 계획을 세우겠다.'이기 때문이다. 이 중 어떤 말을 들었다면 다시 협상을 재개해 상대가 자기 자신의 목소리로 성공적인 실행의 요건을 규정할 때까지 '어떻게'를 활용한 교정 질문으로 공략하라. "그래요, 맞아요."라는 대답이 나올 때까지 상대가 말한 내용을 요약하라

상대가 승리했다고 느끼도록 하라. 자기 생각이라고 여기게 하라. 당신의 자아를 눌러라. '방법'이 없다면 '승낙'은 아무것도 아니라는 사실을 기억하라. 그러니 계속해서 '어떻게'를 질문하라. 그리고 성공을 거두라.

막후 세력에 영향 미치기

호세가 미국으로 돌아가고 나서 몇 주 뒤 나는 그의 가족이 살고 있는 뉴욕 주 북부로 차를 몰고 갔다. 호세가 탈출했을 때 나는 뛸 듯이 기뻤지만 한 가지 사실이 계속 마음에 걸렸다. 내가 새로 시도한 전략이 실패한 것일까? 호세가 안전하게 집으로 돌아오긴 했지만 이는 우리가 석방을 협상한 결과가 아니었다. 나는 우리가 거둔 승리가 훌륭한 전략 덕분이 아니라 뜻밖의 행운인 것은 아닌지 걱정됐다.

줄리와 줄리 부모님이 따뜻하게 맞아준 가운데 나는 호세와 함께 마주 앉아 커피를 마셨다. 내가 호세 가족을 방문한 이유는 위기협상팀을 대표해 인질 생존 보고를 받기 위해서였다. 나는 납치당할 위험에 처한 사람들에게 육체적 측면뿐만 아니라 정신적 측면에서도 살

아남기 위한 최선의 방법에 관해 더욱 유용한 충고를 해주고 싶었다. 또한 새롭게 시도한 전략이 효과를 발휘하지 않았다는 우려에 막후에서 어떤 일이 벌어졌는지도 알고 싶어 죽을 지경이었다.

마침내 대화가 교정 질문 사용에 관한 쪽으로 흘러갔다. 호세는 "그거 아세요? 원래는 그쪽 협상 담당자가 마을에 머무르면서 거래를 협상해야 하는데 줄리가 계속 질문을 했고 그는 어떻게 대답해야 할지 몰라서 계속 정글로 돌아왔다는 부분이 제일 기가 막혔죠. 전부 한자리에 모여서 어떻게 대응할지 한참을 토론하곤 했어요. 줄리가 너무 끈질기게 제가 살아 있는지 어떻게 아냐고 묻는 바람에 심지어 절 마을로 데려가 통화를 시켜줄 생각까지 했다니까요."라고 말했다.

바로 그때 나는 우리가 적절한 방법을 사용했다는 사실을 확인했다. 이는 우리 측 협상가가 납치범들 중 한 명과 합의했으나 나머지 놈들이 몸값 30만 달러를 빼돌린 다음에 "싫어, 우리 그렇게 하지 않을 거야."라고 말했던 번햄 사건과 정반대였다. 상대가 우리 목표를 위해 그렇게 열심히 움직이도록 유도하고 그토록 내부 조정을 거치도록 압력을 가한 전례는 없었다.

에콰도르에서 사용했던 우리 협상 전략이 효과를 발휘한 까닭은 교정 질문이 호세가 탈출할 수 있는 환경을 조성하는 데 기여했을 뿐만 아니라 납치범들, 즉 우리 상대가 모두 합심하도록 이끌었기 때문이다. 물론 극히 일부 인질범이나 사업 거래 체결자는 단독으로 행동한다. 그러나 대부분의 경우에는 거래 성립이나 결렬에 영향을 미칠 수 있는 사람들이 여러 명 있다. 진정으로 '승낙'을 얻어내고 그 계약이 실행되도록 하려면 이런 막후 세력에 영향을 미칠 수 있는 방법을 찾아야 한다.

위원회가 실행을 담당할 경우 그 위원회를 반드시 지원해야 한다. 위원회에 속한 각 개인을 확인하지는 못했다고 할지라도 항상 위원회의 동기를 캐내야 한다. 이는 "이 결과가 나머지 팀원들에게 어떤 영향을 미칩니까?"라든가 "이 결정에 동의하지 않는 사람들은 어떻게 합니까?"라든가 단순하게 "동료들은 이 분야의 주요 문제점이 무엇이라고 생각합니까?"와 같은 교정 질문으로 쉽게 알아낼 수 있다.

여기에서 설명하고 있는 큰 개념은 어떤 협상에서든 전체를 분석해야 한다는 사실이다. 다른 사람들도 협상 내용에 영향을 받게 되고 이후에 그들의 권리나 권력을 주장할 수 있는데도 협상 테이블에 앉은 사람의 이해관계만을 고려하는 행동은 어리석을 뿐이다. '막후' 세력, 즉 직접 협상에 참여하지는 않지만 계약이 마음에 들면 실행을 도울 수 있고 마음에 들지 않으면 방해할 수 있는 집단에 주의를 기울여야 한다. 직접 협상하는 상대가 CEO라고 할지라도 막후 세력을 무시해서는 안 된다. 은밀하게 CEO에게 영향을 발휘할 수 있는 사람은 언제나 있기 마련이다. 결국에는 협상을 깨버리는 사람이 협상을 체결하는 사람보다 더 중요한 경우가 많다.

교도소 포위 농성 사건을 다시 생각해보라. 우리 측 요원 한 명이 사태를 정확하게 파악하지 못한 탓에 작전이 거의 실패할 뻔했다. 에콰도르 납치 사건에서는 교정 질문 사용으로 이를 피할 수 있었고 호세 사건이 대성공인 이유이기도 하다. 단 한 명으로도 협상은 깨질 수 있다.

민간 컨설팅을 시작한 이후 몇 년이 흘렀을 때 나는 '막후'에서 일어나는 숨은 협상을 평가하며 이에 영향을 미치는 작업이 얼마나 중요한지 망각했고 그로 인해 상당한 대가를 치렀다. 우리는 한 부서를 대상으로 협상 교육을 해주길 바라는 플로리다 주 소재 대기업과 계약을 체결하는 중이었다. 회사 CEO를 비롯해 인적자원 부서장과 여러 차례에 걸쳐 전화 통화를 했고 그 두 사람은 우리 제의에 전적으로 동의했다. 최고 결정자들의 승인으로 엄청난 수익이 예상되는 계약에서 원하던 금액을 전액 받게 된 우리는 무척 들떴다. 그런데 계약서 세부 사항을 검토하고 있던 중 계약이 파기됐다.

알고 보니 교육 대상 부서장이 계약을 파기했다고 했다. 위협이나 무시당했다고 느꼈을 수도 있다. 또는 애초에 자신과 부하 직원들이 교육을 받아야 할 '필요'가 있다는 견해 자체에 개인적으로 자존심이 상했는지도 모른다. (협상 체결 여부가 금전 문제 이외에 자존감이나 지위를 비롯한 기타 비금전적 욕구에 달려 있는 비율은 놀라울 정도로 높다.) 이제 와서 그 이유는 결코 알 수 없을 것이다.

핵심은 우리가 중요한 결정권자들과 통화를 했다는 이유로 지나치게 확신한 나머지 사태를 파악하는 데 늦어버렸다는 점이다. "이 교육이 모두에게 어떤 영향을 미칠까요?" "나머지 팀원들은 얼마나 찬성하나요?" "교육 대상에게 적절한 내용을 전달할 수 있을지 어떻게 확인할 수 있을까요?" "교육 담당자들이 완전히 교육에 찬성하는지 어떻게 확신할 수 있을까요?"와 같은 교정 질문을 했다면 그 사태를 완전히 피할 수 있었을 것이다. 우리가 이런 질문을 했더라면 CEO와 인적자원 부서장이 교육 대상 부서장에게 확인했을 것이고 나아가 그를 대화에 참여시켰을 수도 있다. 그랬다면 우리 수고도 훨씬 줄어들었을 것이다.

섬세한 언어와 비언어 의사소통

협상을 하다 보면 면전에서 거짓말을 하거나 겁을 줘서 합의를 이끌어내려고 하는 사람을 만나게 될 것이다. 이 세계에는 공격적인 머저리와 계속해서 거짓말을 늘어놓는 무리가 공존하기 때문에 이들을 상대하는 법도 알아야 한다. 그러나 공격성을 다루고 거짓을 간파하는 법을 배우는 일은 이보다 더 큰 쟁점의 일부일 뿐이다. 즉, 상대의 마음을 꿰뚫어보기 위해 언어나 비언어 의사소통의 세부 사항을 포착하고 해석하는 법을 배우는 일이다.

정말로 유능한 협상가는 협상과 집단 역동에 스며있는 언어, 준언어(전달하는 방식), 비언어를 알아차린다. 또한 이 같은 세부 사항을 자신에게 유리하게 이용하는 방법을 안다. 선택지를 제시할 때 한 단어를 바꾸는 것(예를 들어 '유지' 대신에 '잃지 않는'을 사용)만으로도 상대가 의식적으로 하는 선택에 무의식적으로 영향을 미칠 수 있다.

여기에서는 거짓말쟁이를 밝히고 머저리를 무장 해제하고 나머지 모든 사람을 매료하는 방법을 이야기하고자 한다. 물론 '어떻게'가 들어간 개방형 질문도 그중 하나이고 아마도 중요하겠지만 그밖에도 여러 방법이 존재한다.

필리핀에 살고 있던 알라스테어 옹링스완은 2004년 어느 날 저녁 마닐라 그린힐스 쇼핑센터에서 집까지 먼 길을 가기 위해 택시를 탔다. 그는 깜빡 잠이 들었다가 일어나보니 사슬에 묶여 있었다. 유감스럽게도 그 택시 기사는 납치를 부업으로 했다. 그는 앞좌석 밑에 에테르 병을 숨겨 놓고 손님이 잠들면 마취해서 감금하고 몸값을 요구했다. 이내 납치범은 알라스테어의 휴대 전화를 이용해 뉴욕에 있던 알라스테어의 여자친구에게 연락을 취했다. 그는 알라스테어 가족의 재무 상태를 조사할 동안 알라스테어를 '돌보는' 대가로 일일 대금을 지급하라고 요구했다. 납치범은 "돈을 내지 않겠다고 해도 괜찮아. 언제든 사우디아라비아에 인질의 장기를 팔 수 있으니까." 라고 말했다.

이로부터 24시간 내에 나는 콴티코에서 협상을 이끄는 임무를 맡았다. 알라스테어의 여자친구는 너무 긴장해서 가족 측 협상을 담당할 수 없었고 필리핀에 살고 있던 어머니는 납치범이 어떤 요구를 하든 들어주겠다고 했다. 그러나 마닐라에 있던 알라스테어의 형 아론은 달랐다. 그는 협상 개념을 이해하고 있었고 알라스테어가 죽을 수도 있다는 사실을 받아들였다. 그 덕분에 그는 훨씬 더 뛰어나고 유능한 협상가가 될 수 있었다. 아론과 나는 상시 연결 전화를 설치했고 나는 지구 반대편에서 아론을 이끄는 조언자가 됐다.

납치범이 하는 말과 요구로 봤을 때 노련하고 인내심도 강한 편이었다. 그는 자기 의지를 나타낼 표시로 알라스테어의 한쪽 귀를 잘라서 이 과정을 찍은 동영상과 함께 가족에게 보내겠다고 협박했다. 일일 대금 요구는 가족의 재무 상태를 측정하는 동시에 가능한 한 많은 돈을 빠르게 뜯어내려는 수법이었다. 우리는 납치범이 누구인지 알아내야 했다. 단독범일까, 조직원일까? 알라스테어를 죽일 계획일까, 아닐까? 또한 우리는 가족이 파산하기 전에 이를 알아내야 했다. 그러기 위해서는 납치범과 장기간에 걸친 협상을 해야 했다. 진행을 늦출 필요가 있었다.

나는 콴티코에서 아론에게 교정 질문을 가르치면서 그 폭력적인 머저리에게 "어떻게?"가 들어가는 질문을 계속 퍼부으라고 지시했다. '내가 어떻게 ○○○를 할 수 있겠어요?' '우리가 어떻게 ○○○를 알겠어요?' 머저리에 대한 공손한 대응은 대단한 힘을 발휘한다. 이를 통해 거절과 같은 단정적인 행동을 상대가 눈치 채지 못하게 할 수 있다.

아론은 "돈을 내면 알라스테어를 해치지 않을지 우리가 어떻게 알 수 있습니까?"라고 물었다. 태극권이라는 중국 무술은 상대의 공격성을 이용해 상대를 공격하는 것을 목표로 한다. 즉, 상대의 공격을 나에게 유리하게 바꿔 격퇴하는 것이다. 우리는 이 접근법으로 알라스테어를 납치한 범인을 대했다. 우리는 그가 하는 위협을 역으로 이용해 그를 꺾고 싶었다. 우리는 통화 일정을 잡는 것조차 복잡하게 만들었으며 이메일 답변도 지체했다. 이 모든 전술을 통해 우리는 납치범 자신이 통제하고 있다는 착각에 빠지게 하는 동시에 우위를 점했다. 그는 자기가 아론의 문제를 해결하고 있다고 생각했지만 그동안 우리는 그를 간파하면서 그의 시간을 허비하게 만들었다. 알라스테어 납치범과 같이 공격적인 상대에게는 공격성으로 대처하지 않는 방법이 최선이다. 오히려 몸을 사리면서 '무엇'과 '어떻게'를 활용한 질문을 사용해 도전을 피하고 협상 지위를 조정해야 한다. 즉, 피하고 빠져 나가야 한다.

일일 대금을 계속해서 흥정하며 시간을 보내다가 마침내 아론은 납치범의 요구를 명목상 금액까지 낮추고 그 일부를 계좌로 이체하는 데 동의했다. 그렇게 일부 금액을 지급한 다음 아론은 '언제/무엇'을 활용한 교정 질문으로 납치범에게 대립각을 세우지 않으면서 맞서는 완벽한 방법을 찾아냈다. 아론은 "우리가 보낸 돈이 다 떨어지고 나면 무슨 일이 일어납니까?"라고 물었다. 납치범은 말이 없었다. 마침내 그는 "아무 일도 없을 거야"라고 대답했다. 야호! 방금 이 납치범은 자기가 무엇에 동의했는지 알아채지 못한 채 알라스테어를 해치지 않겠다고 약속했다. '무엇'과 '어떻게'를 활용한 질문을 반복해서 사용함으로써 교활한 상대의 공격적인 전술에 대응할 수 있다.

이 마지막 대화에서 볼 수 있듯이 납치범은 장기간 대화를 하는 과정에서 아론에게 친구 같은 감정을 느끼게 됐다. 시간이 흐르면서 납치범은 자기 '친구'와 통화하느라 시간을 보내는 상황에 경계를 늦추게 됐다. 마침내 필리핀 경찰청 수사관이 전화 발신지를 추적해서 그곳을 덮쳤다. 납치범과 알라스테어는 그 집에 없었지만 납치범 아내가 있었다. 아내는 경찰에게 가족이 소유하고 있는 다른 주택이 있다고 말했다. 경찰은 그곳을 급습해서 알라스테어를 구출하고 납치범을 체포했다.

상대의 마음을 이해하고 조정하기 위해 섬세한 언어와 비언어 형태의 의사소통을 활용하는 전술, 도구, 방법은 이밖에도 다수 존재한다. 그중 몇 가지를 소개하고자 하니 각각의 방법을 익히길 권한다. 이는 주의 깊은 협상가가 홈런을 칠 수 있도록 도와주는 도구들이다.

7-38-55% 법칙

우리가 누군가를 좋아하거나 싫어하게 되는 원인을 조사한 유명 연구 두 건[1]에서 UCLA 심리학 교수 앨버트 메라비언Albert Mehrabian은 7-38-55 법칙을 만들었다. 이는 메시지를 전달할 때 화자의 어조가 38%, 몸짓 언어와 얼굴이 55% 영향을 미치는 반면 전달 내용은 7%만 영향을 미친다는 법칙이다.

이 수치는 주로 우리가 어떤 사람에 대한 태도를 형성하는 상황에서 도출한 결과이기는 하지만 이 법칙은 협상가에게도 유용한 비율을 제공한다. 보다시피 인간에게 가장 강력한 평가 수단은 말의 내용이 아니라 몸짓 언어와 어조다. 이런 이유로 나는 전화로 용건을 전달할 수 있는 상황에도 직접 얼굴을 마주하고 대화를 나누기 위해 먼 거리를 비행하곤 한다. 그렇다면 이 법칙을 어떻게 이용할 수 있을까? 먼저 상대의 어조와 몸짓에 세심한 주의를 기울여 말하는 내용과 일치하는지 확인하라. 서로 일치하지 않는다면 화자가 거짓말을 하고 있거나 적어도 확신하지 못하는 경우일 가능성이 높다.

상대의 어조나 몸짓이 전달하는 말의 의미와 일치하지 않는 경우 그런 부조화가 일어나는 원인을 밝히기 위해 명명 기법을 사용해보자. 다음 예를 참조하라.

당신 그러면 우리는 합의한 거죠?

상대 네.

당신 '네'라고 하시는 말씀은 들었습니다만 목소리를 들으니 망설이시는 것 같네요.

상대 아, 아닙니다.

당신 아니에요, 중요한 일입니다. 분명히 하고 넘어가도록 하죠.

상대 호의에 감사드립니다.

이는 뜻밖의 일이 생기지 않고 계약이 실행되도록 보장하기 위한 방법이다. 상대 역시 고맙게 여길 것이다. 부조화를 인지하고 명명을 통해 상냥하게 대처하는 행동은 상대를 존중한다는 인상을 준다. 그 결과 신뢰 관계가 향상될 것이다.

삼세번 법칙

체결된 줄 알고 기대했던 협상이 나중에 결렬되는 경험을 한 번쯤은 해봤을 것이다. 상대가 거짓말을 했거나 그저 안이하게 생각했을 수도 있다. 어느 경우든 이는 그리 드문 경험이 아니다. 사실 이런 일은 '예'의 종류가 세 가지 존재하기 때문에 발생한다. 바로 약속, 확인, 허위다.

Chapter 5에서 살펴봤듯이 수많은 판매원이 고객을 약속의 '예'로 몰아가려고 하는 바람에 많은 사람이 허위 '예'를 남발하는 데 익숙해졌다. 이런 덫을 피하는 훌륭한 도구가 삼세번 법칙이다. 삼세번 법칙은 단순하게 한 대화에서 상대가 같은 내용에 세 번 동의하도록 만드는 일이다. 이 법칙은 그 순간에 주입하고자 하는 역동의 강도를 세 배로 증폭한다. 그렇게 함으로써 문제가 발생하기 전에 미리 발견한다. 거짓말이나 거짓 의견을 세 번 되풀이하기란 대단히 힘들다.

내가 이 기술을 처음 배웠을 때는 어떻게 계속 같은 말을 되풀이할지 또는 진짜 강압적이라는 인상을 어떻게 피할 수 있을지가 가장 걱정스러웠다. 내가 찾은 대답은 전술을 다양화하는 방법이다.

먼저 상대가 동의를 표시하거나 약속을 하는 경우 그것이 첫 번째가 된다. 두 번째 동의를 얻기 위해서는 상대가 말한 내용을 명명하거나 요약해서 "그래요, 맞아요."라는 답을 이끌어낸다. 세 번째는 "일이 제대로 진행되지 않는 경우 어떻게 하죠?"와 같이 상대가 성공하기 위해 필요한 요소를 설명하도록 유도하는 실행과 관련된 교정 질문을 활용할 수 있다. 또는 "당신이 직면했던 가장 큰 문제점은 무엇입니까? 우리가 지금 봉착한 난관은 무엇입니까? 가장 극복하기 어렵다고 생각하는 부분은 무엇입니까?"와 같이 동일한 교정 질문을 세 번에 걸쳐 서로 다른 세 가지 방식으로 풀어서 던질 수도 있다.

어떤 방식이든 같은 쟁점을 세 번 짚고 넘어가면 바로 앞부분에서 언급했던 말의 내용과 몸짓 언어 사이의 부조화는 물론 거짓말도 찾아낼 수 있다. 그러니 상대가 진심으로 전념하고 있는지 확신이 서지 않는다면 이 방법을 시도해보라.

피노키오 효과

카를로 콜로디Carlo Collodi가 발표한 유명한 동화에 등장하는 피노키오가 거짓말을 하고 있는지 알아내기란 쉬운 일이다. 그냥 코를 보기만 하면 된다. 콜로디의 착상은 현실과 크게 동떨어지지 않았다. 사람들은 대부분 거짓말 할 때 숨길 수 없는 명백한 징후를 나타낸다. 코가 길어지지는 않지만 이와 무척 비슷하다.

거짓말을 구성하는 요소를 밝힌 한 연구[2]에서 하버드 대학교 경영

대학원 교수 디팩 맬호트라Deepak Malhotra와 공동저자들은 거짓말을 할 때는 진실을 말할 때보다 평균적으로 더 많은 단어를 쓰며 3인칭 대명사를 훨씬 더 많이 사용한다는 사실을 발견했다. 거짓말을 할 때에는 자기 자신과 거짓말 사이에 거리를 두기 위해 '나' 보다는 '그, 그녀, 그것, 어떤 사람, 그들, 그들의' 이란 대명사를 많이 사용한다.

연구자들은 거짓말 할 때 의혹을 제기하는 상대를 설득하기 위해 한층 더 복잡한 문장으로 말하는 경향을 나타낸다는 사실을 발견했다. 미국의 영화배우 겸 각본가인 W. C. 필즈W. C. Fields가 거짓말로 상대를 당황하게 하는 말을 할 때 의도하는 바가 바로 이것이다. 연구자들은 이런 현상을 피노키오 효과Pinocchio Effect라고 명명했다. 마치 피노키오의 코처럼 거짓말과 함께 사용하는 단어수가 늘어나기 때문이다. 거짓말 하는 사람은 당연히 상대가 자기 말을 믿을지 더 걱정하기 때문에 신뢰를 얻기 위해 한층 더 열심히, 말하자면 지나치게 노력을 많이 한다.

상대가 사용하는 대명사에 주목하라

상대가 사용하는 대명사를 통해 그 사람이 협상을 결정하고 실행하는 과정에서 실제로 얼마나 중요한 역할을 담당하는지 느낄 수 있다. '내가' '나를' '나의' 와 같은 말을 많이 사용할수록 덜 중요한 사람이다. 역으로 협상가 입에서 1인칭 대명사가 적게 나올수록 훨씬 더 중요한 사람이다. 거짓말쟁이는 거짓말과 자기 자신 사이에 거리를 둔다는 맬호트라 연구에서 볼 수 있듯이 협상에서 현명한 의사결정자는 협상 시에 결정을 내려야 하는 상황에 몰리고 싶어 하지 않는다. 그들은 확답을 해야 하는 상황에서 벗어나기 위해 협상 자리에 참여하지 않은 누군가를 들먹일 것이다.

필리핀에서 알라스테어 옹링스완을 납치한 택시 기사가 납치 발생 직후 '우리가' '그들이' '그들을' 이라는 단어를 계속해서 사용하는 것을 보고 우두머리를 상대하고 있다고 확신했다. 단지 인질을 구조할 때까지는 그 말이 얼마나 사실일지 몰랐을 뿐이다. Chapter 2에서 살펴봤던 체이스맨해튼은행 강도 사건에서 은행 강도 크리스 와츠는 계속해서 '다른 사람들' 이 얼마나 위험한 인물인지, 자기가 그들에게 미칠 수 있는 영향력이 얼마나 작은지 말했지만 전부 거짓말이었다.

자신의 이름을 사용해보라

사람들은 언제나 협상할 때 상대의 이름을 기억하고 사용하는 것(동시에 남발하지 않는 것)을 강조한다. 이는 중요하다. 그러나 현실에서는 자기 이름이 자주 불리면 싫증내는 경우가 많다. 고객에게 '예' 라는 말을 듣기 위해 몰아가는 능글능글한 판매원은 몇 번이고 계속해서 고객 이름을 부른다. 그 대신 방향을 돌려 자기 자신의 이름을 사용해보라. 나는 이 방법으로 할인을 받는다.

납치범에게 알라스테어의 이름을 말하며 그 납치범도 그 이름을 자꾸 부르게 유도함으로써 인간적인 감정을 갖게 만들어 인질이 해를 입을 가능성을 낮췄듯이 자신의 이름을 사용하면 '강제 공감' 역동을 형성한다. 이렇게 했을 때 상대는 우리를 인간으로 인식한다.

몇 년 전 나는 FBI 협상가 동료들과 함께 캔자스 주에 있는 한 술집에 갔다. 술집은 손님들로 꽉 차 있었지만 빈자리를 하나 발견했다. 나는 그쪽으로 다가가 막 앉으려던 순간에 그 옆자리에 앉은 남자가 "꿈도 꾸지 마."라고 말했다. 나는 "왜요?"라고 물었고 그는 "내가 널 박살낼 거니까."라고 말했다.

그는 덩치가 크고 건장했으며 이미 취한 상태였지만 나는 평생 인질 협상 일을 한 사람이다. 나는 불길을 보고 뛰어드는 나방처럼 중재가 필요한 팽팽한 상황에 이끌렸다. 나는 손을 들어 악수를 청하며 "크리스라고 합니다."라고 말했다. 순간 그는 얼어붙었고 그러고 있는 차에 FBI 동료들이 들어와 그의 어깨를 토닥이며 술을 사겠다고 했다. 알고 보니 그는 베트남 참전 용사였고 그날따라 기분이 특히 안 좋은 모양이었다. 세상 걱정 없이 신나게 떠드는 손님들로 꽉 들어찬 술집에 있다 보니 머릿속에는 싸우고 싶다는 생각만 떠올랐다. 그러나 내가 '크리스'가 된 순간 모든 것이 변했다.

이제 이 사고방식을 금전 협상에 적용해보자. 나는 캔자스에서 술집에 간 이후 몇 달이 지나 아울렛 쇼핑몰의 한 매장에서 셔츠 몇 벌을 골랐다. 계산대에서 여직원이 고객 등록을 권유했다. 나는 가입하면 할인을 받을 수 있는지 물어봤고 직원은 "아니요."라고 답했다. 그래서 나는 다른 각도에서 시도하기로 했다. 나는 상냥한 태도로 "저는 크리스라고 하는데요. 제가 어떤 할인을 받을 수 있나요?"라고 말했다. 직원은 계산대에서 시선을 옮겨 내 눈을 보더니 살짝 웃었다. 그녀는 "점장님께 물어봐야겠네요."라고 말하더니 옆에 서 있는 여성에게 도움을 청했다. 대화를 전부 듣고 있던 점장은 "10%까지 할인해드릴 수 있어요."라고 말했다.

상대에게 자신의 이름을 얘기하여 인간적인 감정을 느끼게 만들어라. 이때 즐겁고 상냥하게 말하라. 상대 역시 그 상호작용을 즐기게 되면 당신만 받을 수 있는 특별 가격을 얻을 수 있다.

상대가 자신에게 불리한 입찰가를 부르게 하는 법

아론과 줄리가 납치범을 상대하는 방식에서 봤듯이 상대의 요구 사항을 낮추도록 유도하는 가장 좋은 방법은 '어떻게'가 들어가는 질문을 활용해 거절하는 것이다. 이렇게 간접적인 방식으로 거절하면 직설적으로 자존심에 상처를 내는 거절 방식과 달리 상대를 위축시키지 않는다. 실제로 이런 대응은 마치 입찰하는 것처럼 느껴지기 때문에 상대는 계속해서 자기에게 불리한 입찰가를 부르게 된다.

우리는 실제로 '아니요'라는 단어를 말하기 전에 네 차례에 걸쳐 거절 의사를 표현할 수 있다는 사실을 발견했다. 첫 번째 단계는 이제 익숙한 그 예비 질문이다. "제가 어떻게 그렇게 할 수 있겠어요?" 이 말은 도움을 구하는 요청처럼 들리도록 공손하게 말해야 한다. 이 질문을 적절한 방식으로 전달한다면 상대는 우리가 처한 딜레마에 뛰어들어 더 나은 제안으로 이를 해결하고자 할 것이다.

그 다음 "정말 너그러운 제안이지만 죄송해요. 저한테는 무리군요." 같은 말이 고상하게 '아니요'라고 말하는 두 번째 방법이다. 충분한 시험을 거쳐 검증된 이 반응을 사용하면 역제안을 회피할 수 있고 '너그러운'이라는 단어를 사용함으로써 상대가 그 기대에 부응하도록 이끈다. '죄송해요'라는 말 역시 거절을 중화하고 공감을 형성한다.(사과는 언제나 나약함의 상징이라고 떠드는 소위 협상 전문가라는 사람들 말은 무시해도 된다.)

그 다음 "죄송하지만 그렇게 할 수는 없을 것 같네요."와 같은 말을 사용할 수 있다. 이는 좀 더 직접적이고 '그렇게 할 수 없다.' 부분이 두 가지 역할을 훌륭하게 소화한다. 이 말은 수행 불능을 표현함으로써 우리를 향한 상대의 공감을 유발할 수 있다.

네 번째 방법인 "죄송해요, 안 되겠어요."는 조금 더 간결한 형식이다. 부드럽게 말하기만 한다면 이는 전혀 부정적으로 들리지 않는다. 물론 여기에서 더 나아가야 한다면 '아니요'가 마지막이자 가장 직접적인 방식이 된다. 이 말을 할 때에는 말끝을 내려 존중하는 마음을 담은 어조로 해야 한다. "싫어요!" 같이 표현해서는 안 된다.

얼마 전, 내가 가르쳤던 헤수스 부에노라는 학생이 다단계 거절 방법을 사용해 동생 호아킨이 힘든 경영 상황에서 벗어나도록 도운 흥미진진한 경험담을 써 보냈다. 호아킨은 친구 두 명과 함께 스페인 북부에 있는 대마초 재배 상점 프랜차이즈를 계약했다. 그 지역 법률은 개인 용도로 대마초를 재배할 수 있도록 허용하고 있다. 호아킨과 그의 동업자 브루노는 이 사업에 각각 2만 유로씩 투자해 46% 지분을 소유하고 있었다(나머지 8% 지분은 3,500유로를 투자한 다른 동업자가 소유).

사업 초반부터 호아킨과 브루노의 관계는 험난했다. 호아킨은 영업에 출중한 능력을 보인 반면 브루노는 회계 업무 쪽이 더 잘 맞았다. 소액 투자자 역시 영업에 뛰어난 소질이 있었고 그와 호아킨은 매출 증대가 올바른 전략이라고 생각했다. 이는 대량 주문과 반복 구매자에게 할인 혜택을 제공하는 전략을 의미했고, 브루노는 이에 이의를 제기했다. 웹사이트 제작과 재고 확대에 지출하는 계획 또한 브루노의 심기를 건드렸다. 그때 브루노의 아내가 확장을 위한 투자 대신 이윤을 늘려야 한다고 호아킨에게 잔소리를 하기 시작하면서 문제가 발생했다.

어느 날 호아킨은 물품 매입 현황을 확인하다가 주문 제품 일부가 가게 선반에 진열돼 있지 않다는 사실을 발견했다. 그는 그 제품을 온라인에서 검색하기 시작했고 놀랍게도 브루노 아내의 명의로 만든 이베이 매장에서 판매되고 있다는 것을 알게 됐다. 이로 인해 브루노와 호아킨 사이에서 큰 논쟁이 시작됐고 두 사람의 관계는 벌어졌다.

발끈한 브루노는 호아킨에게 이 사업이 너무 위험하기 때문에 주식을 팔 생각이라고 말했다. 그래서 호아킨은 자기 형이자 내 학생인 헤수스와 상의했다. 두 사람은 브루노 아내가 압력을 가하기 때문에 브루노가 주식을 팔고 싶어 한다고 판단이 되자 헤수스는 호아킨을 도와 이에 맞춘 공감 메시지를 작성했다. "보아하니 부인이 널 심하게 압박하는 모양이네." 호아킨은 이혼 절차를 밟고 있는 중이었기 때문에 아내 문제와 관련해 그 사실을 이용하기로 했다. 부정적인 에너지를 분산하고 브루노의 말문을 열기 위해 "네가 비용과 이윤 창출에는 관심 없는 건 알아."라는 내용으로 비난 심사를 준비했다.

이 작전은 대성공이었다. 브루노는 비난 심사 내용에 즉시 동의하면서 호아킨이 지출에 부주의하다고 생각한 이유를 설명하기 시작했다. 또한 브루노는 호아킨과 달리 자금을 제공해줄 사람이 없다는 점(호아킨은 어머니에게 창업 자금을 빌렸다)도 지적했다. 호아킨은 미러링을 활용해 브루노가 계속 얘기를 하도록 했고 그는 말을 이어갔다.

마침내 호아킨은 "아내한테 얼마나 큰 압박을 느끼는지 알아. 나도 지금 이혼 절차를 밟고 있는데 정말 진이 빠지는 일이지."라고 말했다. 그러자 브루노는 10분 동안 아내에 대한 불평을 늘어놓더니 대형 정보를 흘렸다. 그들 부부가 2만 달러를 대출받은 은행이 대출 심사를 재검토하더니 대출 전액을 갚든가 아니면 현재보다 훨씬 더 높은 금리를 지불하라는 두 가지 선택 사항을 제시했기 때문에 아내가 무척 속상해하고 있다는 소식이었다. 빙고! 그 사실을 알게 된 후 호아킨과 헤수스는 한자리에 모여 브루노가 이미 이 사업을 하면서 급여로 1만 4,000유로를 받아갔으므로 대출 금액보다 약간 많은 금액만 지불하면 합리적으로 주식을 인수할 수 있겠다고 판단했다. 브루노는 은행에서 받은 통지서로 불리한 입장에 처해 있었고 주식을 판매할 마땅한 시장도 없었으므로 싼값을 부를 수 있다고 판단했다.

두 사람은 2만 3,000유로가 최적 금액이라고 판단하고 1만 1,000유로는 선불로 지급하고 나머지 1만 2,000유로는 1년 동안 나눠 지급하는 계획을 세웠다. 그러다가 일이 옆길로 샜다. 호아킨은 브루노가 금액을 말할 때까지 기다리지 않고 섣불리 나서서 결정한 조건을 전부 밝히며 브루노에게 그 제안이 아주 공정한 것이라고 말했다. 자기가 한 말에 이의를 제기하는 행위가 '불공정'하다고 암시하는 건 상대의 불신을 야기하는 가장 결정적인 방법이다.

이 제안에 브루노는 화를 내며 전화를 끊었고 이틀 뒤 호아킨은 브루노 대리인이라는 사람에게 이메일을 받았다. 그들은 3만 812유로를 원했다. 2만 유로는 대출금, 4,000유로는 급여, 6,230유로는 순자산액, 582유로는 이자라고 했다. 변경할 여지가 없어 보이는 구체적인 수치였다. 이 변호사는 프로였다.

헤수스는 호아킨에게 진짜 곤경에 처했다고 말했다. 그러나 두 사람은 모두 브루노가 무척 간절하게 주식을 처분하고 싶어 한다는 사실을 알고 있었다. 따라서 그들은 다단계 거절 전략을 사용해 브루노가 자신에게 불리한 가격을 부르도록 유도하고자 했다. 그들은 브루노가 주식을 팔겠다는 마음을 바꿔 현재 상태가 유지되는 상황이 최악의 시나리오라고 판단했다. 이는 그들이 감당해야 하는 위험이었다. 그들은 첫 번째 거절 메시지를 작성했다.

> 제시하신 가격은 무척 타당하고 그 금액을 지급해드릴 수 있다면 좋겠습니다. 브루노는 사업을 위해 대단히 열심히 뛰었고 그에 알맞은 보상을 받을 자격이 있죠. 정말 죄송합니다만, 행운을 빌겠습니다.

역제안을 하지도 않고, 직접 부정적인 단어를 사용하지 않고서 어떤 방식으로 '아니요'라고 말했는지 알겠는가? 다음 날 대리인이 2만 8,346유로로 가격을 낮추겠다는 내용을 이메일로 보내왔을 때 호아킨은 이 방식에 확신을 갖게 됐다. 호아킨과 헤수스는 상냥하게 거절하는 두 번째 메시지를 작성했다.

> 제의에 감사드립니다. 너그럽게도 가격을 낮춰 주셨군요. 그 점은 대단히 감사하게 생각합니다. 제안을 수용할 수 있으면 좋겠지만 현재 이 돈을 낼 수 있는 형편이 아닙니다. 아시다시피 지금 저는 이혼 협의 중에 있기 때문에 이런 거금을 마련할 수 있는 상황이 아닙니다. 다시 한 번 행운을 빕니다.

다음 날 호아킨은 대리인에게 가격을 2만 5,000유로로 낮추겠다는 내용의 한 줄짜리 이메일을 받았다. 호아킨은 그 제안을 받아들이고 싶었지만 헤수스는 거절할 방안이 좀 더 남아 있다고 말했다. 호아킨은 이에 맞섰지만 결국에는 동의했다.

여기에 중요한 교훈이 있다. 계약을 매듭짓는 기술은 끝까지 집중력을 잃지 않는 것이다. 막판에 다다르면 정신력에 의지해야 하는 중대한 순간이 찾아온다. 마지막 비행기 시간이 몇 시인지 또는 집에 빨리 가서 쉬고 싶다는 생각은 하지 말라. 다른 데 정신을 팔지 말고 끝까지 집중하라. 두 사람은 다음과 같이 썼다.

너그러운 제안에 다시 한 번 감사드립니다. 정말 가격을 더 많이 조정해주셨고 그 금액에 맞춰 보려고 여러모로 애써 봤습니다. 유감스럽게도 어머니조차도 제게 그 돈을 빌려 주려고 하지 않으십니다. 결국 제가 제안할 수 있는 금액은 2만 3,567유로입니다. 그 중에서도 1만 5,321유로만 선불로 지급할 수 있습니다. 나머지 금액은 1년에 걸쳐 지급할 수 있습니다만 그것이 제가 할 수 있는 한계입니다. 최선의 결정을 내리시길 빕니다.

구체적인 숫자를 훌륭하게 사용하기도 했지만 '아니요'라는 단어를 사용하지 않고도 어떻게 공감을 불러일으키는 방식으로 거절했는지 보라! 그리고 이 전략은 큰 효과가 있었다. 한 시간도 채 지나지 않아 대리인은 제안을 받아들이겠다고 대답한 것이다.

이 과정을 자세히 살펴보라. 어떻게 미러링과 개방형 질문을 적절히 사용함으로써 브루노 가족의 금전 문제에 관한 정보를 끌어낸 다음 다단계 거절 전략으로 상대의 필사적인 상황을 활용했는지 알겠는가? 만약 다른 구매자가 있었다면 이 방법을 사용하는 것이 그리 좋은 생각이 아닐 수도 있지만 그렇지 않은 상황에서 이는 브루노가 자기 자신에게 불리한 금액을 부르도록 하는 탁월한 전략이었다.

슈퍼스타 협상가, 진짜 비즈니스를 잘하는 사람은 협상이 말 이면에서 이루어지며 좋은 계약을 맺으려면 수면 아래에 있는 미묘하고 불분명한 신호를 감지하고 조종해야 한다는 사실을 알고 있다. 이런 수면 아래에 있는 쟁점을 시각화하고 조정할 수 있어야 훌륭한 계약을 이끌어내고 그 실행을 보장할 수 있다.

다음 도구들을 사용할 때 이번 장에서 가장 중요한 개념을 기억하라. 그것은 바로 '방법'이 없다면 '승낙'은 아무것도 아니라는 말이다. 유능한 협상가가 되려면 '방법'을 묻는 질문을 해야 하고 '방법'을 알아야 하며 '방법'을 규정해야 한다. 그렇지 않다면 무장해제된 것이나 마찬가지다.

■ '어떻게'가 들어가는 교정 질문을 하라. 교정 질문을 하고 또 하라. '어떻게'가 들어간 질문을 하면 상대는 신경 쓰면서 쩔쩔매게 된다. 이런 질문에 답하는 과정에서 상대 자신이 통제하고 있다는 착각에 빠진다. 또한 요구사항을 관철할 때 당신의 문제를 숙고하도록 유도한다.

■ 협상 분위기를 조성하기 위해 '어떻게'가 들어가는 질문을 하라. 이때 '아니요'를 부드럽게 표현하는 질문인 '제가 어떻게 그걸 할 수 있겠어요?'를 사용하면 된다. 이 질문을 하면 상대가 다른 해결책, 즉 당신의 해결책을 모색하도록 교묘하게 압력을 가할 수 있다. 또한 상대는 오히려 자기 자신에게 불리한 해결책을 모색하게 된다.

■ 당신이 직접 협상을 진행하고 있는 상대에만 주의를 집중하지 말라. 항상 '막후' 세력의 동기를 파악하라. 계약이 다른 모든 사람들에게 어떤 영향을 미칠지, 그 사람들은 얼마나 이에 찬성하고 있는지 질문함으로써 이를 파악할 수 있다.

- 7–38–55 % 법칙에 따라 상대의 어조와 몸짓 언어를 유심히 관찰하라. 말의 내용과 비언어 신호가 부조화를 이루고 있다면 이는 상대가 거짓말을 하고 있거나 계약에 불만이 있다는 의미다.

- 상대의 '승낙'이 진짜일까, 허위일까? 삼세번 법칙으로 확인해보라. 교정 질문, 요약, 명명 기법을 사용해 상대가 계약 사항을 적어도 세 번 재차 확언하도록 하라. 거짓말 또는 거짓 의견을 세 번 되풀이하기란 대단히 힘들다.

- 사람이 사용하는 대명사는 그 사람이 지닌 상대적인 권한을 아주 잘 반영한다. 상대가 '내가' '나를' '나의' 같은 말을 많이 언급한다면 결정권을 쥔 사람이 따로 있다는 징후다. '우리가' '그들이' '그들을' 같은 말을 상대가 많이 한다면 선택을 유보하고 있는 진짜 의사결정자를 직접 상대하고 있을 가능성이 높다.

- 자기 이름을 사용해 상대와 감정 교류를 해서 특별 할인과 같은 기회를 얻어라. 유머와 인간다움은 어색함을 깨고 걸림돌을 제거하는 가장 좋은 방책이다.

CHAPTER 9

끌려다니지 않고
장악하는 법

몇 년 전 나는 빨간색 토요타 4러너와 사랑에 빠졌다. 사실 그 차는 그냥 '빨간색'이 아니라 '살사 레드 펄'이었다. 밤에 보면 빛을 내는 타는 듯한 빨간색이었다. 얼마나 매력적인가? 나는 그 차가 꼭 갖고 싶었고 꼭 손에 넣고야 말겠다고 생각했다. 나는 대도시 워싱턴 D.C.에 있는 대리점을 전부 뒤졌고 그 자동차에 사로잡힌 사람은 나뿐만이 아니라는 사실을 금방 깨달았다. 그 지역 전체에 그 색깔이 있는 대리점은 딱 한 곳밖에 없었다.

배고플 때는 시장을 돌아다니지 말라는 말 들어봤는가? 나는 배가

고팠다. 정말 고팠다. 사실 사랑에 빠져 있었기 때문이었다. 나는 자리에 앉아 정신을 집중하고 전략을 세웠다. 이 대리점이 유일하게 시도할 수 있는 곳이었다. 나는 이 기회를 반드시 살려야 했다.

어느 맑은 금요일 오후에 차를 몰고 대리점을 방문했다. 나는 스탠이라는 이름의 친절해보이는 영업 사원 맞은편에 앉아 그 차가 얼마나 멋진지 얘기했다. 그는 의중이 드러나는 미소를 지었다. 호구가 걸렸다고 생각했는지 '저 아름다운 차량'의 권장소비자가격은 3만 6,000달러라고 말했다. 나는 이해했다는 의미로 고개를 끄덕여 보인 뒤 입술을 모았다. 흥정을 시작하는 비결은 상대를 부드럽게 다루면서 당황하도록 만드는 것이다. 최대한 상냥하게 해야 한다. 그 작업에만 성공한다면 충분히 원하는 가격에 차를 구매할 가능성이 커진다.

나는 "저는 3만 달러를 낼 수 있습니다. 오늘 바로 전액을 현금으로 지급할 수 있습니다. 그러나 죄송하지만 3만 달러 이상은 낼 수가 없어요."라고 말했다. 미소 짓던 그의 얼굴이 점점 어두워졌으나 다시 표정 관리하며 고개를 저었다.

"이해해주실 것이라고 생각합니다만 그렇게 해드릴 수는 없습니다. 권장소비자가격이 3만 6,000달러인걸요."

나는 공손하게 "제가 어떻게 그만한 돈을 낼 수 있겠습니까?"라고 물었다. 그는 "분명히"라고 말하더니 마치 자기가 하려는 말이 분명하지 않다는 듯 말을 멈췄다. "저희가 돈을 융통할 방법을 분명히 찾아 드릴 수 있을 겁니다."

"멋진 자동차라 진짜 감탄스러워요. 얼마나 갖고 싶은지 모르실 겁니다. 제가 제시한 금액 이상의 가치가 있는 차죠. 죄송하고 정말 창피하네요. 3만 달러 이상은 정말 무리예요."

그는 어리둥절한 표정으로 조용히 나를 바라보다가 사무실로 들어가더니 정말 한참 동안 돌아오지 않았다. 그가 제안을 전면적으로 거절하지 않는 반응을 보이는 건 내가 주도권을 전부 쥐고 있다는 의미라 여유있게 기다렸다.

자리로 돌아온 스탠은 마치 크리스마스 선물이라도 주는 것처럼 상사가 3만 4,000달러까지 할인을 승인했다고 말했다. 나는 "와, 정말로 매력적인 제안이네요. 이 차는 제가 꿈꾸던 차예요. 그 금액을 낼 수 있다면 좋겠지만 부끄럽게도 그럴 능력이 안 돼요."라고 말했다. 그는 말을 잃었지만 나는 미끼를 물지 않았다. 계속 침묵이 흐르도록 내버려뒀다. 그때 그는 한숨을 쉬면서 다시 터덜터덜 걸어갔다.

이번에도 그는 아주 오랜 시간이 흐른 뒤에야 돌아왔다. 그는 "고객님이 이겼어요. 점장님이 3만 2,500달러까지 허락하셨어요."라고 말했다. 그는 "고객님이 이겼어요."라고 큰 글씨로 쓴 종이를 내밀기까지 했다. 글자 주변에는 웃는 얼굴 그림까지 그려져 있었다. 나는 "정말 감사드려요. 진짜 친절하게 대해주시네요. 뭐라고 감사드려야 할지 모르겠어요. 저 자동차에는 분명히 제가 제시한 금액 이상의 가치가 있죠. 죄송해요, 진짜 그 금액은 무리예요."

그는 다시 일어났다. 이번에는 얼굴에 웃음기도 사라졌으며 여전히 어리둥절한 듯했다. 잠시 후 그는 다시 점장에게 갔고 나는 등을 기대앉았다. 승리가 눈앞에 있었다. 이번에 그는 금방 다시 돌아와서 "그 가격에 드리겠습니다."라고 말했다. 이틀 뒤 나는 3만 달러를 내고 토요타 살사 레드 펄 4러너를 손에 넣었다. 나는 그 차가 정말 마음에 든다. 지금도 여전히 그 차를 타고 있다.

협상에서는 대부분 두 사람 사이에서 일어나던 조금은 느슨하고 허물없는 상호작용에 직면하면서 본론에 들어가게 되는 불가피한 순간을 맞이하게 된다. 어떤 순간을 말하는지 다들 알 것이다. 신뢰 관계를 쌓기 위해 미러링과 명명 기법을 활용하고 비난 심사로 남아 있는 정신적 또는 감정적 장애물을 제거하며 이해관계와 입장을 파악하고 요약해서 '그래요, 맞아요.'를 이끌어낸다. 그러고 나면 이제 흥정할 시간이다.

흥정이란 바로 현금을 건 충돌이자 대다수의 사람들이 식은땀을 흘리게 만드는 제안과 역제안이 오가는 불편한 시간이다. 당신이 그 불가피한 순간을 필요악에 지나지 않는다고 생각하는 저 대다수에 들어간다면 흥정을 수용하는 법을 터득한 사람에게 완전히 당할 확률이 높다. 협상에서 흥정은 다른 어떤 단계보다도 더 많은 불안과 불분명한 공격성을 유발하며 같은 이유로 실패하거나 잘못 처리되는 경우가 많다. 사람들에게 대부분 이는 불편한 과정이다. 아무리 좋은 계획을 세웠다고 하더라도 가격을 흥정하는 순간에 겁을 먹는 경우는 흔하다.

이번 장에서는 흥정하는 과정을 형성하는 전술을 설명하고, 심리적 역동이 사용해야 할 전술의 종류와 실행 방법을 어떻게 결정하는지 살펴볼 것이다. 흥정은 고도의 지능이 요구되는 일은 아니지만 단순한 직관이나 수학 역시 아니다. 흥정을 잘하려면 흥정 과정에 대한 가정을 버리고 흥정하는 상황에서 중대한 역할을 하는 섬세한 심리적 전략을 인식하는 법을 배워야 한다. 흥정을 잘하는 노련한 사람들은 단순히 최초 제안과 역제안, 마무리 조치뿐만이 아니라 그 이상의 것을 본다. 노련한 흥정인은 수면 아래로 흐르는 심리의 흐름을 읽는다.

일단 이런 흐름을 파악하는 법을 배우고 나면 흥정 상황을 좀 더 정확하게 읽을 수 있고 최고의 협상가도 괴롭히는 전술적 질문에 자신 있게 답할 수 있다. 당신은 '가차 없는 흥정'에 임할 준비를 갖추게 될 것이다. 그리고 그들은 결코 이를 예상하지 못하게 된다.

협상가의 유형

몇 년 전 나는 우리 회사에서 일하는 직원 한 명과 대화를 나눈 적이 있다. 그는 키논이라는 직원이었는데, 나는 그에게 격려를 하면서 업무 평가를 전달할 생각이었다. 나는 "우리가 하는 업무에 대해 한마디로 말하자면 '심적 갈등을 밝히는 일'이라고 설명하네."라고 말했다. 키논은 "심적 갈등을 밝히는 일이요?"라고 물었다.

"그래, 자네와 나를 비롯해 여기 있는 모든 사람은 우리를 속박에서 벗어나게 하는 심리적 힘을 밝혀내 이를 좀 더 생산적인 일에 쓰는 기술이야."

키논은 "좀 더 생산적인 일이요?"라고 말했다. 나는 "그렇지, 우리가 활용할 수 있는 일에 써야지."라고 말했다 45분 정도 대화를 나눴을 무렵 블랙스완그룹에서 일하고 있는 내 아들 브랜던이 웃음을 터트렸다.

"더 이상은 못 참겠어요! 눈치 못 채셨어요? 아빠, 진짜 눈치 못 채셨어요?"

나는 눈을 깜빡이며 "눈치를 못 채다니, 뭘?"이라고 물었다.

"지금까지 키논이 계속 미러링을 하고 있잖아요. 거의 한 시간 동안이나요."

내가 얼굴을 붉히자 키논은 웃기 시작했다. 브랜던 말이 전적으로 옳았다. 키논은 나 같이 독단적인 사람에게 가장 큰 효과를 발휘하는 심리적 도구인 미러링을 사용해 계속해서 나를 놀리고 있었다.

개개인의 협상 유형은 유년기, 학교 교육, 가족 환경, 문화, 그 외 수많은 요소에 영향을 받아 형성된다. 이를 인식함으로써 자신과 상대가 협상에서 나타낼 강점과 약점을 파악할 수 있고 그에 맞춰 사고 방식과 전략을 조정할 수 있다. 흥정에서 협상 유형은 중대한 변수다. 다양한 상황에서 자신과 상대가 어떤 행동을 할지 모른다면 효과적인 전략과 전술을 짜내는 데 엄청난 어려움을 겪게 될 것이다. 당신과 상대는 습관적으로 생각하고 행동하며 일단 이를 파악하고 나면 전략적인 방식으로 활용할 수 있다. 바로 키논이 했던 것처럼 말이다.

협상 테이블에서 만날 수 있는 온갖 사람들의 전형과 행동 양식을 분석한 연구 결과 그 자체는 수도 없이 많다. 솔직히 감당이 안 될 때가 많아서 그 유용성을 잃었을 정도다. 지난 몇 년 동안 우리는 브랜던의 주도 하에 실전 경험과 경영대학원 학생들의 사례 연구를 상호 참조함으로써 통합하고 단순화했다. 그 결과 사람들은 일반적으로 세 가지 분류로 나눌 수 있다는 사실을 발견했다. 순응하는 사람들도 있고 나처럼 기본적으로 독단적인 사람도 있으며 데이터에 의존하는 분석적인 사람도 있다.

할리우드 영화에 등장하는 협상 장면을 보면 독단적 유형이 흥정에 유리한 듯 보이지만 모든 유형이 흥정에 능력을 발휘할 수 있다. 또한 정말 유능하려면 세 가지 유형의 특성을 모두 갖춰야 한다.

미국 법률 협상가 연구[1]에 따르면 미국 대도시 출신의 변호사 중 65%가 협력적인 방식을 사용하는 반면 진짜 독단적인 방식은 24%에 지나지 않았다. 또한 이 변호사들이 얼마나 유능한지 점수를 매겼을 때 유능한 집단 중 75% 이상이 협력적인 유형이었고 독단적 유형은 12%에 그쳤다. 그러니 독단적인 사람이 아니라고 해서 절망하지 말라. 실제로 퉁명스러운 독단은 대개 비생산적이다. 또한 개인의 협상 유형은 벗어날 수 없는 틀이 아니다. 전적으로 한 유형이기만 한 사람은 없다. 사람들은 대부분 필요한 상황이 닥치면 비지배적인 방식을 조정할 수 있는 능력을 지니고 있다. 그러나 흥정을 잘하기 위해서는 기본적으로 한 가지 진실만 명심해야 한다. 흥정을 잘하려면 자신답게 행동하는 법을 배워야 한다. 흥정의 달인이 되려면 자기 강점을 대체하지 말고 다른 강점을 더해야 한다. 앞으로 직면하게 될 협상가의 유형을 구별하는 간단한 지침과 가장 적합한 전략을 소개해보고자 한다.

분석가

분석가는 꼼꼼하고 근면하다. 그들은 급히 서두르지 않는다. 철저하고 체계적인 방식으로 최선의 결과를 향해 일하고 있다면 시간은 그리 중요하지 않다고 생각한다. 분석가는 실수를 최소한으로 하는 것을 목표로 하며 '제대로 하기 위해 필요한 만큼 충분히 시간을 들여라'를 좌우명으로 한다.

전형적인 분석가는 혼자서 일하는 편을 선호하며 목표에서 좀처럼 벗어나지 않는다. 그들은 감정을 잘 드러내지 않고 Chapter 3에서 얘기했던 라디오 DJ 목소리처럼 느리고 말끝이 내려가는 어조를 주로 사용한다. 그러나 분석가는 대개 위로와는 거리가 멀며 쌀쌀하고 냉정한 말투로 얘기한다. 이런 말투는 자신도 모르게 사람들의 비호감을 사게 되고 상대가 편안하게 마음을 터놓기 어렵게 만든다.

분석가는 광범위하게 준비하는 과정에서 그 어떤 세부 사항도 놓치지 않는 데 자부심을 느낀다. 단지 당황하지 않겠다는 이유만으로 협상 자리에 가면 15분 만에 알게 될 데이터를 얻느라 기꺼이 2주간 조사를 한다. 분석가는 뜻밖의 일을 싫어하는 편이며 내성적인 문제 해결자이자 정보 수집가이고 호혜성에 대단히 민감하다. 분석가가 당신에게 한 가지를 줬음에도 불구하고 일정 시간 내에 그에 대한 보상을 받지 못하는 경우 그는 신뢰를 잃고 관계를 끊을 것이다. 이런 상황이 난데없게 생길 때가 많지만 분석가는 혼자 일하기를 좋아하기 때문에 일단 당신에게 말을 하고 있다는 그 자체가 그의 입장에서는 양보라는 사실을 기억하라. 대개 분석가는 상대의 양보를 평가해야 할 새로운 정보로 받아들인다. 분석가가 즉시 역제안을 해올 것이라고 기대하지 말라.

이런 사람들은 천성적으로 의심이 많다. 따라서 시작부터 너무 많은 질문을 하는 것은 좋은 방법이 아니다. 이들은 질문이 함축하는 바를 전부 이해하기 전까지 대답을 하지 않을 것이기 때문이다. 분석가를 대할 때는 반드시 만반의 준비를 해야 한다. 논리를 뒷받침하는 확실한 데이터를 사용하고, 즉흥적으로 말하지 말라. 이의를 제기할 때는 데이터를 비교하고 사실에 집중하라. 쟁점을 미리 알려주고 뜻밖의 일이 생기지 않도록 해야 한다.

분석가는 침묵을 생각할 기회로 받아들인다. 분석가가 침묵할 때는 화났다는 뜻이 아니며 상대에게 말을 할 기회를 더 많이 주려고 하는 것도 아니다. 그들이 당신과 다른 관점으로 사물을 본다고 느낄 때는 그들에게 먼저 생각할 기회를 부여하라. 분석가는 명명에 반응을 잘하는 편이지만, 교정 질문이나 답변이 '예'인 폐쇄형 질문에는 빨리 답하지 않는다. 대답하기까지 며칠이 소요될 수도 있다.

당신이 분석가 유형이라면 중요한 데이터의 원천인 상대와 관계를 단절하게 되는 사태를 걱정해야 한다. 당신이 할 수 있는 가장 중요한 한 가지 일은 말할 때 미소를 짓는 것이다. 그러면 사람들은 당신에게 좀 더 많은 정보를 제공할 것이다. 또한 미소는 허를 찔렸을 때 쉽게 표정을 감추도록 도와주는 습관이 될 수 있다.

순응자

순응자 유형의 협상가에게 가장 중요한 사항은 관계 형성에 사용한 시간이다. 순응자는 정보 교환이 자유롭게 이뤄졌다면 그 시간은 유용하게 썼다고 생각한다. 의사소통을 하고 있는 한 만족한다. 순응자의 목표는 상대와 훌륭한 관계를 구축하는 것이다. 그들은 쌍방에게 유익한 해결책을 좋아한다.

세 가지 유형 중 순응자는 실제로는 아무것도 달성하지 못하면서 훌륭한 신뢰 관계를 구축할 가능성이 가장 높다. 순응자는 합의에 이르지 못한다고 할지라도 상대와 우호적인 관계로 남아 있고 싶어 한다. 그들은 무척 대화하기 편하고 지극히 친절하며 목소리가 유쾌하다. 상대를 달래거나 동의하기 위해 양보를 하며 상대가 그에 화답하기를 바랄 것이다.

상대가 사교적이며 평화를 추구하고 긍정적이며 주의가 산만하고 시간을 잘 활용하지 못한다면 아마도 순응자일 것이다. 순응자를 상대로 하는 경우 사교적이고 친절하게 행동하라. 그들이 자기 생각을 얘기할 때 귀 기울여 듣고 구체적으로 실행에 초점을 맞춘 교정 질문을 사용해 원하는 방향으로 이끌면서 말을 행동으로 옮길 방법을 찾아라. 서로 특별한 혜택을 주고받고 싶어 하는 성향을 지니기 때문에 실제로 자신이 가능하지 않는 것을 제공하겠다고 합의할 수도 있다.

순응자는 협상 대상에게 집중하기 때문에 준비에는 소홀할 수도 있다. 그들은 상대를 알고 싶어 한다. 협상에 엄청난 열정을 지니고 있으며 감정 관리뿐만 아니라 이를 충족시키기 위해 필요한 요소도 갖추고 있다. 순응자는 상대가 하고자 하는 말을 듣는 것 그 이상을 바라지 않으므로 순응자에게 이의를 제기하기는 무척 쉽지만 그에게 이견이 있는지 발견하기는 어려울 수 있다. 순응자는 사전에 잠재적으로 문제가 발생할 수 있는 부분을 발견했다고 해도 그 사실이 야기할 수 있는 갈등이 두려워 이를 처리하지 않은 채 묵과할 것이다.

당신이 스스로 순응자라고 판단했다면 호감을 살 수 있는 능력을 고수하되, 이의 제기를 단념하지 말라. 또한 지나치게 잡담을 늘어놓지 않도록 주의하라. 분석가나 독단적 유형은 잡담을 싫어하고 만약 상대 역시 순응자라면 아무런 소득 없이 대화만 하다가 끝나기 쉽다.

독단적 유형

독단적 유형은 시간이 돈이라고 생각한다. 시간 낭비는 곧 돈 낭비다. 이 유형의 자아상은 정해진 기간 내에 성취한 일의 양과 연결된다. 그들에게 완벽한 해결이란 그 자체만큼 중요하지는 않다.

독단적 유형은 그 무엇보다도 이기는 것을 갈구하는 불같은 사람이며 그 과정에서 타인을 희생하는 경우도 많다. 독단적 유형은 언제나 직설적이고 솔직하기 때문에 상대의 입장을 묻는 일이 없다. 의사소통 스타일이 공격적이며 향후 상호작용을 걱정하지 않는다. 그들의 관점에서 사업 관계는 존중에 근거하고 있으며 그 이상도 그 이하도 아니다. 독단적 유형은 무엇보다도 자기 말을 하고 싶어 한다. 말을 하고 싶어 할 뿐만 아니라 상대가 자기 말을 듣기 전까지는 상대의 말을 귀 기울여 듣지 못한다. 그들은 사람보다는 자기 자신의 목표에 집중한다. 그리고 질문을 하기보다는 의견을 전한다.

독단적 유형을 대할 때에는 상대가 말하려는 바에 집중하는 것이 최선이다. 일단 자신이 이해받았다고 확신하면 그때, 아니 그때서야 상대의 관점을 경청하려고 할 것이기 때문이다. 독단적 유형에게 침묵은 말할 기회다. 이 유형에게 미러링은 정말 효과적인 도구다. 교정 질문, 명명, 요약도 마찬가지다. 독단적 유형에게 얻어 낼 수 있는 가장 중요한 반응은 "그래요, 맞아요."이며 이는 "바로 그 말이에요." 나 "정곡을 찌르시네요." 같은 형태로 나타날 수 있다.

호혜에 관한 한 이 유형은 '되로 주고 말로 받는' 성향을 나타낸다. 당신이 무엇을 주더라도 이 유형인 사람은 그것을 받을 만한 자격이 있다고 생각하기 때문에 뭔가 보상을 해야 한다고 인식하지 않을 것이다. 사실 단지 더 받아낼 기회를 노릴 것이다. 만약 이 유형이 양보를 했다면 답례를 받을 때까지 시간을 초단위로 재면서 기다리고 있을 것이다.

당신이 독단적 유형이라면 특히 말투에 주의하라. 지나치게 가혹할 의도가 아니었다고 해도 그런 식으로 보이기 쉽다. 부드러운 말투를 의식적으로 사용하고 유쾌한 분위기를 만들기 위해 노력하라. 교정 질문과 명명을 사용하면 좀 더 친근한 분위기를 만들고 협력 기회를 늘릴 수 있으므로 상대에게 이를 활용하라.

각 유형이 시간의 중요성을 어떻게 다르게 보는지 살펴봤다(시간=준비, 시간=관계, 시간=돈). 또한 각 유형은 침묵도 완전히 다른 방식으로 해석한다.

나는 전형적인 독단적 유형이다. 한 회의에서 순응자 유형인 사람이 계약 파기에 대해 얘기했다. 나는 '대체 뭘 했지? 상대에게 소리지르고 나왔나?'라고 생각했다. 내가 그런 식으로 계약을 날리기 때문이다.

그러나 알고 보니 그는 침묵을 지켰다. 순응자 유형에게 침묵은 분노를 뜻한다. 반면에 분석가에게 침묵이란 생각하고 싶다는 뜻이다. 독단적 유형은 상대가 침묵하면 더 이상 할 말이 없거나 자신의 말을 듣고 싶어하는 것으로 해석한다. 내가 그렇기 때문에 안다. 내가 말을 하지 않는 유일한 경우는 할 말이 정말 없을 때다.

이런 유형들이 서로 교차할 때 재미있는 상황이 벌어진다. 분석가가 생각하려고 말을 멈췄을 때 상대가 순응자라면 불안에 떨고 상대가 독단적 유형이라면 입을 열기 시작해서 분석가를 짜증나게 만든다. 분석가는 마음속으로 '내가 생각하려고 할 때마다 당신은 얘기할 기회로 받아들이는군. 언제쯤이면 그 입을 다물 거야?' 라고 생각한다.

다음으로 넘어가기 전에 사람들이 상대의 유형을 파악하지 못하는 경우가 많은 이유를 얘기해보겠다. 나는 다른 사람의 유형을 정확히 파악하는 데 가장 큰 장애물을 가리켜 '나는 정상' 역설이라고 부른다. 즉, 다른 사람들도 내가 세상을 보는 대로 세상을 볼 것이라는 가정이다. 사실 그렇게 가정하지 않는 사람이 누가 있겠는가?

아무런 잘못도 아니고 당연한 일이긴 하지만 자신이 정상이라는 생각은 협상에서 가장 위험한 가정 중 하나다. 이렇게 가정할 때 우리는 무의식 중에 자신의 유형을 상대에게 투사하게 된다. 그러나 세 가지 유형의 협상가가 존재하므로 상대가 당신과 다른 유형일 가능성은 66%다. 그들 역시 당신과 다르지만 '정상'이다.

예전에 한 CEO가 자기는 협상 10건 중 9건이 실패할 것이라고 예상한다고 말했다. 이 CEO는 자기 신념을 상대에게 투사하고 있을 가능성이 높다. 실제로 그는 아마도 10번 중 단 한 번만 자기와 비슷한 사람을 만났을 것이다. 상대가 자기와 다르다는 사실을 이해했더라면 분명히 성공률을 높일 수 있었을 것이다.

준비하는 방식부터 대화에 임하는 태도에 이르기까지 세 가지 유형은 서로 다른 협상 방식을 취한다. 따라서 효율적인 흥정 방식을 생각하기 전에 상대가 생각하는 '정상'이 무엇인지부터 이해해야 한다. 당신과 다른 상대에게 마음을 열어 놓음으로써 그 사람의 유형을 파악해야 한다. 협상에 관한 한 황금률은 적용되지 않기 때문이다.

강타와 반격에 대비하기

협상학자들은 감정을 배제한 이성적인 과정으로 흥정을 취급하고자 한다. 그들은 판매자와 구매자의 가격이 겹치는 조파zopa, 즉 합의 가능 영역을 강조한다. 예를 들어 토니가 자기 차를 판매하려고 하는데 5,000달러 이하로는 판매할 생각이 없고 사만사는 차를 사려고 하는데 6,000달러 이상을 지급할 생각이 없다고 하자. 그러면 조파는 5,000달러~6,000달러 사이가 된다. 조파가 존재하는 거래도 있고 존재하지 않는 거래도 있다. 전부 아주 이성적이다. 사실 그렇게 생각하도록 부추기고 있을 뿐이다.

우리는 이 개념에서 벗어나야 한다. 실제로 흥정할 때 공격적인 협상가들은 조파를 활용하지 않는다. 노련한 협상가는 터무니없는 제안, 극단적인 기준점으로 시작하는 경우가 많다. 이에 대처할 준비가 되어 있지 않다면 정신을 놓고 곧바로 최고액을 부르게 된다. 그것이 인간의 본성이다. 상대의 귀를 문 것으로 유명한 권투선수 마이크 타이슨Mike Tyson은 "누구나 한 방 맞기 전에는 그럴듯한 전략을 세우고 있다."라고 말하기도 했다.

당신이 끈질기게 정보를 찾고 수집하며 만반의 준비를 갖춘 협상가라면 상대의 패를 보고 싶어서 그가 먼저 값을 부르기를 바랄 것이다. 극단적인 기준점을 기꺼이 환영할 것이다. 그러나 극단적인 요구는 강력한 힘을 발휘하게 만들고 감정이 고조될 가능성도 커진다. 상대가 극단적인 기준점을 제시했을 때 자기 자신에게 불리한 가격을 부르거나 화를 내지 않고 난국을 돌파할 수 있는 방법이 있다. 일단 이런 전술을 배우고 나면 강타와 반격을 멋지게 이겨낼 준비를 하게 될 것이다.

먼저 상대의 마음을 터놓는 방식으로 상대의 공격을 반사하라. 유능한 협상가는 앞에서 얘기한 방식 중 하나("제가 어떻게 그것을 수용할 수 있겠습니까?")를 사용해 '아니요'라고 말하거나 "지금 우리가 달성하려는 바는 무엇입니까?"와 같은 질문으로 극단적인 기준점을 비껴간다. 타협이라는 덫에 걸려 들어가고 있다고 느낄 때 이런 반응은 다시 상대에게 초점을 맞출 수 있는 훌륭한 방법이다. 또는 한 방 먹이려는 요구에 그냥 주변을 맴도는 방식으로 대응할 수도 있다. 만약 흥정에 끌려 들어가는 느낌이 든다면 어떤 최종 가격이라도 수용할 수 있을 만한 금전과 무관한 부가 쟁점으로 대화를 돌릴 수 있다는 뜻이다.

기운을 북돋는 목소리로 "잠시 가격 얘기는 제쳐두고 만족스러운 거래를 위해 무엇이 필요할지 말해보죠."라고 말함으로써 이를 직접적으로 실행할 수 있다. 또는 "제가 그 가격에 만족할 만한 다른 어떤 제안을 하실 수 있습니까?"라는 질문과 같이 좀 더 간접적인 방식을 취할 수도 있다.

상대가 당신에게 먼저 조건을 제시하라고 다그치는 경우 그 손아귀에서 빠져나오라. 가격을 제시하는 대신 다른 누군가가 청구할 수도 있는 엄청나게 높은 숫자를 암시하라. 한 병원 체인이 내게 먼저 가격을 제시하라고 했을 때 "음, 하버드 대학교 경영대학원에 의뢰하시면 학생 1인당 하루에 2,500달러를 청구할 겁니다."라고 말했다.

여기에서 중요한 사항은 어떤 일이 일어난다고 하더라도 상대의 정보를 흡수하는 것이다. 상대가 먼저 조건을 제시하도록 하면 그에 대해 대단히 많은 사실을 알 수 있다. 당신은 그저 그 첫 번째 강타를 받아들이는 방법을 배우기만 하면 된다.

조지타운 대학교 경영대학원에서 가르쳤던 파루크라는 학생은 두바이에서 대규모 동문회를 열기 위한 자금을 마련하러 경영대학원 학과장에게 제안하러 갔을 때 한 방 먹은 이후에도 단념하지 않는 방법을 보여줬다. 그는 600달러가 필요했고 학과장은 마지막 기댈 곳이었기 때문에 절박한 상황이었다.

면담 자리에서 파루크는 학과장에게 학생들이 두바이 동문회를 얼마나 기대하고 있으며 그 행사가 해당 지역에 조지타운 대학교 경영대학원 브랜드를 알리는 데 얼마나 도움이 될지 얘기했다. 파루크가 말을 끝내기도 전에 학과장이 끼어들었다.

학과장은 "흥미진진한 행사를 계획하고 있는 것 같네요. 하지만 재정이 빠듯해서 300달러 이상 승인하기는 어려워요."라고 말했다.

파루크는 학과장이 그렇게 빨리 조건을 제시하리라고는 예상하지 않았다. 그러나 만사가 항상 계획대로 되지는 않는다. 파루크는 "예산 한도를 생각할 때 많이 배려해주신 제안이지만 두바이 동문회 행사를 위한 비용으로 얼마나 도움이 될지 확신이 서지 않네요."라고 말함으로써 학과장이 제안한 비용의 한계를 인정하면서도 '아니요'라는 단어를 쓰지 않고 거부 의사를 표시했다. 그 다음 파루크는 극단적인 기준점을 제시했다. "제가 생각하는 금액은 사실 아주 높습니다. 1,000달러가 필요해요." 그렇게 극단적인 수치를 제시하자 예상대로 학과장은 금방 무너졌다.

"그건 내가 감당할 수 있는 수준을 크게 벗어난 비용이고 그것은 절대 수용하기 어려워요. 500달러를 드리죠."

100달러 정도 부족해도 행사를 치를 수는 있었기에 파루크는 그냥 받아들이고 싶은 마음이 반쯤 들었지만 하향 지원의 저주를 떠올렸다. 그는 계속 전진하기로 결심했다. 500달러는 목표한 바에 가까웠지만 완전히 도달하지는 못했으므로 그는 850달러면 어떻게 될 것 같다고 말했다.

학과장은 이미 자기가 원하는 그 이상을 제시했고 500달러면 합당하다고 대답했다. 이 시점에서 파루크가 충분히 준비를 하지 못했더라면 포기했겠지만 그는 공격에 대비할 준비를 하고 있었다. 그는 "학과장님이 제시하신 비용은 아주 합당하고 예산이 제약이 있다는 점도 잘 알고 있습니다만 학교 행사를 제대로 하려면 비용이 더 필요합니다. 775달러는 어떤가요?"라고 말했다. 학과장은 미소를 지었고 파루크는 자기가 이겼음을 알았다. 학과장은 "얻어내고자 하는 구체적인 비용이 있는 것 같네요. 솔직히 말해보세요."라고 말했다. 파루크는 학과장의 말에 진정성을 느끼게 되어 생각하는 비용을 털어놓았다. 그는 "이 행사에 737.50달러가 필요하고 학과장님이 마지막 기댈 곳입니다."

학과장은 웃음을 터트리며 파루크에게 자신이 무엇을 원하는지 잘 알고 있다고 칭찬한 뒤 예산을 확인해보겠다고 말했다. 이틀 뒤 파루크는 학과장 사무실에서 750달러를 지급하겠다는 내용의 이메일을 받았다.

단 한 방에 상대를 제압하는 법

협상이 결판날 기미가 보이지 않고 진전이 없을 때에는 상황을 흔들어 상대가 완고한 사고방식에서 벗어나도록 자극할 필요가 있다. 이럴 때에는 강경한 움직임이 대단히 큰 효과를 발휘하는 도구가 될 수 있다. 먼저 공격을 개시해서 상대에게 한 방 먹여야 하는 상황도 존재한다.

그러나 만약 당신이 본래 상냥한 사람이라면 마이크 타이슨처럼 상대에게 펀치를 날리기는 진짜 힘든 일이다. 원래 자기 자신과 완전히 다른 사람이 될 수는 없다. 덴마크 속담처럼 '가진 밀가루로 빵을 굽기 마련'이다. 그러나 어떤 사람이든 몇 가지 도구를 배울 수는 있다. 똑똑하게 단언하는 효과적인 방법을 소개해보겠다.

전략상 분개

인시아드 경영대학원의 마르완 시나쇠르Marwan Sinaceur와 스탠포드 대학교의 라리사 티덴스Larissa Tiedens는 협상가가 분노를 표현함으로써 입지를 강화하고 최종 소득을 늘릴 수 있다는 사실을 발견했다.[2] 분노는 상대를 휘둘러 불리한 조건을 수용하도록 유도하는 데 도움이 되는 열정과 확신을 보여준다. 그러나 당신이 화를 내면 상대는 위험과 두려움을 예민하게 느끼게 되고 다른 인지 활동 수준이 떨어지게 된다. 그로 인해 상대는 실행에 문제를 유발할 가능성이 큰 잘못된 양보를 하게 되고 결과적으로 당신의 몫이 줄어들 수 있다. 또한 연구자들은 분노를 느끼지도 않으면서 거짓으로 화난 척 하는 경우 역효과를 유발해 감당하기 힘든 요구를 받게 되고 신뢰가 무너지게 된다는 사실도 발견했다. 분노가 효과를 발휘하기 위해서는 진짜 분노여야 한다. 또한 분노는 자신의 인지 능력도 감소시키므로 반드시 분노를 통제할 수 있어야 한다.

그러니 상대가 정말 열 받는 황당한 제안을 하는 경우 가능한 분노를 표현하지 말고 이를 그 사람이 아니라 제안에 돌려 "그런 일이 과연 어떻게 가능할지 모르겠군요."라고 말해보도록 하자. 이렇게 시의적절하게 화를 내는 방법을 가리켜 '전략상 분개strategic umbrage'라고 하며 이를 통해 상대가 문제를 깨닫게 할 수 있다.

콜롬비아 대학교 연구자 대니얼 에임스Daniel Ames와 애비 와즐라웨크Abbie Wazlawek가 실시한 연구에서 전략상 분개를 받아들이는 쪽에 있는 사람은 심지어 상대가 그렇게 생각하지 않는 경우에도 본인이 지나치게 독단적이었다고 평가할 가능성이 높았다.[3] 여기에서 진짜 중요한 교훈은 이 전략이 자기 자신에게 사용될 수 있다는 점에 유의해야 한다는 사실이다. '전략상 분개'의 희생양이 되지 않도록 주의하라. 분노를 표현하지 않고 침착하게, 즉 자신감 있고 자제하는 태도로 전달하는 위협은 대단히 효과적인 도구다. 침착하게 "죄송하지만 그 조건은 도저히 받아들일 수 없습니다."라고 말하면 분명히 효과적이다.

'왜'로 시작하는 질문

Chapter 7에서 '왜'로 시작하는 질문의 문제점을 이야기했다. 지구상 그 어느 곳을 가더라도 '왜?'라는 질문을 받으면 인간은 방어적인 태도를 보인다. 실험 삼아 다음번에 상사가 일을 시키면 "왜요?"라고 물어보고 어떤 일이 일어나는지 살펴보라. 동료, 부하, 친구들에게도 똑같이 해보라. 상대의 반응을 관찰하고 방어적인 태도를 발견하지 못했다면 알려 달라. 하지만 지나치게 많이 하지는 말라. 그랬다가는 직장에서 잘리고 친구들을 모두 잃게 될 것이다.

협상에서 내가 "왜 그러셨어요?"라고 말하는 때는 상대에게 충격을 주고자 할 때뿐이다. 하지만 이는 불확실한 기법이라서 권하지는 않는다. 그러나 '왜?'를 효과적으로 사용하는 다른 방법이 존재한다. 이는 상대가 당신의 입장을 두둔하도록 유도하기 위해 이 질문이 유발하는 방어성을 활용한다는 개념이다.

기이한 논리처럼 들리겠지만 효과가 있다. 기본 형식은 이렇다. 미심쩍어 하는 상대를 당신 편으로 끌어들이고 싶을 때 "왜 그렇게 하시겠어요?"라고 묻되, 당신에게 유리한 행동을 '그렇게' 부분에 넣는 식으로 하라. 예를 들어 보겠다. 경쟁업체로부터 고객을 빼내려고 한다면 고객에게 "왜 굳이 저랑 거래를 하시겠어요? 왜 굳이 기존 공급업체에서 갈아타시겠어요? 그 업체, 아주 훌륭하잖아요!"라고 말할 수 있다. 이런 질문에서 '왜?'는 상대가 당신 쪽으로 기울도록 구슬리는 역학을 한다.

'나' 전달법

1인칭 단수 대명사 사용은 대립으로 치닫지 않으면서 경계선을 긋는 아주 좋은 방법이다. "죄송합니다만 나는 그 조건을 받아들일 수 없습니다."라는 말에서 '나'라는 단어는 주장을 밝히는 동안 충분히 상대의 주의를 당신에게 전략적으로 집중시키는 역할을 한다.

전통적인 '나' 전달법은 상황을 잠시 멈추고 험악한 분위기에서 벗어나기 위해 '나'를 사용한다. 상대가 말하는 비생산적인 발언에 대응하고 싶은 경우 "당신이 ___할 때 ___하기 때문에 나는 ___라는 기분이 듭니다."라고 말할 수 있고 이는 상대에게 잠시 휴식을 요구하는 말이 된다. 그러나 지나치게 자신을 내세우지 않도록 조심하라. 공격적이거나 논쟁을 초래하는 말투를 사용하지 않도록 유념해야 하고 냉정하고 평온함을 유지하며 말해야 한다.

절실함을 보이지 말라

잘못된 협상보다는 협상 결렬이 낫다는 얘기는 앞에서도 이미 언급했다. '아니요'라고 말할 수 없다는 느낌이 든다면 인질로 잡힌 셈이다. 당신이 수락할 수 있는 최종 가격이 얼마인지 명확히 알고 있다면 기꺼이 협상을 그만둘 수 있어야 한다. 결코 협상에 절실함을 보이지 말라.

다음으로 넘어가기 전에 경계선을 그으려고 할 때에도 협력적인 관계 유지가 얼마나 중요한지 염두에 둬야 한다. 이런 대응을 할 때에는 강하게 한계를 설정하는 경계선 형태, 즉 애정 어린 엄격한 태도를 취해야지, 증오나 폭력으로 비쳐서는 안 된다. 분노를 비롯한

격한 감정은 드물게 효과가 있다. 그러나 계산된 행동일 때에 한하며 결코 인신공격의 형태를 취해서는 안 된다. 아무리 맹렬한 흥정 교섭 중에도 명심해야 할 가장 필수적인 원칙은 결코 상대를 적으로 보지 않는 태도를 고수하는 것이다.

협상 자리에서 반대편에 앉은 사람은 결코 문제가 아니다. 문제는 풀리지 않은 쟁점이다. 그러니 문제와 사람을 별개로 생각하고 쟁점에 초점을 맞추도록 하라. 이는 감정 격앙을 피하기 위한 가장 기본적인 전술 중 하나다.

반격은 최후의 수단이다. 나는 언제나 반격에 들어가기 전에 상황을 단계적으로 완화하려는 시도를 해보라고 제안한다. 잠시 머리를 식힐 휴식 시간을 갖길 권한다. 한발 물러나 심호흡을 하고 나면 상대도 더 이상 자신이 난국에 처해있다고 느끼지 않을 것이다. 오히려 원동력과 동력을 되찾게 되고, 그런 제안을 한 당신에게 고마워할 것이다.

반격과 경계선 설정 전략을 완만한 S 곡선이라고 생각해보라. 힘껏 가속해서 협상이라는 경사면을 올라온 당신은 모든 진전을 일시적으로 멈추고 걸림돌이 되고 있는 쟁점을 확대 또는 둔화시켜야 하는 정체기에 도달하게 된다. 그러다 결국에는 신뢰 관계를 회복해 다시 경사면으로 돌아간다. 갈등에 긍정적이고 건설적인 방식으로 접근하려면 '연대'만이 모든 문제 해결에 기본이라는 사실을 이해해야 한다. 결코 적을 만들지 말라.

애커먼 모형의 과정

그동안 오랜 시간에 걸쳐 내가 장사 밑천으로 만든 여러 가지 심리 작전을 소개했다. 교정 질문과 미러링은 상대가 협상을 포기하고 자기에게 불리한 제안을 하게 만드는 도구다. 그러나 여전히 협상은 전체 중 누가 얼마큼 가질지 결정하는 일로 요약할 수 있으며 가끔은 냉혹한 흥정꾼을 상대로 진짜 살벌한 거래를 해야 하는 상황에 처하기도 한다.

인질 협상을 할 때 나는 항상 살벌한 흥정에 직면했다. 자기 전략을 고수하면서 제멋대로 하는 데 이골이 난 수많은 사람을 상대로 흥정을 했다. 그들은 "돈을 내지 않으면 죽이겠다."라고 말하곤 했고 그 말은 진심이었다. 이들과 협상해서 이기기 위해서는 기술을 갈고닦아야 했다. 도구가 필요했던 것이다.

FBI 협상 교육을 받을 때 나는 지금까지도 사용하는 흥정 방법을 배웠다. 그리고 이 방법을 대단히 신뢰한다. 나는 이 방법을 가리켜 '애커먼 모형'이라고 부른다. 마이애미를 근거지로 몸값을 요구하는 납치 사건을 맡아 조언을 제공하는 회사를 설립한 마이크 애커먼Mike Ackerman이라는 전前 CIA 요원이 고안한 방법이기 때문이다. FBI는 마이크 애커먼과는 일한 적이 없지만 이 흥정법 개발에 참여한 애커먼의 직원들과 지속적으로 함께 일했다.

FBI에서 은퇴한 후에야 나는 마이애미로 가는 길에 마이크를 만났다. 내가 비즈니스 협상에서도 애커먼 모형을 사용한다고 말했을 때

마이크는 웃으면서 협상 분야에서 전설적 인물인 하버드 대학교 하워드 래이퍼Howard Raiffa 교수가 그 방법을 사용했고, 그가 어떤 상황에서든 애커먼 모형이 효과적이라고 말했다고 했다. 그의 얘기 덕분에 내가 틀리지는 않았음을 확신했다.

적어도 표면상으로 애커먼 모형은 제안과 역제안이 오가는 방법이다. 그러나 이는 흔히 활기를 잃기 쉽고 중간 가격으로 절충하는 뻔한 결과를 초래하는 흥정 역동을 타파하고자 할 때 아주 효과적인 시스템이다. 체계적이고 기억하기 쉬운 애커먼 모형의 과정은 단 4단계로 구성된다.

1 목표 가격(목적)을 설정하라.

2 첫 번째 제안을 목표 가격의 65%로 설정하라.

3 인상폭이 감소하도록 세 차례에 걸친 인상 가격을 계산하라(85%, 95%, 100%까지)

4 당신이 먼저 제안 가격을 올리기 전에 상대가 먼저 역제안을 하도록 공감이나 다양한 방식으로 거절하는 전술을 사용하라.

5 최종 금액을 계산할 때 예를 들어 3만 8,000달러가 아니라 3만 7,893달러처럼 딱 떨어지지 않는 구체적인 숫자를 사용하라. 이렇게 함으로써 그 수치는 신뢰성과 무게감을 얻게 된다.

6 최종 금액을 제시할 때 이제 한계라는 표시로 비금전적 항목(아마도 상대가 원하지 않을 것임)을 덧붙여라.

이 시스템의 특징은 지금까지 논의했던 호혜, 극단적인 기준점 제시, 손실 회피 등과 같은 심리 작전을 힘들여 생각할 필요 없이 통합한다는 점이다. 지금부터 무슨 뜻인지 이해하기 쉽게 단계별로 설명해보겠다.

먼저 목표 가격의 65%라는 최초 제안 가격은 극단적인 기준점을 설정한다. 이에 상대가 의욕을 상실해 곧바로 한계 가격을 제시할 가능성도 있다. 대단히 노련한 협상가가 아니라면 누구나 극단적인 기준점을 제시 받으면 인지 능력을 제한하고 무모한 행동을 유발하는 투쟁-도피 반응을 일으키게 된다. 이제 목표 가격의 85%, 95%, 100%로 점진적으로 인상하는 제안을 살펴보자. 인상 제안은 아껴서 사용해야 한다. 상대가 그쪽 입장에서 새로 제안을 한 뒤에나 상대가 자기에게 불리한 가격 제안을 하도록 유도할 수 있을지 살펴보고자 한다면 몇 가지 교정 질문을 던진 후가 적절한 시점이다.

인상 제안은 다양한 단계에 걸쳐 작용한다. 이는 먼저 호혜 규범을 끌어들인다. 즉, 상대 역시 양보를 하도록 한다. 자신에게 먼저 크리스마스카드를 보낸 사람에게 답장을 보낼 가능성이 높듯이 흥정할 때 자신에게 맞춰 타협안을 제시한 사람에게 양보할 가능성이 높다.

둘째, 인상폭이 감소하는 크기(위 단계를 보면 인상폭이 매번 절반으로 감소한다는 사실을 알 수 있다)를 보면서 상대는 당신을 한계점까지 쥐어짜고 있다고 확신한다. 마지막 단계에 이를 때쯤이면 상대는 진짜 마지막 한 방울까지 짜냈다고 느낄 것이다. 이 과정은 실제로 상대의 자존감을 드높인다. 연구에 따르면 양보를 받아내는 사람은 확고하게 '공정한' 제안을 받은 사람에 비해 흥정 과정에서 더 만족스러운 기분을 느끼는 경우가 많다고 한다. 사실 이들은 결과적으로 더 많은 돈을 지급하거나 더 적은 돈을 받는 경우에도 더 큰 만족을 느낀다. 마지막으로 딱 떨어지지 않는 숫자의 힘을 한 번 더 강조하고자 한다.

아이티에 있을 때 나는 애커먼 모형을 맹렬하게 사용했다. 18개월 동안 우리는 일주일에 납치 사건을 두세 건 맡았으며 경험상 인질 한 명당 요구 몸값이 1만 5,000~7만 5,000달러라는 사실을 알고 있었다. 나는 지독한 협상가였으므로 내가 맡은 모든 납치 사건에서 지급하는 몸값은 5,000달러 이하로 하겠다는 목표를 세웠다.

이 책에서 언급했던 첫 번째 사건은 정말 두드러졌다. 나는 극단적인 기준점으로 상대의 작전을 방해하며 교정 질문을 퍼부으면서 애커먼 과정을 밟아 나갔고 천천히 계속해서 사소한 일도 양보했다. 마침내 나는 흥정을 마무리하는 기묘한 숫자를 제시했다. 다음 날 마이애미 FBI 부서장이 내 동료에게 전화를 걸어 "보스가 이 자식과 4,751달러에 타협을 봤다고? 대체 1달러가 무슨 차이를 만드는 거지?"라고 말한 것을 평생 잊지 못할 것이다.

그들은 자지러지게 웃었고 그만한 이유가 있었다. 그 1달러는 터무니없었기 때문이다. 그러나 인간 본성에 작용한다. 2달러에 파는 물건은 찾아보기 힘들지만 1.99달러에 살 수 있는 물건은 수도 없이 많다는 점에 주목하라. 1센트가 뭐 그리 중요하겠는가? 전혀 중요하지 않다. 그러나 이는 항상 차이를 만든다. 노림수인지 뻔히 알면서도 우리는 그냥 2달러보다 1.99달러를 더 좋아한다.

집주인이 월세 올려달라고 요구할 때

조지타운 대학교 경영대학원에서 내 수업을 듣던 미샤리라는 학생은 월 1,850달러에 집을 빌리는 계약을 체결한 지 8개월만에 달갑지 않은 소식을 들었다. 집주인이 재계약을 원하는 경우 10개월 계약에 월 2,100달러, 1년 계약에 월 2,000달러를 받겠다고 통보해왔다. 미샤리는 그 집이 무척 마음에 들었고 더 나은 집을 구할 수 있을 거 같지 않았지만 기존 월세가 이미 너무 높았고 도저히 더 많은 돈을 낼 수는 없었다.

그는 우리 수업의 구호인 "자신이 생각하는 최고 수준으로 준비하라."라는 말을 마음에 새기고 주변 부동산 시세를 샅샅이 뒤져서 현재 집과 비슷한 아파트의 집세가 월 1,800~1,950달러라는 사실을 발견했다. 그러나 현재 집만큼 좋은 건물은 없었다. 그 다음 그는 재정 상태를 점검한 다음 자신에게 적정한 집세가 1,830달러라는 사실을 파악했다. 그는 임대차 중개인에게 면담을 신청했다.

두 사람이 만난 자리에서 미샤리는 자신의 상황을 자세히 설명했다. 그는 지금 사는 집이 정말 마음에 든다고 말하며 자신이 언제나 제때 월세를 지급하고 있음을 강조했다. 그는 그 집에서 나가야 한다면 아쉬울 것이고 집주인 역시 좋은 임차인을 잃게 되면 오히려 손해라고 말했다. 중개인은 고개를 끄덕였다.

그는 "전적으로 동의합니다. 저도 임대차 계약 갱신에 합의한다면 양측 모두에게 이익이 될 것이라고 생각합니다."라고 말했다. 이 시점에서 미샤리는 자기가 조사한 바를 꺼내놓았다. 그는 인근 건물 월세는 '훨씬' 낮다고 말했다. "위치나 시설 면에서 이곳이 좀 더 낫기는 하지만 어떻게 200달러나 더 낼 수 있겠나요?"

협상이 시작됐다. 중개인은 잠시 침묵을 지키다가 "좋은 지적을 하셨습니다만 지금 월세는 싼 편입니다. 월세를 더 올려도 될 만한 건물이죠."라고 말했다. 그때 미샤리는 극단적인 기준점을 제시했다.

그는 "건물 위치나 편의 시설이 더 좋다는 점은 숙지하고 있습니다. 하지만 죄송하게도 저는 도저히 어떻게 할 수가 없어요. 1년 계약으로 월 1,730달러면 적당하지 않나요?"라고 말했다. 중개인은 웃으면서 그 금액은 시장 가격에 훨씬 못 미치므로 절대 수용할 수 없다고 말했다.

미샤리는 흥정에 말려드는 대신 영리하게 교정 질문을 던졌다. "그렇다면 제가 이해할 수 있게 설명해주세요. 임대 갱신 금액은 어떻게 책정하십니까?" 중개인은 주변 시세, 수요와 공급 같은 요소를 기준으로 한다고만 답했다. 그러나 이로써 미샤리는 자기가 나가면 집주인이 집을 비워두게 될 위험이 있고 인테리어를 다시 해야 하므로 비용이 발생할 것이라고 주장할 기회를 얻었다. 그는 한 달 동안 집이 비면 2,000달러 손실이 발생할 것이라고 말했다.

그 다음 미샤리는 다시 가격을 제안했다. 지금 아마도 당신은 미샤리가 역제안을 받지 않은 채 가격을 연달아 두 차례나 제안했다며 고개를 흔들고 있을 것이다. 그 말이 맞다. 보통 이는 금지 사항이다. 그러나 즉석에서 전략을 조정할 수도 있어야 한다. 협상에서 주도권을 쥐고 있다고 느끼는 경우라면 이어서 두세 차례 공격할 수도 있다. 규칙에 얽매여 흐름을 망치지 말라.

"임대인 측 요구에 좀 더 맞춰 볼게요. 1년 계약에 월 1,790달러면 어떻습니까?" 중개인은 말을 멈췄다. 그는 "미샤리 씨, 걱정하시는 바는 이해하고 제안하시는 내용도 타당합니다만 그 금액은 너무 낮습니다. 하지만 일단 생각해볼 시간을 주시고 다음에 다시 만나기로 합시다. 어떠신가요?"라고 말했다.

전면적인 거절이 아닌 모든 반응은 당신이 주도권을 쥐고 있다는 사실을 명심하라. 두 사람은 5일 후 다시 만났다. 중개인은 "월세 조건을 다시 검토해봤는데 이건 정말 좋은 조건입니다. 1년 계약으로 월 1,950달러까지 해드릴 수 있습니다."라고 먼저 시작했다.

미샤리는 승리를 직감했다. 중개인을 조금 더 압박하기만 하면 됐다. 따라서 그는 중개인을 치켜세운 다음 '아니요'라고 말하지 않으면서 거절 의사를 표시했다. 이제 미샤리가 중개인 마음을 열기 위해 얼마나 똑똑하게 틀린 명명을 활용하는지에 주목해보자.

"저를 배려해주신 제안이긴 하지만 몇 블록만 떨어진 곳으로 이사하면 월 1,800달러인 집을 구할 수 있는데 어떻게 그 제안을 수용할 수 있겠습니까? 한 달에 150달러면 제겐 큰돈이에요. 제가 학생이라 잘 모르지만 차라리 집을 비워두는 위험을 감수하는 편이 더 낫다고 생각하시는 모양이네요."

중개인은 "그렇지 않습니다. 하지만 시장 가격보다 낮은 가격에 임대해 드릴 수는 없습니다."라고 대답했다. 미샤리는 마치 중개인이 자기가 가진 전 재산을 뽑아내려고 한다는 듯이 크게 한숨을 쉬었다. 미샤리는 "그러면 말이죠, 제가 처음에 1,730달러에서 1,790달러로 가격을 올렸잖아요. 1,810달러까지 올려드릴게요. 이 정도면 양쪽이 모두 만족할 수 있겠죠."라고 말했다. 중개인은 고개를 저었다. "미샤리 씨, 이 가격은 여전히 시장 가격보다 낮습니다. 그렇게 해 드릴 수는 없어요."

그때 미샤리는 애커먼 모형 중 마지막 제안을 준비했다. 그는 잠시 침묵하다가 중개인에게 펜과 종이를 달라고 했다. 그 다음 진짜 한계까지 스스로를 몰아붙이는 듯 가짜로 계산하기 시작했다. 마침내 그는 중개인을 올려다보며 "계산을 해 봤는데 제가 낼 수 있는 최대 금액은 1,829달러네요."라고 말했다. 중개인은 마치 그 제안을 제대로 파악하려는 듯 고개를 양쪽으로 빠르게 흔들었다. 마침내 그가 입을 열었다.

그는 "와, 1,829달러요. 회계사처럼 꼼꼼하게 따져보셨네요. 저희와 계약을 갱신하고 싶어 하는 의지를 높이 사서 이 조건으로 1년 계약을 하도록 하겠습니다."라고 말했다.

횡재! 인상폭을 감소하는 애커먼 제안과 딱 떨어지지 않는 숫자, 꼼꼼한 조사, 영리한 명명, '아니요'라고 말하지 않으면서 거절하는 전술을 얼마나 멋지게 조합했는지 보이는가? 그것이 집주인이 월세를 올리려고 할 때 낮추는 방법이다.

살다 보면 어쩔 수 없이 가차 없는 협상가와 마주 앉는 순간이 올 것이다. 명명, 미러링, 교정 질문 등 온갖 심리 작전을 펼치고 나면 드디어 '본론'에 들어가야 한다. 사람들에게 대부분 이는 결코 즐거운 일이 아니다. 그러나 일류 협상가는 그런 갈등이 대단히 멋진 거래로 이어지는 경우가 많다는 사실을 알고 있다. 또한 최고의 협상가는 그런 갈등을 즐긴다. 갈등은 진실과 창조성, 해결을 끌어낸다. 그러니 언젠가 가차 없는 흥정인과 얼굴을 마주하게 된다면 이번 장에서 배운 내용을 떠올려라.

■ 상대의 협상 유형을 파악하라. 일단 상대가 순응자인지, 독단적 유형인지, 분석가인지 알고 나면 상대에게 접근하는 올바른 방법을 이해할 수 있다.
■ 준비하고, 준비하고, 또 준비하라. 압력을 받으면 임기응변을 발휘하기 어렵다. 본인이 할 수 있는 최대 수준으로 준비해야 한다. 따라서 야심차되 정당한 목표를 설정하고 명명, 교정 질문, 거기에 도달하기 위해 사용할 대응 전략을 세우도록 하라. 그런 식으로 해서 흥정에 임한다면 즉흥적인 대응은 하지 않아도 된다.
■ 강타에 대비하라. 공격적인 협상가는 대개 상대의 작전을 무너뜨리기 위해 극단적인 기준점 제시로 흥정을 시작한다. 충분한 준비를 갖추지 않으면 싸워보지도 않고 최고액을 부르게 된다. 그러니 절충 덫에 걸리지 않도록 빠져나갈 전술을 준비하라.
■ 경계선을 설정하고 강타에 대비하는 법이나 분노하지 않고 반격하는 법을 배워라. 맞은편에 앉은 그 사람은 문제가 아니다. 문제는 상황이다.
■ 애커먼 계획을 마련하라. 험난한 흥정에 들어가기 전에 극단적인 기준치, 교정 질문, 명확한 제안으로 무장한 계획이 필요할 것이다. 65, 85, 95, 100%를 기억하라. 인상폭을 줄이고 마지막에 딱 떨어지지 않는 숫자를 제시하면 실제로 당신은 목표한 금액에 다가가고 있을 뿐인데도 상대는 당신이 쥐어짜고 있음을 믿게 될 것이다.

CHAPTER 10

블랙 스완을
찾아라

잔잔한 서풍이 불어오는 아름다운 봄날이었다. 1981년 6월 17일 오전 11시 30분, 뉴욕 주 로체스터에서 부모님과 함께 살고 있던 37세 남성 윌리엄 그리핀William Griffin이 2층 침실에서 나와 꼼꼼하게 꾸민 거실로 이어지는 반질반질한 계단을 밟고 내려왔다. 다 내려온 그리핀은 멈춰 서서 잠시 숨을 고른 뒤 한 마디 경고도 없이 엽총 세 발을 발사해 어머니와 벽지를 바르고 있던 일꾼을 죽이고 계부에게 치명상을 입혔다. 총성은 밀폐된 공간 안에서 울려 퍼졌다. 이후 그리핀은 집에서 나와 이웃에 있는 시큐리티 신탁은행까지 두 블록을 뛰어가면서 일꾼 한 명과 행인 두 명을 쐈다. 은행에 들어간 직후 그리핀이 은행 직원 9명을 인질로 잡고 고객들에게 나가라고 명령하자 사람들이 은행에서 전력으로 뛰어나오기 시작했다.

그로부터 3시간 30분 동안 그리핀은 경찰과 FBI 요원을 대상으로 폭력적인 농성을 벌였다. 그 와중에 그리핀은 은행 침입 경보를 듣고 처음으로 달려간 경찰관 두 명에게 총을 쏴 부상을 입혔고 은행 근처를 우연히 지나가던 사람 6명을 쐈다.

오후 2시 30분, 작은 사무실에 은행원 9명을 몰아넣고 그리핀은 지점장에게 경찰에 전화해서 메시지를 전달하라고 말했다. 밖에서는 로체스터 지방 경찰관 짐 오브라이언이 전화를 받는 동안 FBI 요원 클린트 반 잔트가 옆에 서 있었다. 지점장은 울먹이는 목소리로 "경찰이 오후 3시 정각에 은행 정문 앞 주차장에서 범인과 총격을 벌이지 않으면 인질을 죽여서 밖으로 시체를 던지겠답니다."라고 말했다. 그 다음 전화가 끊겼다.

그때까지 미국 역사상 인질범이 최종 시한에 인질을 죽인 적은 단 한 번도 없었다. 시한은 항상 정신을 집중시키기 위한 방법이었다. 악당들이 진짜로 원하는 바는 돈과 존중, 헬리콥터였다. 누구나 그 사실을 알고 있었다. 이는 영구 불변하는 '기지의 기지known known(우리가 알고 있다는 것을 아는 어떤 사실—옮긴이)'였다. 바로 진실이었다. 그러나 그 진실이 바뀌려고 하고 있었다.

다음에서 말할 내용은 블랙 스완, 즉 '예측하지 못한 숨은 정보

unknown unknown(미지의 미지)'의 힘을 보여준다. 이를 밝혀내는 사람은 협상 역동을 완전히 바꿔놓는 영향력을 미칠 수 있다. 블랙 스완을 파악하고 활용하는 사람이 협상 돌파구, 즉 상황이 자기에게 유리한 방향으로 완전히 바뀌는 기회를 만든다. 이제 그 방법을 소개한다.

예기치 않은 단서 인식하기

오후 3시 정각, 그리핀은 인질 중에서 마거릿 무어라는 29세 행원에게 손짓하며 유리로 된 은행 문 쪽으로 걸어가라고 말했다. 겁에 질린 무어는 시키는 대로 하면서도 자신은 어린 아들을 둔 편모라고 외쳤다.

그리핀은 무어가 하는 말에 귀를 기울이지도 상관하지도 않는 듯했다. 흐느끼는 무어가 현관에 다가서자 그리핀은 12구경 엽총으로 두 발을 발사했다. 커다란 총알 두 방이 모두 무어의 복부를 관통해 유리창까지 뚫고 나왔고 무어의 몸통은 거의 반으로 절단되다시피 했다. 밖에 있던 법률 집행 기관은 놀라서 할 말을 잃었다. 그리핀이 돈이나 존중, 도주 경로를 원하지 않는 것은 확실했다. 그는 죽기 전에는 밖으로 나올 생각이 없었다.

그때 그리핀은 전면 유리로 된 은행 창문 쪽으로 걸어가 몸을 유리에 기댔다. 길 건너편 교회에 대기하고 있는 저격수가 한눈에 볼 수 있는 곳이었다. 그리핀은 저격수가 거기 있다는 사실을 잘 알고 있고 그는 저격수를 겨냥해 총을 발사했다. 그러나 그리핀의 윤곽이 조준경에 나타난 지 1초도 채 되지 않아 저격수는 방아쇠를 당겼다. 그 리핀은 바닥에 쓰러져 사망했다.

블랙 스완 이론은 이전에는 불가능하다고 여겼거나 아예 생각조차 하지 않았던 일이 발생한다고 말한다. 때로는 사건이 100만 분의 1의 확률로 일어난다는 뜻이 아니라 상상조차 하지 않았던 일이 정말로 생긴다는 뜻이다.

블랙 스완이라는 개념은 위험 분석가 나심 니콜라스 탈레브Nassim Nicholas Taleb가 베스트셀러 《행운에 속지 마라Fooled by Randomness》[1]와 《블랙 스완The Black Swan》[2]에서 소개하면서 유명해졌지만 그 용어는 훨씬 예전부터 있었다. 17세기까지만 해도 고니는 하얗다고 생각했다. 그때까지 발견된 모든 고니가 하얀 깃털을 지니고 있었기 때문이었다. 17세기 런던에서는 불가능한 일을 가리켜 '블랙 스완(흑고니)' 이라고 했다.

그러나 1697년에 네덜란드 탐험가 빌렘 데 블라밍흐Willem de Vlamingh가 서부 오스트레일리아에 가서 흑고니를 발견했다. 생각할 수도 없었고 생각지도 않았던 대상이 갑자기 현실로 나타났다. 사람들은 언젠가 고니를 보게 되면 하얀색일 것이라고 예측해왔지만 흑고니를 발견하면서 이 세계관이 산산조각 났다. 물론 흑고니는 단순한 비유다. 진주만 공습, 인터넷 등장, 911 테러, 최근에 발생했던 금융 위기를 떠올려보라. 이중에서 그 어떤 사건도 예측하지 못했다. 그러나 깊이 생각해보면 지표는 전부 존재했다. 단지 사람들이 관심을 기울이지 않았을 뿐이다.

탈레브가 블랙 스완이라는 말을 사용하면서 이는 이전 경험에 근거한 예측이 소용없음을 상징하게 됐다. 블랙 스완은 우리가 일반적으로 예측하는 범주 밖에 존재하기 때문에 예측할 수 없는 사건 또는 지식이다. 이는 협상에서 아주 중요한 개념이다. 모든 협상 시간에는 다양한 정보가 존재한다. 상대의 이름이나 그가 내놓은 제안, 이전 협상에서 얻은 경험과 같이 우리가 알고 있는 정보가 있다. 이것이 '기지의 기지'다. 또한 상대가 아플 가능성이나 협상 담당자가 바뀔 가능성과 같이 존재한다는 사실은 확실히 알지만 알지는 못하는 정보가 있다. 이것이 '기지의 미지known unknown'이고 이는 마치 포커에서 조커와 같다. 존재한다는 사실은 알지만 누가 갖고 있는지는 모른다. 그러나 가장 중요한 정보는 우리가 모른다는 사실을 모르는 정보, 상상도 해보지 않았지만 발견된다면 판도를 바꿔놓을 정보다. 어쩌면 우리 협상 상대는 경쟁사로 이직을 할 것이기 때문에 계약이 결렬되길 바랄 지도 모른다. 이런 '미지의 미지'가 블랙 스완이다.

반 잔트를 비롯한 FBI 전체가 너무나 확고하게 '기지의 기지'와 사전 기대에 따라 접근하고 있었기에 해당 사건 발생을 예고하는 단서와 연관성을 눈치 채지 못했다. 그들은 눈앞에 있는 블랙 스완을 보지 못했다.

반 잔트가 잘못했다고 지적할 생각은 없다. 그는 이 사건에 집중해 법률 집행 기관이 할 수 있는 모든 임무를 다했다. 또한 콴티코에서 열린 교육 시간에 그 끔찍했던 6월 어느 날의 사건을 강의실을 가득 메운 요원들에게 얘기했다. 이는 경찰을 이용한 자살 현상, 즉 한 개인이 법률 집행 기관으로부터 치사 반응을 유발하는 위기 상황을 고의로 만드는 현상의 시초였으며 이 사건에는 이보다 더 중대한 교훈이 존재했다. 당시에나 지금이나 이 사건의 핵심은 무어의 죽음 같은 일이 두 번 다시 일어나지 않도록 방지하기 위해 예기치 않은 단서를 인식하는 것이 정말 중요하다는 사실이다.

1981년 6월 그날, 칸스가 계속해서 은행에 전화를 걸었지만 매번 전화를 받은 은행 직원은 즉시 전화를 끊었다. 바로 그때 어떤 사태인지 눈치를 챘어야 했다. 인질범에게는 언제나 요구사항이 있기 때문에 그들은 '언제나' 말을 한다. 인질범은 '언제나' 말하고 존중받으며 돈을 받고 싶어 한다. 그러나 그리핀은 달랐다.

이후 교착 상태가 지속되고 있는 와중에 한 경찰관이 지휘 본부에 들어와 몇 블록 떨어진 곳에서 두 명이 사망하고 한 명이 중상을 입은 사건이 발생했다는 소식을 알렸다. 반 잔트는 "우리가 이 사건을 알아봐야 할까요? 연관 관계가 있을까요?"라고 물었다. 그 누구도 제때 알아내거나 찾아내지 못했다. 만약 알아냈더라면 두 번째 블랙 스완을 밝혀냈을 수도 있다. 즉, 그리핀이 이미 금전을 요구하지 않은 채 몇몇 사람을 죽였다는 사실이다. 그리고 몇 시간 후 인질범은 인질 중 한 명에게 전화로 경찰에게 쪽지를 읽도록 시켰다. 신기하게도 요구사항이 없었다. 그 대신 그리핀의 삶과 그가 참아온 부조리를 횡설수설로 비판하는 내용이었다. 그 쪽지는 너무 길고 산만해서 결국 끝까지 낭독되지 못했다. 이 때문에 중요한 한 줄, 또 다른 블랙 스완이 밝혀지지 못했다.

"…경찰이 내 목숨을 앗아간 다음…"

이런 블랙 스완을 밝히지 못했기 때문에 반 잔트와 그의 동료는 상황을 있는 그대로 보지 못했다. 그리핀은 죽고 싶었고 경찰이 자기를 죽여주길 바랐다. FBI는 최종 시한에 총격전을 벌이는 일을 한 번도 겪어 본 적이 없었기에 그 정보를 과거에 일어났던 일에 끼워 맞춰보려고 애썼다. FBI는 대체 그가 '실제로' 원하는 바가 무엇인지 파악하기 힘들어 했고, 그리핀이 험악한 분위기를 조성한 다음에 전화를 걸어 대화를 시작할 것이라고 예상했다. 최종 시한에 죽는 사람은 없다. 적어도 FBI는 그렇게 생각했다.

미지의 미지 밝히기

뉴욕 주 로체스터에서 1981년 6월 17일 오후 3시에 발생한 사건에서 얻은 교훈이 있다. 어떤 사건과 관련된 이런저런 정보의 앞뒤가 맞지 않는 이유는 대개 우리의 준거 틀이 적절하지 않기 때문이라는 것이다. 우리가 예상에서 벗어나지 않는 한 결코 정보의 앞뒤는 맞아 떨어지지 않는다.

모든 사건은 새롭다. 우리는 알고 있는 사실, 즉 '기지의 기지'를 지표로 삼아야 하지만 그에 얽매여서 우리가 모르는 사실을 놓쳐서는 안 된다. 어떤 상황에도 유연하고 적응할 수 있는 상태를 유지하면서 언제나 초심자의 마음을 지녀야 한다. 또한 결코 자신의 경험을 과대평가하거나 우리가 직면하고 있는 상황에서 시시각각으로 등장하는 정보나 감정을 과소평가하지 말아야 한다. 그러나 그 비극적인 사건에서 얻은 중요한 교훈은 여기에 그치지 않는다. 협상가가 '기지의 기지'에 지나치게 의존할 때 어떤 상황에서 나타나는 모든 정보를 보고 들을 수 없도록 방해하는 가정에 얽매이게 될 수 있다. 그러면 '미지의 미지'에 대한 감수성을 증진시킬 때 그 협상가는 극적인 돌파구를 창조할 정보를 보고 들을 수 있게 된다.

1981년 6월 17일에 발생한 사건에 대해 들은 순간, 나는 협상에 접근하는 방법을 전면적으로 바꿔야 한다는 사실을 깨달았다. 나는 각 협상에서 각 측이 적어도 세 가지 블랙 스완, 즉 상대측이 발견하는 경우 협상 전체를 바꾸게 될 세 가지 정보를 갖고 있다는 가설을 세우기 시작했다. 이후 경험을 통해 이는 사실로 밝혀졌다.

이제 나는 이것이 협상 기법에 있어 단지 사소한 수정이 아니라는 사실을 강조하고자 한다. 내가 세운 회사 이름과 우리 접근법의 상징으로 블랙 스완을 사용한 것은 우연이 아니다. 블랙 스완을 찾고 그에 따라 행동하려면 사고방식을 바꿔야 한다. 그러기 위해서는 협상을 1차원에서 말을 움직이고 이에 대항하는 체커 게임에서 한층 더 감정을 자극하고 직관적이며 효율적인 3차원 게임으로 바꿔야 한다. 물론 블랙 스완을 찾기란 쉬운 일이 아니다. 우리는 모두 어느 정도 맹점을 지니고 있다. 모퉁이를 돌 때까지는 그곳에 무엇이 있는지 모른다. 당연하게도 우리는 우리가 모르는 정보는 알지 못한다.

블랙 스완을 찾고 이해하려면 사고방식을 바꿔야 한다고 말하는 이유가 바로 그것이다. 기존에 사용하던 방식을 한층 더 넓혀 좀 더 직관적이고 민감한 청취 방식을 수용해야 한다. 이는 협상가에서 발명가, 마케터에 이르기까지 사회 각계각층에서 일하는 모든 사람에게 필수적인 자세다. 당신이 모르는 사실 때문에 당신이 죽을 수도 있고 협상이 결렬될 수도 있다. 가장 기본적인 문제는 고객, 사용자, 상대에게 어떤 질문을 해야 할지 모른다는 사실이다. 정확하게 질문하지 않으면 사람들은 대부분 우리가 원하는 정보를 분명하게 표현할 수 없다. 세상 사람들은 스티브 잡스에게 아이패드를 원한다고 말하지 않았다. 그가 우리의 욕구, 즉 우리가 존재하는지도 몰랐던 정보인 블랙 스완을 밝혔다.

협상은 언제나 제한된 예측 가능성으로 난항을 겪는다. 상대는 "정말 좋은 부지예요."라고 말하면서 그곳이 환경오염된 부지라는 사실은 언급하지 않을 수도 있다. 또는 "이웃이 시끄럽냐고요? 글쎄요, 누구나 조금씩은 소음을 내지 않나요?"라고 말하지만 사실은 매일 밤 헤비메탈 밴드가 그곳에서 연습할 수도 있다. 알려지지 않은 사실을 가장 잘 찾아내고 그에 적응하고 활용하는 사람이 승리하게 될 것이다. 이처럼 알려지지 않은 정보를 밝히려면 우리는 사람들에게 정보를 캐내야 하고 요청하면서 그 대답을 열심히 귀 기울여 들어야 한다. 질문을 많이 하라. 비언어적 단서에 대해 읽고 언제나 관찰한 바를 상대에게 말로 얘기하라.

이는 지금까지 배웠던 기법 그 이상은 아니다. 단지 좀 더 격렬하고 직관적일 뿐이다. 위장 뒤에 숨은 진실을 찾아야 한다. 불편과 거짓을 의미하는 짧은 망설임에 주목해야 한다. 예상한 바를 확인하고자 하지 말라. 그렇게 한다면 예상한 바를 찾게 될 것이다. 그 대신 바로 눈앞에 있는 사실에 근거한 현실에 눈떠야 한다.

블랙스완그룹이 협상을 준비하고 이에 참여하는 형식을 바꾼 이유가 바로 이것이다. 상대편과 접촉하기 전에 우리 팀이 아무리 많은 준비를 했다고 하더라도 우리는 언제나 "왜 그들은 바로 지금 전달하고 있는 내용을 말하고 있는가?"라고 자문한다. 협상은 상대에 맞서 경쟁하는 과정이라기보다는 줄타기에 가깝다는 사실을 기억하라. 맞은편에 있는 상대에 지나치게 집중하다 보면 다음 걸음에 집중하지 못하게 되고 그러면 줄에서 떨어질 수 있다. 다음 걸음에 집중하라. 그렇게 계속해서 발걸음을 옮기다보면 밧줄이 당신을 끝으로 인도할 것이다.

사람들은 대개 블랙 스완이 누군가가 독차지하고 있거나 극비 정보라고 예상하지만 실제로는 그 정보가 완전히 평범해보일 수도 있다. 협상 양측이 그 중요성을 완전히 의식하지 못하고 있을 수도 있다. 상대는 언제나 자신이 그 가치를 제대로 인식하지 못한 정보를 갖고 있다.

세 가지 종류의 레버리지

나중에 다시 블랙 스완을 밝히는 구체적인 기법을 설명하겠지만 먼저 블랙 스완이 유용한 이유부터 설명하고자 한다. 정답은 레버리지다. 블랙 스완은 레버리지를 크게 증대하는 역할을 한다. 블랙 스완을 알아내면 우위를 점할 수 있다.

'레버리지' 란 마법 같은 단어지만 협상 전문가들이 가볍게 던지기만 하고 좀처럼 철저하게 살펴보지 않는 개념이기도 하기 때문에 여기에서 자세히 살펴보고자 한다. 이론상 레버리지는 손해를 입히고 이익을 보류하는 능력이다. 상대는 어디에서 이득을 얻고 무엇을 잃기 싫어하는가? 이런 정보를 발견하면 상대의 인식, 행동, 결정을 좌우할 레버리지를 쌓을 수 있다고들 말한다. 하지만 인간의 인식이 비논리적인 현실에서 손해와 이익은 파악하기 힘든 개념이며 실제로 우리에게 불리한 어떤 레버리지가 존재하는지는 중요하지 않은 경우가 많다. 실제로 중요한 사실은 자신에게 영향을 미칠 수 있는 어떤 레버리지를 상대가 갖고 있다고 생각하는가라는 부분이다. 내가 레버리지는 항상 존재한다고 말하는 이유가 바로 그것이다. 레버리지는 근본적으로 감정적인 개념이기 때문에 실제 존재 여부와 무관하게 만들어낼 수 있다.

상대가 우리에게 말하고 있다면 레버리지는 우리에게 있다. 납치 사건에서 누구에게 레버리지가 있을까? 납치범일까, 피해자 가족일까? 사람들은 대개 납치범이 전적으로 레버리지를 지닌다고 생각한다. 물론 납치범은 우리가 사랑하는 사람을 데리고 있지만 우리 역시 그들이 탐내는 물품을 갖고 있다. 어느 쪽이 더 강력한가? 게다가 납치범이 팔려는 대상을 사겠다는 구매자가 몇 명이나 되겠나? 구매자가 단 한 명이라면 어떤 사업이 성공할 수 있는 레버리지는 시간, 욕구, 경쟁과 같은 여러 요소에 영향을 받는다. 지금 당장 집을 팔아야 한다면 시간 여유가 있는 경우보다 레버리지가 떨어진다. 팔고 싶기는 하지만 꼭 팔아야 하는 경우가 아니라면 레버리지가 커진다. 한꺼번에 여러 사람이 사려고 하는 경우에도 판매인에게 유리하다.

레버리지가 권력과 동일하지는 않다는 사실을 짚고 넘어가야겠다. 도널드 트럼프는 엄청난 권력을 지니고 있지만 만약 그가 사막에서 발이 묶여 있고 그 근방에서 유일하게 존재하는 가게 주인이 트럼프가 원하는 물을 판매한다면 레버리지는 가게 주인에게 있다. 레버리지를 양측 사이에서 출렁거리는 액체로 이해할 수도 있다. 협상을 할 때 우리는 어떤 순간에 어느 쪽 협상이 결렬되면 잃을 게 많다고 느끼는지에 항상 의식해야 한다. 잃을 게 더 많고 그 손실을 가장 두렵다고 느끼는 측이 레버리지를 적게 지니며 그 반대도 마찬가지다. 레버리지를 지니려면 협상이 결렬될 경우 상대가 실질적인 무엇인가를 잃게 된다고 설득해야 한다. 분류학 수준에서 레버리지는 정(+)의 레버리지와 부(−)의 레버리지, 규범의 레버리지까지 세 가지 종류가 존재한다.

정의 레버리지

정의 레버리지는 상대가 원하는 바를 제공하거나 반대로 유보하는 상당히 단순한 능력이다. "당신 차를 사고 싶습니다."와 같이 상대가

"…하고 싶습니다."라고 말한다면 우리가 정의 레버리지를 지니고 있다는 뜻이다.

상대가 그렇게 말할 때 우리는 권력을 지닌다. 상대의 욕망을 실현할 수도 있고 욕망 실현을 유보함으로써 고통을 안겨줄 수도 있다. 또는 다른 상대와 더 유리한 계약을 하기 위해 그 욕망을 사용할 수도 있다. 다음 예를 살펴보라.

사업체를 팔려고 내놓은 지 3개월이 지났을 때 마침내 잠재 구매자가 나타나 "제가 사고 싶습니다."라고 말했다. 그 순간에는 아주 신났지만 며칠 뒤 그가 무례하다고 느껴질 정도로 낮은 금액을 제안하자 기쁨은 실망으로 변했다. 이것이 당신이 받은 유일한 제안이라면 어떻게 하겠는가?

이제 상황을 바꿔 특별한 구매 의사는 없었다고 하더라도 다른 구매자들이 접촉한 적이 있었다고 해보자. 그런 적이 있었다면 경쟁 심리를 유발하기 위해 그 제안을 활용할 수 있고 그렇게 함으로써 호가 경쟁을 일으킬 수 있다. 적어도 잠재 구매자들이 선택하도록 강요할 수 있다. 그러나 다른 제안을 받은 적이 없거나 관심을 나타내는 구매자가 당신이 가장 선호하는 구매자가 아니라고 하더라도 당신은 상대가 구매욕을 드러내기 전보다는 더 큰 권력을 지닌다. 당신은 상대가 원하는 바를 통제한다. 숙련된 협상가가 제안을 미루는 이유가 바로 그것이다. 즉, 레버리지를 포기하고 싶지 않기 때문이다.

정의 레버리지를 지니면 협상 중에 심리 상태가 유리한 방향으로 바뀐다. 당신이 투자자로부터 무엇을 원하는 상황에서 양측이 서로에게 무엇인가를 원하는 상태로 바뀐다. 일단 정의 레버리지를 지니고 나면 상대가 원하는 다른 대상도 파악할 수 있다. 어쩌면 구매자가 당신의 사업체를 천천히 사고 싶어 할 수도 있다. 가격을 올리겠다고 하면 그렇게 할 수 있도록 협조하라. 어쩌면 그가 제안한 금액이 그의 전 재산일 수도 있다. 제시한 금액으로는 75%만 팔 수 있다고 제안함으로써 그가 자기가 원하는 바, 즉 당신의 사업체를 얻을 수 있도록 협조하라.

부의 레버리지

부의 레버리지는 보통 사람들 대부분이 '레버리지'라는 단어를 들었을 때 떠올리는 대상이다. 이는 상대를 괴롭힐 수 있는 협상가의 능력으로 위협에 근거한다. 상대에게 "약속한 바를 실행하지 않으면(또는 비용을 지불하지 않는 경우 등), 당신의 평판을 망쳐놓겠습니다."라고 말할 수 있다면 부의 레버리지를 지닌 셈이다.

부의 레버리지가 주목받는 이유는 앞에서 우리가 논의한 '손실 회피'라는 개념 때문이다. 유능한 협상가가 오랫동안 알아왔고 심리학자가 반복해서 증명해온 대로 인간은 잠재적인 손실을 그에 상당하는 이득에 비해 더 크게 느낀다. 인간은 유리한 계약을 따내기 위해 위험한 내기를 감수하기도 하지만 평판이 망가질 위험을 막고 싶은 마음은 훨씬 더 강력한 동기가 된다. 그렇다면 부의 레버리지임을 알아차리기 위해 어떤 종류의 블랙 스완에 관심을 기울여야겠는가? 유능한 협상가는 상대에게 무엇이 중요한지 알려주는 정보를 찾는다. 이는 대개 일부분만 드러나 있다. 상대의 지지자는 누구인가? 상대에게 지위와 평판은 무엇을 의미하는가? 상대의 가장 큰 걱정거리는 무엇인가? 이런 정보를 찾기 위해 협상 자리를 떠나서 상대를 아는 제3자와 대화를 나누는 방법을 사용할 수 있다. 그러나 상대와 교류하면서 수집하는 방법이 가장 효율적이다.

그렇기는 하지만 한 가지 경고하겠다. 나는 노골적인 협박이 옳다고 생각하지 않으며 미묘한 협박이라도 극도로 조심한다. 협박은 핵폭탄과 비슷하다. 제거하기 어려운 유독한 잔여물이 남게 될 것이다. 부정적인 결과를 초래할 가능성에 주의를 기울여 대처하지 않으면 본인이 피해를 보고 전체 과정에 악영향을 끼칠 수 있다.

상대에게 계속해서 부의 레버리지를 들이대면 상대의 자율성을 강탈하려는 듯이 비칠 수 있다. 인간은 자율성을 포기하느니 차라리 죽는 편을 택한다. 적어도 이성을 잃고 협상을 그만둘 것이다.

당신이 지닌 부의 레버리지를 명명함으로써 상대를 공격하지 않고도 명백하게 밝히는 좀 더 정교한 기법이 바람직하다. "항상 제때 지불해왔다는 사실에 대단히 큰 가치를 부여하시는 것 같군요."나 "당신이 저를 어떤 입장으로 내몰고 있는지는 개의치 않는 모양이네요"와 같은 문장을 사용하면 협상을 진전시킬 수 있다.

규범의 레버리지

인간은 누구나 규칙과 윤리 개념을 지니고 있다. 규범의 레버리지는 우리 입장을 밀고 나가기 위해 상대의 규범과 기준을 활용하는 개념이다. 상대의 신념과 행동 사이에 모순이 존재함을 증명할 수 있다면 규범의 레버리지를 지니고 있다고 말할 수 있다. 위선자처럼 보이고 싶어 하는 사람은 아무도 없다. 예를 들어 상대가 회사를 구매할 때 일반적으로 어느 정도 금액을 지급하는지 정보를 노출했다면 그 평가액을 반영하는 방식으로 희망 가격을 형성할 수 있다.

상대가 무슨 생각을 하는지 물어보며 터놓고 듣는 간단한 방법으로도 상대의 규범 가치를 알려주는 블랙 스완을 발견할 수 있다. 상대가 어떤 얘기를 하는지 주의 깊게 듣고 그대로 말해주기만 하면 된다.

상대의 종교를 알아내라

2003년 3월에 911 테러 이후 가장 예상치 못한 테러리스트 중 한 명이 된 어떤 농부와 협상을 하게 됐다. 노스캐롤라이나 주에서 담배 농사를 짓는 드와이트 왓슨이 담배 농부를 망하게 하려는 수작이라고 생각하는 정부 정책에 항의하기 위해 일으킨 사건이었다. 그가 현수막과 뒤집은 미국 국기를 단 트랙터를 소형 트럭에 매달아 워싱턴 D.C.까지 끌고 오면서 시작됐다.

워싱턴 D.C.에 도착했을 때 왓슨은 트랙터를 워싱턴 기념탑과 베트남 전쟁 참전용사 기념비 사이에 있는 연못에 밀어 넣은 뒤 안에 있는 '유기인산화합물' 폭탄을 터트리겠다고 위협했다. 경찰이 링컨 기념관부터 워싱턴 기념탑까지 8개 블록을 차단하면서 워싱턴 D.C.는 폐쇄에 들어갔다. 순환고속도로 저격수 공격 사건이 발생한 지 몇 개월밖에 지나지 않았고 이라크 전쟁에 임박한 무렵이었으므로 사람들은 왓슨이 이렇게 간단하게 미국 수도를 혼란에 빠뜨렸다는 사실에 기겁했다.

왓슨은 〈워싱턴포스트〉와 통화를 하면서 보조금 삭감이 어떻게 담배 농가를 죽이는지 보여주는 사명을 죽을 각오로 수행하고 있다고 말했다. 그는 〈워싱턴포스트〉에 하나님이 시위를 벌이라고 지시하셨기 때문에 자리를 뜨지 않을 것이라고 말했다. 그는 "미국이 이런 식으로 통치하다니 있을 수 없는 일이며 나는 굴복하지 않을 것입니다. 폭탄이 터지면 완전히 박살나겠죠. 기꺼이 천국행을 택하겠습니다."라고 말했다.

나는 워싱턴 기념탑이 있는 공원에 배치한 개조 레저용 차량에 투입됐고, 그곳에서 FBI 요원 팀과 미국 공원 경찰을 이끌면서 왓슨을 설득해 자살을 막고 정보를 모으고자 했다. 그렇게 우리는 일에 착수했다.

미국 수도의 상당 부분을 파괴하겠다고 위협하는 사람을 상대로 하는 협상은 당연하게도 긴장감이 흘렀다. 명사수들이 왓슨에게 총을 겨눴고 그가 위험한 움직임을 나타내면 발포해도 좋다는 '허가'를 받은 상태였다.

어떤 협상에서나 마찬가지이지만 특히 이렇게 긴장된 협상에서 성공을 결정하는 요소는 얼마나 말을 잘하느냐가 아니라 얼마나 잘 듣는가이다. 설득력 있게 말하고 상대의 반향을 불러일으킬 선택지를 만들어내려면 먼저 '상대'를 이해해야 한다. 눈에 보이는 협상이 있고 그 다음 모든 요소가 표면 아래(블랙 스완이 숨어 있는 비밀 협상 장소)에 숨은 협상이 존재한다.

상대의 세계관, 존재 이유, 종교를 이해함으로써 이런 은신처에 접근할 수 있는 경우가 아주 흔하다. 실제로 상대의 '종교'(신이 관계된 경우도 있지만 아닌 경우도 있다)를 파헤치는 작업은 본질적으로 협상의 장을 뛰어넘어 감정을 비롯한 여러 측면에서 상대의 인생을 들여다보는 일이다. 일단 상대의 세계관을 이해하고 나면 영향력을 구축할 수 있다. 따라서 왓슨과 대화하는 동안 나는 그를 논리적으로 설득해 항복을 받아내려고 하는 대신 그가 어떤 사람인지 밝히는 데 에너지를 쏟았다.

이 작업을 통해 우리는 왓슨 집안이 5대에 걸쳐 4,856제곱미터에 달하는 담배 농장으로 생계를 꾸려왔으나 점점 힘에 부치고 있다는 사실을 발견했다. 가뭄 피해를 입고 작물 쿼터가 절반으로 줄어든 이후 왓슨은 더 이상 농장을 꾸려나갈 수 없다고 판단하고 자기 주장을 관철하기 위해 워싱턴으로 차를 몰고 왔다. 그는 관심 받고 싶어했고 그가 원하는 바를 알게 되면서 우리는 '정의 레버리지'를 지니게 됐다. 또한 왓슨은 자신이 퇴역 군인으로서 지켜야 할 규범이 있다고 말했다. 이를 알면 '규범의 레버리지'를 확보하게 된다는 점에서 정말 반가운 소식이다. 그는 기꺼이 항복할 의사가 있지만 지금 당장은 아니라고 했다. 1970년대에 제82공수부대에서 헌병 장교로 복무한 그는 적진 속에서 궁지에 몰리게 될 경우 3일 이내에 구원 부대가 도착하지 않는다면 명예롭게 철수할 수 있다고 배웠다. 그러나 그 전에는 안 됐다.

이제 우리는 그를 추궁할 수 있는 규칙을 알아냈다. 그가 물러날 수 있다고 말한 것으로 봤을 때 역시 죽을 각오가 됐다고 엄포를 놓고 있기는 하지만 실은 죽고 싶지 않다는 사실을 의미했다. 인질 협상에서 가장 먼저 파악해야 할 점 중 하나는 상대가 살아 있는 미래상을 꿈꾸고 있는지 여부다. 왓슨은 이에 그렇다고 답했다.

우리는 그가 원하는 대상, 즉 자신의 생계를 지키고자 하는 점에서 부의 레버리지라고 할 수 있는 이 정보를 사용해 자기 말을 들어주길 바라는 욕망으로부터 발생하는 정의 레버리지와 함께 협상에 착수했다. 우리는 왓슨에게 이 사건으로 이미 그가 전국 뉴스에 나왔고 앞으로도 자기 주장을 펼치고 싶다면 계속 살아야 한다고 강조했다.

왓슨은 살아서 빠져나가지 못할 가능성도 있다는 사실을 이해할 만큼 충분히 현명했으나 여전히 군인으로서 명예라는 규칙을 중시했다. 자기 자신의 욕망과 두려움이 정의 레버리지와 부의 레버리지를 만들어냈으나 그것보다도 그가 살면서 지켜온 규범이 더 중요했다.

그냥 3일째가 될 때까지 기다리고 싶은 마음도 있었으나 그렇게까지 버틸 수 있을지 의문이었다. 시간이 흐르면서 분위기는 점점 날카로워졌다. 워싱턴 D.C.는 포위된 상태였고 왓슨이 폭발물을 갖고 있다고 믿을 만한 이유도 있었다. 그가 자칫 잘못 움직이거나, 잠시 정신이 나가 이상한 행동을 하면 저격수가 그를 죽일 것이었다. 이미 몇 차례 분노를 터트린 바 있었으므로 시간이 지날수록 그는 위태로워졌다. 또한 여전히 자살할 가능성도 존재했다. 하지만 우리는 그 사실을 건드릴 수 없었다. 그를 죽이겠다고 위협하면서 그 작전이 효과적일 것이라고 기대할 수는 없었다. 그 이유는 '권력의 역설'이라는 말로 설명할 수 있다. 이는 압력을 더 세게 가할수록 저항에 부딪칠 가능성 또한 커지는 현상이다. 부의 레버리지 사용을 삼가야 하는 이유가 바로 이것이다.

여전히 시간은 없었고 우리는 속도를 내야 했다. 다음에 일어난 일은 상대의 세계관을 이해하기 위해 진심으로 경청함으로써 어떻게 협상의 역동을 완전히 바꾸는 블랙 스완을 찾을 수 있는지 보여주는 훌륭한 사례다. 왓슨은 자기가 무엇을 알고 싶은지 우리에게 직접적으로 말하지 않았지만 세심한 주의를 기울임으로써 우리는 그가 말한 모든 것을 알려주는 파악하기 어려운 진실을 밝혔다.

36시간이 지났을 때 왓슨이 간접적으로 언급하는 바에 열중해서 듣고 있던 우리 팀의 FBI 요원 위니 밀러가 내게 말했다. 밀러는 내게

"그는 독실한 기독교신자예요. 왓슨에게 내일이 예수가 십자가에 못 박혀 죽은 지 3일째 되는 날이라고 말하세요. 기독교인은 이날 예수 그리스도가 무덤에서 나와 천국으로 갔다고 믿어요. 예수가 이날 무덤에서 나왔다면 왓슨이 왜 마다하겠어요?"라고 말했다.

이는 경청을 기막히게 사용한 예였다. 밀러가 왓슨이 하는 말에 숨은 의미를 그의 세계관이라는 지식과 결합한 덕분에 우리는 건성으로 들은 것이 아니라 왓슨이 하는 말을 귀담아 들었다는 사실을 전할 수 있었다.

우리가 왓슨이 하는 말에 숨은 의미를 정확히 이해했다면 이로써 그는 명예롭게 농성을 끝낼 것이며 자신의 신념을 존중하는 상대라면 항복할 수 있다는 마음가짐을 갖게 될 것이었다. 상대가 결정을 내릴 때 적용한 세계관에 일치하는 요구를 할 때 우리는 상대에게 존경하는 마음을 보이게 되며 이를 통해 관심을 얻고 성과를 올릴 수 있다. 상대의 종교를 알아내는 것은 단지 규범의 레버리지 그 자체를 확보하는 데 그치지 않는다. 나아가 상대의 세계관(이 경우에는 말 그대로 종교)을 전반적으로 이해할 수 있고 그 지식을 활용해 협상 작전을 세울 수 있다.

종교는 이를 믿는 사람에게 권위를 발휘한다는 점에서 상대의 종교를 활용하는 전략은 대단히 효율적이다. 상대에게 '종교'란 시장이나 전문가, 신 또는 사회 등 중요하게 여기는 어떤 대상이 공정하며 정당하다고 결정한 것이다. 그리고 사람은 그 권위에 따른다.

이후 우리는 왓슨과 통화를 하면서 다음 날이 예수가 십자가에 못

박혀 죽은 지 3일째 되는 날이라고 말했다. 왓슨이 말을 하지 않아 침묵이 오래 계속되는 순간이 있었다. 협상 작전 본부가 너무 조용해서 옆 사람 심장 박동 소리가 들릴 정도였다.

왓슨은 기침을 하며 갈라진 목소리로 "나가겠습니다."라고 말했다. 그리고 그가 48시간에 걸친 농성을 마치고 자살을 포기하고 나오자 워싱턴 D.C.가 다시 원래 생활을 재개할 수 있게 됐다. 폭발물은 발견되지 않았다. 왓슨 사건에서 '상대의 종교를 아는 것'이 중요한 이유는 명확히 알 수 있었을 것이다. 이에 상대의 종교를 정확하게 파악하는 데 도움이 되는 조언을 두 가지 알려주고자 한다.

- 경청한 내용 전부를 재검토하라. 한 번에 모든 내용을 들을 수는 없으므로 재확인하라. 자신이 정리한 내용과 팀원들이 쓴 내용을 비교하라. 협상 진전에 도움이 되는 새로운 정보를 발견할 수 있을 것이다.
- 행간을 읽는 작업에 주력하는 전문가를 배치하라. 당신이 놓친 부분을 지적해 줄 것이다.

다시 말해 듣고, 다시 듣고, 좀 더 들어라. 지금까지 우리는 어떻게 거대한 블랙 스완인 상대의 '종교'를 전반적으로 이해함으로써 협상 결과로 이어지는 규범의 레버리지를 확보할 수 있는지 살펴봤다. 그러나 이밖에도 상대의 '종교'를 알아냄으로써 좀 더 유리한 결과를 얻을 수 있는 방법이 존재한다.

유사성 원칙

유능한 협상가가 오랫동안 알고 있었던 사실이 사회 과학 연구를 통해 밝혀졌다. 즉, 우리는 자신과 비슷하다거나 친숙하다고 느끼는 사람을 더 잘 믿는다는 사실이다. 인간은 자신의 집단에 속한 사람을 신뢰한다. 소속감은 아주 오래된 본능이다. 만약 그 본능, 즉 "아, 우리는 세계를 같은 방식으로 보는군요."라는 감각을 유발할 수 있다면 즉시 영향력을 얻게 된다.

상대가 태도나 신념, 생각 또는 심지어 옷 입는 방식까지 우리와 비슷하게 보인다면 우리는 그 사람을 훨씬 더 좋아하고 신뢰하게 된다. 클럽 회원권이나 대학 동문과 같이 피상적인 유사성조차 깊은 신뢰 관계를 만들 수 있다.

그런 이유로 다양한 문화권에서 협상가는 제안을 생각도 하기 전에 관계 형성에 엄청난 시간을 투자한다. 양측 모두가 자기가 얻은 정보가 효율적인 계약 성립과 레버리지 구축에 필수적인 역할을 할 수 있다는 사실을 알고 있다. 이는 개들이 서로의 꽁무니 냄새를 맡으며 빙빙 도는 것과 비슷하다.

예전에 오하이오 주에 있는 한 업체 CEO와 서비스 계약을 맺고자 한 적이 있다. 이때 유사성 원칙이 중요한 역할을 했다. 그 CEO는 본인이 신앙 체험으로 다시 태어난 기독교인이라는 사실을 드러내는 말을 끊임없이 언급했다. 대화를 나누는 동안 그는 계속해서 고문단을 참여시킬지 말지 고민했다. 확실히 그는 고문단 문제로 골머리를 앓고 있었다. 어느 순간에는 심지어 "아무도 나를 이해하지 못해."라고 말하기도 했다.

그 순간 나는 그가 말하는 내용의 본질을 포착하는 기독교 용어를 찾고자 머리를 열심히 굴리기 시작했다. 그때 교회에서 사람이 하나님의 자원을 정직하고 성실하게 책임을 다해 수행해야 한다는 의무를 설명하기 위해 자주 사용하는 어떤 단어가 떠올랐다. 나는 "당신에게 이 일은 정말 집사의 책무와 같은 일인가요?"라고 물었다. 즉시 그의 목소리에서 활기가 느껴졌다. 그는 "그래요! 당신이 유일하게 나를 이해하는 분이군요."라고 말했다. 그리고 그는 곧바로 우리를 고용했다. 한층 심오한 그의 존재 이유를 이해한다는 사실을 보여주고 유사성과 상호 소속감을 이용함으로써 그와 계약을 맺을 수 있었다. 이 기독교인과 일종의 동질감을 확립한 그 순간 우리는 계약을 따냈다. 단순히 유사성 그 자체 때문이 아니라 유사함을 느끼는 그 순간이 의미하는 상호 이해 때문이었다.

꿈과 희망의 힘

일단 상대의 종교를 알고 그가 인생에서 진정으로 원하는 바를 그려낼 수 있다면 그가 우리를 따라오도록 이끄는 방편 중 하나로 그런 열망을 활용할 수 있다. 엔지니어, 기업 임원, 아이 할 것 없이 자신이 특별한 일을 할 수 있다고 믿고 싶어 한다. 어릴 적 우리는 오스카상을 받는 영화배우나 경기를 승리로 이끄는 득점을 올리는 운동선수처럼 중대한 순간에 주역으로 활약하는 자신의 모습을 그려보곤 한다. 나이가 들어가면서 부모님, 선생님, 친구들은 가능한 일보다는 우리가 할 수 없는 일, 해서는 안 되는 일에 대해 더 많이 얘기한다. 우리는 믿음을 잃기 시작한다. 그러나 우리가 계속하고 싶었던 일에 누군가가 열정을 보이고 과감하게 그 일을 달성할 방법을 계획으로 세워오면 무엇이 가능한 일인지 바라보는 우리 인식이 바뀌기 시작한다. 우리는 모두 환희에 도달하는 방법을 갈구하게 되고 누군가가 용감하게 나서 그 방법을 제시하면 자연스럽게 따라가게 된다.

상대가 달성하지 못한 목표를 알아냈다면 그것을 달성하기 위한 상대의 능력에 열정을 표현함으로써 본인의 힘과 통솔력을 끌어내라. 워싱턴 위저즈 프로 농구팀과 워싱턴 캐피털 하키팀 구단주인 테드 레온시스Ted Leonsis는 이 일에 대단히 능하다. 레온시스는 언제나 손주에게 얘기해줄 불멸의 순간을 스포츠가 만들어가야 한다고 말한다. 누가 자기를 불멸의 인물로 만들어주겠다는 사람과 계약하고 싶지 않겠는가?

이유를 제시하라

한 조사 결과에 따르면 사람들은 논리적인 어조로 '이유'를 제시하는 요청에 호의적으로 반응한다고 한다. 1970년대 후반에 실시된 한 유명 연구[3]에서 하버드 대학교 심리학과 엘렌 랭어Ellen Langer는 동료 교수들과 함께 복사를 하려고 기다리는 사람에게 접근해 자기가 먼저 복사를 해도 되겠는지 물었다. 때로는 이유를 제시하고 때로는 이유를 제시하지 않았다. 그 결과 랭어 교수는 놀라운 사실을 발견했다. 이유를 제시하지 않았을 때에는 60%가 양보해준 반면, 이유를 제시했을 때는 90% 이상이 양보했다. 그 이유가 타당한지 여부는 중요하지 않았다.("저기요, 이거 5장인데요, 제가 먼저 복사를 좀 해도 될까요?" 라는 말은 대단한 효력을 발휘했다.) 사람들은 그 틀에 그냥 긍정적으로 반응했다.

복사와 같은 단순한 일에는 말도 안 되는 이유도 효과적이지만 좀 더 복잡한 일에는 상대의 종교를 반영한 이유를 제시함으로써 효과를 높일 수 있다. 만약 앞에서 말한 기독교인 CEO가 우리 회사와 계약하기로 합의했을 때 지나치게 낮은 금액을 제시했더라면 나는 아마도 "그렇게 해드리고 싶기는 하지만 저 역시도 제 자원을 책임지는 집사 역할을 수행해야 하는 의무를 지고 있습니다."라고 대답했을 것이다.

"그들은 미쳤어!"라는 명명

미지의 사실을 수용하는 행위는 인간 본성이 아니다. 우리는 미지의 사실을 마주했을 때 겁에 질린다. 미지의 사실에 대면했을 때 인간은 이를 무시하고 달아나거나 일축할 수 있는 방식으로 명명한다. 협상에서 그 명명은 "그들은 미쳤어!"와 같은 문장의 형태를 띠는 경우가 많다. 이는 내가 미국의 인질 협상 정책 수행 중 미국은 탈레반에서 IS에 이르기까지 뭉뚱그려 '테러리스트'라고 불리는 집단과 협상하지 않는다는 정책을 강하게 비판하는 이유 중 하나다.

CNN 국가 안보 분석가인 피터 버겐 기자가 언급한 "과대망상에 사로잡힌 광신도를 대상으로 하는 협상은 대개 실패한다."라는 말이 이 같은 비개입의 근거를 잘 요약하고 있다.

그 대안으로 미국이 선택한 방법은 그들의 종교, 광신, 망상을 이해하지 않는 것이다. 실패하는 협상을 하는 대신 미국은 어깨를 으쓱하며 "그들은 미쳤어!"라고 말한다. 그러나 이는 완전히 잘못된 생각이다. 우리는 그들을 이해해야 한다. 내가 이런 소리를 하는 이유는 멍청한 평화주의자라서가 아니라(FBI는 그런 사람을 요원으로 뽑지 않는다) 상대의 취약점과 원하는 바를 발견함으로써 영향력을 얻으려면 이런 요소를 이해하는 방법이 최선임을 알기 때문이다. 대화하지 않으면 그런 점을 찾을 수 없다.

"그들은 미쳤어!"라는 말에서 벗어날 수 있는 사람은 없다. 자녀 양육을 비롯해 국회의 법안 작성, 기업 협상에 이르기까지 각종 협상에서 이 말이 튀어나오는 모습을 볼 수 있다. 그러나 두 손 다 들고 "그들은 미쳤어!"라고 말하기 바로 직전이야말로 대개 협상을 완전히 뒤바꿀 블랙 스완을 발견할 수 있는 최적의 순간이다. 말이 되지 않는 무엇, '미친' 무엇인가를 듣거나 봤을 때가 바로 중요한 갈림길이 나타난 순간이다. 처음에 나아갈 수 없던 그 길로 한층 더 힘차게 나아가라. 남은 길은 실패가 보장되어 있으며, 어차피 그 협상은 소용없었다고 스스로 합리화하는 길이다.

하버드 대학교 경영대학원 교수 디팩 맬호트라와 맥스 H. 베이저면Max H. Bazerman은 함께 집필한 명저 《협상 천재Negotiation Genius》[4]를 통해 협상에서 상대가 실수를 하게 되는 일반적인 이유를 살펴본다. 여기에서 그 이유를 자세히 설명하고자 한다.

실수 1 : 상대가 알고 있는 정보가 부정확하다

상대가 잘못된 정보를 근거로 행동하는 경우가 종종 있다. 잘못된 정보를 알고 있을 때 사람들은 잘못된 선택을 한다. 이를 정확하게 표현하는 컴퓨터 업계 용어가 있다. 바로 불필요한 정보를 입력하면 불필요한 정보만 출력된다는 GIGOGarbage In, Garbage Out이다. 이에 해당하는 예로 맬호트라는 자기가 가르친 한 임원 학생과 그 학생의 전前 직원 사이에 있었던 분쟁 사건이 있다. 그 전 직원은 해고 당하기 전에 했던 업무의 대가로 13만 달러를 받아야 한다고 주장하면서 소송하겠다고 위협했다.

그 임원은 혼란스러워 하면서 회사 회계 장부를 검토했다. 검토 중에 그는 문제를 발견했다. 그 직원이 해고될 당시에는 회계 장부가 엉망이었으나 이후 제대로 정리됐다. 정확한 정보를 근거로 정리된 회계 장부에 따르면 실제로는 그 직원이 회사에 2만 5,000달러를 지급해야 했다.

어떻게든 소송을 피하고 싶었던 임원은 전 직원에게 전화를 걸어 상황을 설명한 다음 소송을 취하해준다면 2만 5,000달러는 갚지 않아도 된다고 제안했다. 그런데 당황스럽게도 그 직원은 어찌됐든 소송을 계속하겠다고 말했다. 그는 비이성적으로 미친 행동을 했다. 말호트라는 그 임원 학생에게 문제는 광기가 아니라 정보와 신뢰의 부족이라고 말했다. 이를 들은 임원은 외부 회계 법인에게 장부 감사를 의뢰한 다음 그 결과를 전 직원에게 보냈다.

결과가 어떻게 됐냐고? 전 직원은 소송을 취하했다. 이 사례에서 확실히 알 수 있는 사실은 불완전한 정보를 근거로 움직이는 사람은 그와 다른 정보를 갖고 있는 사람에게 미친 것처럼 보일 수 있다는 점이다. 협상에서 이런 사람과 마주했을 때에는 상대가 무엇을 모르는지 발견해서 그 정보를 제공해야 한다.

실수 2 : 상대는 제약을 받고 있다

협상에서 상대가 흔들리는 모습을 보인다면 그가 할 수 없는 일이 있지만 그 사실을 밝히고 싶지 않은 경우일 가능성이 있다. 이런 제약이 있다면 그야말로 분별 있는 상대라도 비이성적으로 보일 수 있다. 상대는 법률 조언이나 선약 때문에, 또는 선례를 남기는 사태를 피하기 위해 어떤 일을 할 수 없을 수도 있다. 또는 단지 계약을 성사시킬 권한이 없는 경우도 있다.

마케팅 회사를 경영하는 우리 의뢰인이 코카콜라를 고객으로 유치하려는 과정에서 이런 경우에 직면했다. 그는 몇 개월에 걸쳐 계약 협상을 하고 있었고 어느새 11월에 접어들었다. 해가 가기 전에 계약을 마무리하지 못하면 코카콜라가 다음 예산을 세울 때까지 기다려야 할 것이고 그러다가 고객을 잃게 될까 봐 두려웠다.

문제는 그와 연락을 담당하고 있던 사람이 갑자기 더 이상 응답을 하지 않는다는 사실이었다. 따라서 우리는 응답하지 않는 사람에게 가장 잘 먹히는 이메일, 언제나 회신을 받도록 효과를 발휘하는 이메일을 그에게 보내라고 했다.

"올해 안에 이 계약 건을 마무리하는 것은 포기하셨습니까?"

그 다음 이상한 일이 일어났다. 코카콜라 담당자가 그 완벽한 이메일에 응답하지 않았던 것이다. 대체 무슨 일이었을까? 겉으로 보기에 무척 비이성적인 행동이었지만 처음부터 그 담당자가 그랬던 건 아니었다. 우리는 고객에게 이 사태가 의미하는 바는 한 가지 뿐이라고 말했다. 즉, 담당자가 올해 안에 계약을 체결하는 일을 포기했지만 이를 인정하고 싶지는 않은 경우였다. 분명히 뭔가 제약이 있을 터였다. 이 점을 염두에 두고 우리는 고객에게 좀 더 자세히 알아보라고 했다. 여기저기 전화를 하고 이메일을 보낸 끝에 우리 고객은 연락 담당자를 아는 사람을 찾아냈다. 또한 우리가 추측한 바는 사실이었다. 담당자의 부서가 몇 주 동안 혼란을 겪었고 기업 내에서 분란이 발생한 가운데 그는 완전히 업무에 대한 권한을 상실했다. 그는 이 사실을 인정하기가 무안했던 것이다. 그런 이유로 우리 고객을 피하고 있었다. 간단히 말해 그는 중대한 제약을 받고 있었다.

실수 3 : 상대는 다른 관심사를 갖고 있다

최종 시한에 인질을 죽인 최초의 인물 윌리엄 그리핀을 다시 떠올려 보자. 현장에 있던 FBI와 경찰 협상가가 몰랐던 사실은 그의 주요 관심사가 인질을 풀어주는 대가로 돈을 받는 거래 협상이 아니었다는 점이었다. 그는 경찰 손에 죽고 싶었다. 그 숨은 관심사를 알아낼 수 있었더라면 그날 발생한 비극 중 일부는 막을 수 있었을지도 모른다.

숨은 관심사가 존재하는 경우는 생각보다 드물지 않다. 협상 상대가 자기에게 전혀 득이 되지 않는 이유로 제안을 거절하는 일은 흔하다. 고객이 올해가 끝나고 나서 청구서가 도착하도록 함으로써 승진

가능성을 높이기 위해 제품 구매를 미룰 수도 있다. 또는 회사에서 동료들이 자신보다 급여를 많이 받는다는 사실을 알고 상여금이 나오기 직전에 한창 경력에 중요한 프로젝트를 진행하다가 직장을 그만둘 수도 있다. 그 직원에게 공정성이란 돈만큼 중요한 관심사다.

구체적인 상황이 어떠하든 이런 사람들은 비이성적으로 행동하고 있지 않다. 그들은 단지 그들 자신의 규칙에 근거해 세상이 그들에게 어떻게 보이는가에 따라 우리가 아직 이해하지 못한 욕구와 욕망에 응하고 있을 뿐이다. 우리는 이런 블랙 스완을 밝혀내야 한다. 앞에서 살펴봤듯이 상대가 비이성적인 것이 아니라 단지 잘못된 정보를 알고 있거나 제약을 받고 있으며 아직 우리가 모르는 관심사에 따라 움직이고 있다는 사실을 알고 나면 운신의 폭이 넓어진다. 또한 이로써 훨씬 더 효율적으로 협상을 진행할 수 있다. 이런 강력한 블랙 스완을 발견하는 몇 가지 방법을 소개한다.

직접 만나서 대화하라

상대와 직접 마주하지 않는다면 블랙 스완을 발견하기란 대단히 어렵다. 아무리 조사를 많이 한다고 해도 상대와 얼굴을 마주하지 않으면 찾아낼 수 없는 정보가 존재한다. 요즘은 수많은 젊은이가 거의 모든 일을 이메일로 해결한다. 그게 요즘 일하는 방식이다. 그러나 이메일로 블랙 스완을 찾기란 대단히 어렵다. 적절한 명명과 교정 질문으로 상대를 공략한다고 하더라도 이메일을 사용할 경우 상대는 충분히 생각하고 너무 많은 정보를 밝히지 않도록 정신을 가다듬을 시간을 확보할 수 있기 때문이다. 또한 이메일로는 어조를 파악할 수 없으며 상대의 반응에서 비언어 요소를 포착할 수 없다(7-38-55 법칙을 기억하라). 이제 코카콜라를 고객으로 유치하려고 했지만 연락 담당자가 회사에서 영향력을 잃었다는 사실만 알게 된 우리 의뢰인 얘기로 돌아가자.

나는 우리 고객이 코카콜라와 계약을 맺기 위해서는 연락 담당자가 자신에게 더 이상 계약 체결의 권한이 없음을 인정하고 우리 고객을 다른 임원에게 인계해줘야 한다는 사실을 알게 됐다. 그러나 그 담당자는 여전히 자신에게 그 권한이 있다고 믿고 있기 때문에 선뜻 그렇게 할리가 없었다. 그래서 나는 고객에게 밖에서 담당자를 만나라고 권유했다. "저녁 식사에 초대하세요. '당신이 즐겨 가는 레스토랑에서 편하게 대화나 나누면 좋겠는데 어떻게 생각하세요?' 라고 물어보세요."

그 담당자가 무안해서든, 우리 고객이 마음에 들지 않았든 간에 계약 과정을 진행시키기 위해서는 양자가 직접 소통해야만 했다. 따라서 우리 고객은 담당자를 저녁식사에 초대했고 약속한 대로 업무 얘기는 꺼내지 않았다. 그러나 우리 고객이 직접 얼굴을 보고 얘기할 자리를 마련했다는 이유만으로 담당자는 자기가 더 이상 계약을 체결할 권한이 없음을 받아들였다. 그는 자기 부서가 엉망인 상태이고 계약 마무리를 위해서는 다른 사람에게 진행 사항을 인계해야 한다고 인정했다. 그리고 그는 그렇게 했다. 계약을 체결하기까지는 1년 이상이 소요됐지만 결국에는 체결했다.

무방비한 순간을 눈여겨보라

공식적인 업무 회의나 계획된 협상 시간은 사람들이 경직되어 있고 가장 경계하는 때다. 상대를 직접 만나서 블랙 스완을 찾기에는 부적절한 경우가 많다. 블랙 스완을 찾으려면 우리 고객이 코카콜라 담당자에게 했듯이 식사시간을 이용하거나 공식적인 접촉 전후로 휴식을 취하는 짧은 순간을 노리는 것이 효율적이다.

일반적인 업무에서는 본론에 들어가기 전 처음 몇 분과 다들 자리를 뜨는 마지막 몇 분 동안에 상대에 관한 정보를 더 많이 얻을 수 있는 경우가 많다. 기자가 절대 녹음기를 끄지 않는 신조를 지니고 있는 이유가 바로 그것이다. 언제나 인터뷰 시작과 끝에 핵심적인 정보를 얻게 된다. 그뿐만 아니라 말이 끊겼을 때나 이상한 대화가 오갈 때, 또는 흐름을 방해하는 모든 요소에 각별히 주의를 기울여야 한다. 흐름이 끊기면 사람의 표정은 약간 일그러진다. 누구의 얼굴이 일그러졌고 이에 다른 사람들이 어떤 언어나 비언어로 반응하는지만 살피더라도 금광을 발견할 수 있다.

말이 안 되는 곳에 돈이 있다

학생들은 종종 블랙 스완이 어떤 구체적인 종류의 정보인지 아니면 도움이 된다면 어떤 종류라도 해당되는지 질문한다. 나는 언제나 블랙 스완이란 우리가 모르고 있지만 상황을 바꾸는 모든 것이라고 대답한다. 이를 제대로 이해하는 데 도움이 되는 사례로 내가 가르쳤던 한 MBA 학생이 워싱턴 주에 있는 한 사모 부동산 회사에서 인턴으로 일할 때 겪은 경험담이 있다. 상대의 반응에서 뭔가 걸리는 부분을 발견한 그는 명명을 사용해 근래에 내가 본 가장 큰 블랙 스완을 천진난만하게 찾아냈다.

내 학생이 잠재적인 대상 물건에 대한 실사를 실시하고 있던 중에 회사의 상사가 사우스캐롤라이나 주 찰스턴 중심부에 있는 다목적 시설을 조사하라고 지시했다. 그는 찰스턴 시장에 전혀 경험이 없었으므로 그 건물을 판매하고 있는 중개인에게 마케팅 자료를 요청했다. 내 학생과 그의 상사는 해당 거래 건물과 시장을 검토한 뒤 호가 430만 달러는 약 45만 달러 정도 과다 책정된 금액이라고 판단했다. 그 시점에서 내 학생은 가격 책정과 이후 단계를 논의하기 위해 다시 중개인에게 연락했다.

인사치레를 나눈 다음 중개인은 내 학생에게 그 건물을 어떻게 생각하는지 물었다. 그는 "흥미로운 건물이라고 생각합니다만 유감스럽게도 시장 잠재력을 잘 모릅니다. 우리는 시내를 선호하고 특히 킹 스트리트에 관심이 많지만 질문할 부분이 많네요."라고 말했다. 그러자 중개인은 자기가 이 시장에 15년 이상 있었기 때문에 잘 안다고 말했다. 이 시점에서 내 학생은 정보를 수집하고 중개인의 실력을 판단하기 위해 '어떻게'와 '무엇'이 들어가는 교정 질문을 던졌다.

내 학생은 "좋습니다. 다른 무엇보다도 그동안 찰스턴은 경기 침체에 어떤 영향을 받아 왔나요?"라고 말했다. 중개인은 시장 활성화 사례를 구체적으로 들면서 자세하게 대답했다. 그 과정에서 중개인은 자신이 대단히 박식하다는 사실을 증명했다. 내 학생은 공감을 형성하기 위해 명명을 사용해서 "들어보니 안심해도 될 것 같네요! 그렇다면 이런 종류의 건물 수익률은 어느 정도로 예상할 수 있습니까?"라고 말했다.

이런 저런 질문을 거듭한 결과 내 학생은 이런 건물이 지역 대학교 학생들 사이에서 인기가 많고 성장하고 있는 그 대학교의 전체 학생 중 60%가 캠퍼스 밖에 거주한다는 점을 고려할 때 건물주는 6~7% 정도 수익률을 기대할 수 있다는 사실을 발견했다.

또한 주변에 대지를 사서 이와 비슷한 건물을 짓는 일은 거의 불가능할 정도로 엄두도 내지 못할 만큼 비싸다는 사실도 알게 됐다. 문화제 보호법으로 인해 지난 5년 동안 이 거리에 건물을 지은 이는 아무도 없었다. 중개인은 만약 토지를 살 수 있다고 해도 비슷한 건물을 지으려면 건축에만 250만 달러가 들 것이라고 말했다.

중개인은 "이 건물은 특히 학생들이 거주할 수 있는 다른 선택지와 비교할 때 정말 상태가 좋습니다."라고 말했다. 내 학생은 정보를 좀 더 끌어내고자 명명을 사용해 "보아하니 이 건물은 전형적인 다가구 주택이라기보다는 고급 기숙사 같은 기능을 하는 것 같네요."라고 말했다. 명명은 적중했다. 중개인은 "다행인 동시에 유감스럽게도 그렇습니다. 이 건물 임대율은 그동안 계속해서 100%였고 고수익 건물이지만 임차인은 다들 학생이죠."라고 말했다.

내 학생의 머릿속에 문득 어떤 생각이 떠올랐다. 뭔가 이상한 일이 일어나고 있었다. 이 건물이 그렇게 고수익을 올리고 있다면 부유한 도시에서 성장하는 대학교 옆에 위치한 임대율 100%인 건물을 왜 팔려고 하겠는가? 이는 아무리 생각해봐도 비이성적인 행동이었다. 약간 당황하기는 했지만 협상하는 태도를 고수하면서 내 학생은 명명을 구성했다. 이때 그는 무심코 상황을 틀리게 명명하면서 중개인이 그 말을 정정하도록 유발해 블랙 스완을 밝혀냈다.

그는 "그렇게 수익성 높은 건물을 팔려고 한다면 아마도 건물주는 향후 시장 잠재력에 의문을 품고 있겠군요."라고 말했다. 그는 "사실은 건물주가 애틀랜타와 서배너에 갖고 있는 건물 때문에 골머리를 앓고 있어서 이곳을 팔아서 담보 대출을 갚으려는 중이에요."라고 말했다. 빙고! 이렇게 해서 내 학생은 기막히게 좋은 블랙 스완을 알아냈다. 건물주는 그 순간까지 알려지지 않았던 제약에 시달리고 있었다.

내 학생은 중개인이 다른 건물을 설명하는 동안 전화기를 송화 차단 상태로 한 뒤 그동안 상사와 가격 책정을 논의했다. 상사는 중개인이 하한 금액을 제시하도록 밀어붙이기 위해 아주 낮은 가격, 즉 극단적인 기준점을 제시해도 좋다고 허가했다. 건물주가 거래를 빨리 마무리하고자 하는지 중개인에게 물어보고 "그렇습니다"라는 대답을 들은 뒤 내 학생은 기준점 가격을 제시했다.

그는 "그 정도면 충분한 것 같습니다. 우리는 340만 달러를 낼 용의가 있습니다."라고 말했다. 중개인은 "음, 그 가격은 호가보다 훨씬 낮군요. 하지만 건물주에게 일단 얘기해서 어떻게 생각하는지 물어보겠습니다."라고 대답했다. 그날 오후 중개인은 다시 전화해서 역제안을 내놓았다. 건물주는 중개인에게 그 금액은 너무 낮지만 370만 달러라면 팔 생각이 있다고 말했다. 내 학생은 의자에서 거의 떨어질 뻔했다. 역제안이 그가 목표한 금액보다 낮았다. 그러나 그는 바로 역제안을 수락해서 승리를 얻고 흥정할 여지를 놓치는 대신 좀 더 압력을 가했다. 그는 '아니요'라는 말을 사용하지 않고 거절했다. 그는 "그 가격은 저희 측이 생각하는 가치에 좀 더 가깝네요. 하지만 조정을 해봐도 355만 달러 이상 내기는 무리입니다."라고 말했다.

(나중에 내 학생은 이 시점에서 중개인이 더 낮은 가격을 부르도록 압력을 가하기 위해 명명이나 교정 질문을 사용해야 했다고 말했고 나도 이에 동의했다. 그러나 그는 상대가 가격을 너무 낮추는 바람에 놀라서 중개인의 흥정에 말려들고 말았다.) 중개인은 자신이 애커먼 모형과 흥정을 피하기 위해 조건을 내세우는 방법을 가르치는 협상 수업을 들어본 적이 없다는 사실을 명확하게 보여줬다. 그는 "저는 최저 360만 달러까지 낮춰도 된다는 허가만 받았습니다."라고 대답했던 것이다. 내 학생의 상사는 360만 달러면 괜찮다는 신호를 보냈고 그는 그 가격에 수긍했다.

나는 명명과 교정 질문 사용을 비롯해 훌륭한 블랙 스완을 찾아내기 위한 제약 탐색에 이르기까지 내 학생이 회사를 위해 상당한 금액을 효과적으로 협상하는 데 사용한 기법 중 몇 가지를 소개했다. 내 학생은 사전 작업을 충실히 했고 중개인이 블랙 스완을 말하는 순간

이를 바로 활용할 태세를 갖추기 위해 명명과 질문도 준비했다는 사실 또한 언급할 가치가 있다.

건물주가 수익률이 낮은 건물을 담보로 한 대출을 갚기 위해 이 건물을 팔아 돈을 마련하고자 한다는 사실을 발견하자 내 학생은 타이밍이 중요하다는 사실을 알아 차렸다. 물론 개선의 여지는 언제나 존재한다. 나중에 내 학생은 그렇게 빨리 낮은 금액을 제시하지 않는 대신 그 기회를 이용해 다른 건물을 상의했더라면 더 좋았을 것이라고 내게 말했다. 그 건물주가 갖고 있는 부동산 중에서 투자 기회를 찾을 수도 있었다. 또한 좀 더 깊은 공감을 형성할 가능성이 있었고 명명이나 "지금 어떤 시장에서 어려움을 겪고 있습니까?"와 같은 교정 질문을 사용해 '미지의 미지'를 좀 더 캐낼 수도 있었을 것이다. 또는 건물주와 직접 얼굴을 맞대고 협상할 수도 있었을 것이다. 그럼에도 불구하고 내 학생은 훌륭했다!

두려움을 극복하고 원하는 것을 손에 넣는 법

사람들은 대개 갈등을 힘겨워하기 때문에 감당할 수 없는 인신공격으로 번지는 사태를 두려워하는 마음에 유용한 논쟁을 회피한다. 가까운 관계에 있는 사람들은 대개 탐욕스럽거나 이기적으로 보이기 싫은 마음에 자신의 이해관계를 내세우지 않고 대신 적절한 선에서 타협하곤 한다. 이러다 보면 뜻을 굽히고 억울한 마음이 들게 되다가 결국 멀어진다. 다들 한 번도 싸우지 않은 부부가 이혼했다는 얘기를 들어봤을 것이다.

가정은 정부와 기업에 이르기까지 각종 인간 사회를 축소한 특이한 경우일 뿐이다. 타고난 재능을 지닌 일부 사람들을 제외하면 처음에는 누구나 협상을 싫어한다. 손에서는 땀이 흐르고 투쟁-도피 기제는 도피 쪽에 강조점을 두고 나타나기 시작하며 온갖 생각이 서로 엎치락뒤치락 걸고넘어진다.

사람들은 대부분 처음에는 당연히 겁을 먹고 패배를 인정한 뒤 도망치고 싶은 충동을 느낀다. 극단적인 기준점을 제시할 생각만 해도 자다가 벌떡 일어날 지경이다. 가정에서나 기업에서나 소극적인 계약이 당연시되는 이유가 바로 이것이다. 그러나 잠시 생각해보라. 우리가 정말로 맞은편에 앉은 사람을 두려워하고 있을까? 정말 드문 몇 가지 예외를 제외한다면 상대가 팔을 뻗어 우리를 때려눕히는 일은 없을 것이라고 장담할 수 있다.

손에서 흐르는 땀은 그저 생리적인 공포를 나타내는 표현일 뿐이다. 신경이 이런 반응을 나타내는 이유는 좀 더 근원적인 요소, 즉 같은 무리에 속한 다른 일원과 잘 지내고자 하는 타고난 인간의 욕망 때문이다. 우리가 두려워하는 대상은 맞은편에 앉은 사람이 아니라 갈등 그 자체다.

내가 달성하고 싶은 단 한 가지가 있다면 이 책을 통해 당신이 갈등을 두려워하는 마음을 극복하고, 공감하는 마음으로 갈등을 뚫고 나가는 용기를 얻는 것이다. 훌륭한 협상가, 훌륭한 매니저, 훌륭한 남편, 훌륭한 아내 등 그 어떤 일이라도 멋지게 해내고자 한다면 그렇게 할 수 있어야 한다. 그냥 포기하고 잘 어울리라고 말하는 마음속 목소리와 몰아세우고 고함지르라고 부추기는 다른 목소리는 무시해야 할 것이다.

이 책 전체를 통해 강조한 적수는 실제 상황에서 만날 수 있으며 당신과 갈등을 겪고 있는 듯 보이는 그 사람은 사실 당신 파트너라는 사실을 기억해주길 바란다.

적지 않은 연구 결과, 목표를 달성하려는 사람들 사이에서 벌어지는 갈등은 사실 협력적인 방식으로 문제 해결 과정에 활기를 북돋운다는 사실이 밝혀졌다. 능숙한 협상가는 개인 간의 싸움에 말려들지 않으면서 협상을 진전시키는 원동력으로 갈등을 활용할 줄 안다.

자기가 믿는 바를 강하게 내세우는 것은 이기적인 행동이 아니라는 사실을 기억하라. 이는 횡포가 아니다. 당신을 돕기만 하는 것도 아니다. 공포를 처리하는 뇌 부위인 편도체는 상대가 옳거나 당신이 잔인하게 굴고 있으므로 포기하고 도망치라며 납득시키려 할 것이다. 그러나 당신이 합리적인 결과를 추구하는 정직하고 예의 바른 사람이라면 편도체는 무시해도 좋다.

이 책에서 가르치는 협상 방식, 즉 정보에 집중하고 감정 이입해 가능한 최고의 거래를 이끌어내는 방법을 사용한다면 가치를 발견하고자 노력할 뿐이다. 강압적인 방식도 아니고 모욕을 주는 방식도 아니다. 물론 교정 질문을 할 때 상대를 당신의 목표 쪽으로 유도할 수 있다. 그러나 동시에 상대가 원하는 바와 그것을 성취하고자 하는 이유, 그리고 그 방법을 검토하고 명확하게 밝히도록 이끌어야 한다. 상대에게 창조력을 요구함으로써 협력을 통한 해결책을 찾을 수 있도록 독려해야 한다.

내가 빨간색 4러너를 샀을 때 담당 영업 사원은 원했던 것보다 적은 돈을 받아서 분명히 실망했을 것이다. 그러나 나는 그가 할당량을 채우는 데 일조했고 분명히 그 매장이 토요타에 지급한 금액보다는 더 많은 금액을 냈다. 만약 내가 단지 '이기기'만을 원했고 굴욕감을 주고자 했다면 그냥 훔쳤을 것이다. 그러니 한 가지를 당부하겠다. 사무실에서든 가족이 저녁식사를 하는 자리든 갈등을 회피하지 말라. 이를 통해 당신은 차를 가장 저렴한 가격에 살 수 있고 가장 높은 연봉을 받을 수 있으며 거액을 기부 받을 수 있다. 또한 당신의 결혼 생활, 우정, 가족도 지켜줄 것이다.

인간은 귀 기울여 들으며 분명하고 공감적인 태도로 말할 때, 상대와 자기 자신을 품위 있고 존중하는 마음으로 대할 때, 그리고 무엇보다도 자기가 무엇을 원하며 무엇을 할 수 있고 할 수 없는지 솔직하게 말할 때 비로소 일과 인생에서 특출한 협상가가 될 수 있다. 모든 협상, 모든 대화, 모든 인생의 순간은 잘 관리했을 때 창조적인 아름다움으로 피어날 수 있는 사소한 갈등의 연속이다. 그런 갈등을 포용하라.

우리가 모르는 무엇인가가 우리 계약을 끝장낼 수 있다. 그러나 이를 발견한다면 협상의 향방을 완전히 바꿔 예기치 않은 성공을 거둘 수 있다. 그러나 어떤 질문을 해야 할지조차 모른다는 단순한 이유로 블랙 스완, 즉 강력한 '미지의 미지'를 찾기란 본질적으로 어렵다. 그 보물이 무엇인지 모르기 때문에 어디를 파야할지도 모른다. 다음 내용은 블랙 스완을 찾아 이를 활용하는 으뜸가는 기법들이다. 상대는 그 정보가 얼마나 중요한지, 또는 그 정보를 밝혀서는 안 된다는 사실조차 모를 수 있다는 점을 기억하라. 그러니 계속해서 조르고 찔러보고 정보를 수집하라.

- 알고 있는 사실, 즉 '기지의 기지'를 지표로 삼아야 하지만 그에 얽매여서 모르는 사실을 놓쳐서는 안 된다. 모든 사건은 새롭기 때문에 유연하고 적응할 수 있는 상태를 유지해야 한다. 그리핀 은행 참사를 기억하라. 그가 말한대로 행동으로 옮기기 전까지 인질범이 최종 시한에 인질을 죽인 적은 없었다.
- 블랙 스완은 레버리지를 크게 증대하는 역할을 한다. 세 가지 종류의 레버리지를 기억하라. 바로 상대가 원하는 바를 줄 수 있는 능력인 정의 레버리지, 상대를 해칠 수 있는 능력인 부의 레버리지, 상대를 설득하기 위해 그 사람의 규범을 사용하는 능력인 규범의 레버리지다.
- 상대의 '종교'를 알아내고자 힘써라. 세계관을 파헤치는 행위는 본질적으로 협상의 장을 뛰어넘어 감정을 비롯한 여러 측면에서 상대의 인생을 들여다보는 일이다. 거기가 블랙 스완이 사는 곳이다.
- 상대에게 들은 모든 내용을 재검토하라. 한 번에 모든 내용을 들을 수는 없으므로 재확인하라. 자신이 정리한 내용을 팀원들이 쓴 내용과 비교하라. 행간을 읽는 작업에 주력하는 전문가를 배치하라. 당신이 놓친 부분을 지적해줄 것이다.

- 유사성 원칙을 활용하라. 사람은 문화적 유사성을 공유하는 사람에게 양보를 훨씬 잘하는 경향이 있다. 따라서 상대가 반응하는 요소를 찾아보고 당신이 그와 공통점을 지닌다는 사실을 보여줘라.
- 누군가가 비이성적이거나 미친 행동을 하는 듯 보일 때도 대부분은 그렇지 않다. 이런 상황에 직면하면 제약, 숨은 욕망, 부정확한 정보를 찾아보라.
- 상대와 얼굴을 마주하고 대화하는 시간을 마련하라. 10분 동안 얼굴을 마주보고 말하다 보면 며칠에 걸쳐 조사한 내용보다 더 많은 정보를 얻는 경우가 흔하다. 회의 시간 전후나 누군가가 예상 밖의 발언을 했을 때와 같이 상대가 무방비한 상태에 있을 때 나타내는 언어와 비언어 의사소통에 특히 주의를 기울여라.

**감
사
의
말**

아들 브랜던의 도움이 없었다면 이 책은 쓸 수 없었을 것이다. 브랜 던은 내가 처음으로 조지타운 대학교에서 강의를 시작했을 때부터 이 책에 나온 개념들을 만들고 다듬는 작업에 협력해왔다. 처음에 브 랜던은 강의를 동영상으로 촬영하는 역할을 했지만 강의가 어떻게 진행되고 있고 어떤 내용이 공감되는지 의견을 주기도 했다. 사실 브 랜던은 두 살 때부터 나와 협상을 해왔다. 나는 브랜던이 고등학교에 서 교감선생님과 엮인 문제에서 벗어나기 위해 공감을 사용하고 있 다는 사실을 발견했을 때 그것을 알게 됐다. 이 책의 공동 저자 탈 라 즈와 처음 만난 자리에서 브랜던은 탈이 정보를 흡수하는 동안 그 흐 름을 유지하는 역할을 했다. 담당 편집자 홀리스 하임바우크와 처음 으로 진척 사항을 논의하는 전화 회의를 했을 때 홀리스는 브랜던의 역할이 무엇인지 물었고 탈은 브랜던이 함께 있으면 크리스의 분신 이 있는 것과 마찬가지라고 대답했다. 브랜던은 없어서는 안 될 존재 가 됐다.

 탈 라즈는 진정한 천재다. 그의 도움을 빌리지 않고 이 책을 집필

342

했다면 최선의 결과를 얻기 힘들었을 것이다. 그는 믿을 수 없을 정도로 똑똑하고 이해력이 뛰어났다.

실라 힌과 존 리처드슨은 정말 놀라운 사람들이다. 이 두 사람은 인질 협상 전략을 비즈니스 업계에 적용할 수 있다는 사실을 증명할 길을 열어줬다. 실라는 하버드 대학교 로스쿨에서 나를 가르쳤다. 나는 실라의 교수 방법과 인물됨을 통해 영감을 얻었다. 1년 후 존은 내게 자기와 함께 하버드 국제 비즈니스 협상을 가르치자고 제안해줬다. 존은 그 과정 내내 나를 이끌어줬고 덕분에 나는 조지타운 대학교에서 외래 교수로 일할 기회를 얻게 됐다. 내게 어떤 흥미로운 일도 일어나지 않을 때에 존과 실라가 있어 줬다. 두 사람이 없었다면 나는 무엇을 해야 할지 몰랐을 것이다. 두 사람 모두에게 감사드린다.

게리 네스너는 내가 FBI에 있을 때 멘토였던 분이다. 게리는 위기 협상팀원들의 도움을 얻어 인질 협상 세계에 활기를 불어넣으며 변모시켰다. 그는 내가 하고자 하는 일은 무엇이든 지원해줬다. 그가 나를 FBI 수석 국제 납치 협상가로 만들었다. 내가 새벽 5시에 게리에게 전화를 걸어 3시간 후 납치 현장으로 가는 비행기를 탈 것이라고 말하면 그는 "가보도록 하게."라고 말하곤 했다. 그는 위기협상팀에서 역사상 가장 재능 있는 인질 협상가들이 함께 일하도록 결코 지원을 아끼지 않았다. FBI 위기협상팀은 우리가 있을 때 정점을 찍었다.

톰 스트렌츠는 FBI 인질과 위기 협상 프로그램의 창시자이며 변함없는 친구다. 조지타운 대학교와 서던캘리포니아 대학교에서 내가 가르쳤던 학생들은 이 책에서 소개한 개념들이 어디에서든 효과를 나타낸다는 사실을 끊임없이 증명해주고 있다. 내가 그들을 보면서 "60초 안에 차를 구해 오지 않으면 그녀는 죽어."라고 말했을 때 숨도 제대로 못 쉰 학생은 한둘이 아니다. 잘 따라와 준 학생들에게 고마움을 전한다.

인생에서 가장 어려운 순간에 내가 도울 수 있도록 허락해준 인질과 인질 가족들 모두 소중한 사람들이다. 나는 여러 사람들에게 호의를 받는 행운을 누렸다.

'한 장'의 협상용 자료를 준비하는 법

협상은 심리적인 조사 과정이다. 그 같은 조사 과정에 임할 때 블랙스완그룹에서 모든 고객에게 권유하는 간단한 준비 연습으로 상당한 자신감을 얻을 수 있다. 이 준비 연습은 기본적으로 명명이나 특정 협상에 맞춘 교정 질문과 같이 사용하게 될 것이라고 예상되는 주요 도구를 정리한 목록이다.

압박감이 심할 때는 임기응변으로 대처해서는 안 되고 가능한 최고 수준으로 준비 자세를 갖춰야 한다. 이 연습을 좀 더 자세히 설명하기 전에 한 가지 주의할 사항을 언급하고자 한다. 일부 협상 전문가들은 지나칠 정도로 준비 과정에 집착해서 협상이 구체적으로 어떻게 진행될지, 계약이 정확히 어떤 형태와 요소로 구성될지 미리 예상해서 대본을 작성하라고 조언한다. 지금까지 이 책을 읽었다면 그런 작업이 헛수고인 이유를 알 것이다. 그런 접근 방법을 취하면 협상 시 민첩성과 창조성을 떨어뜨릴 뿐만 아니라 민첩하고 창조적인 상대에게 한층 더 약한 모습을 드러내게 될 것이다.

컨설팅 회사를 경영하면서 겪은 경험에 따르면 개별 협상에 임할 때 초기 준비를 잘하면 거래를 재협상하거나 실행 과정을 명확히 하는 데 들어가는 시간을 최소한 7배만큼 줄여준다.

엔터테인먼트 업계에서는 홍보와 판매할 제품을 요약한 단일 문서를 사용하는데 이를 가리켜 '한 장one sheet'이라고 부른다. 같은 맥락에서 우리는 앞으로 사용하게 될 협상 도구를 요약한 '한 장'의 협상용 문서를 만들었다. 이는 5개의 항목으로 구성된다.

1. 목표 설정

최선과 최악의 상황을 각각 충분히 생각하되 최선의 상황에 해당하는 구체적인 목표만을 기록하라. 일반적으로 협상 전문가들은 수락 가능한 최종 가격, 진짜로 원하는 목표, 그것에 도달하기 위한 방법, 상대의 주장을 반박할 근거를 목록으로 작성해보라고 말한다. 그러나 이 같은 일반적인 준비 방법은 여러모로 실패하는 지름길이다. 상상력이 부족하고 제안과 역제안을 거듭하다가 중간에서 합의하는 예측 가능한 흥정 역동으로 이루어진다. 다시 말해 결과야 나오겠지만 미약한 경우가 많다.

전통적인 준비 방식에서 가장 중요한 존재이자 최대 약점이 '배트나' 라는 개념이다. 이 용어는 1981년 로저 피셔와 윌리엄 유리가 베스트셀러 《예스를 이끌어내는 협상법》에서 만들어냈으며 '협상에 의한 합의를 대신할 최선의 대안'을 의미한다. 기본적으로 이는 협상이 결렬됐을 때 취할 수 있는 최선의 대안이며, 최후의 수단이다. 예를 들어 당신이 타던 BMW 3시리즈를 팔려고 중고차 매장에 갔다고 해보자. 이전에 들렀던 중고차 매장 중개인이 1만 달러를 주겠다고 했다면 그것이 배트나다.

문제는 배트나가 목표를 하향 설정하도록 부추긴다는 점이다. 여러 연구에 따르면 협상과 같이 복잡하고 스트레스가 심한 상황에서 계속 집중하기에는 인간 능력에 한계가 있다고 한다. 따라서 일단 협상이 진행되기 시작하면 인간은 심리적으로 자신에게 가장 큰 의미를 지니는 방향으로 끌리는 경향을 나타낸다.

그런 맥락에서 볼 때 배트나에 집착하다 보면 그 배트나가 목표가 되고 그로 인해 요구사항의 상한선을 설정하게 된다. 오랫동안 배트나를 생각하다 보면 정신적으로 그 이상의 모든 결과를 수긍하게 된다.

우리는 하향 목표 설정이라는 유혹에 빠지기 쉽다. 협상에서 자존감은 아주 중요한 요인이며 많은 사람이 자존감을 보호하기 위해 무난한 목표를 설정하기 때문이다. 목표를 하향 설정했을 때 승리했다고 주장하기가 더 쉬워진다. 이는 '쌍방에게 유익한' 목표를 추구한다고 생각하는 많은 사람이 실은 '겁쟁이의 마인드'를 지니고 있다고 일부 협상 전문가들이 말하는 이유이기도 하다. 그러나 이런 '겁쟁이의 마인드'를 거두는 협상가는 수락 가능한 최종 가격에만 집중하고 결국 그 선에서 협상을 마무리한다.

가장 중요한 항목이 배트나가 아니라면 무엇이어야 하겠는가? 나는 고객들에게 협상을 준비할 때 양극단의 결과, 즉 최선과 최악을 생각해야 한다고 말한다. 양극단을 대비한다면 그 어떤 경우에도 대처할 수 있을 것이다. 따라서 수락할 수 없는 바를 분명히 하고 무엇이 최선의 결과인지 생각하되 상대로부터 얻어낼 수 있는 정보가 아직 존재하므로 생각보다 더 좋은 결과를 얻을 가능성도 있다는 점을 염두에 둬야 한다.

원하는 것을 얻을 거라 확신한다고 해서 그보다 더 나은 결과를 바로 수용하려고 하지는 말아야 한다. 융통성을 최우선 전략으로 해야 성공적인 협상을 기대할 수 있다.

신형 스피커를 사려면 추가로 100달러가 필요하기 때문에 갖고 있던 스피커를 팔려고 한다고 해보자. 최소한 100달러는 받아야 한다는 생각에 집중하다 보면 상대가 그 가격을 불렀을 때 안심하게 되고 그러면 그 가격에 팔게 된다. 그러나 중고 오디오 가게에서 같은 제품을 140달러에 팔고 있다는 정보를 알고 나면 최고 150달러로 목표를 세울 수 있고 더 나은 값을 받을 수 있는 가능성도 열어 놓을 수 있다.

나는 고객들이 구조적인 안정감을 느낄 수 있도록 최악과 최선을 양극단으로 하는 범위를 생각하라고 말하지만 실제로 '한 장'의 문서에 무엇을 쓸지 고민한다면 최고 목표를 고수하라고 조언하겠다. 이렇게 하면 그 목표에 미치지 못하는 조건은 모두 '손실'이라는 생각을 활성화함으로써 심리적 역량을 자극하고 집중하게 된다. 수십 년에 걸친 목표 설정 연구에 따르면 구체적이고 도전적이면서도 현실적인 목표를 세우는 사람은 목표를 설정하지 않거나 그저 단순히 최선을 다하기만 하는 사람들에 비해 확실히 더 좋은 결과를 얻는다. 즉, 더 많이 기대하고 이를 분명히 표현하는 사람이 더 많이 얻게 되는 것이다.

목표를 설정하는 4가지 단계는 다음과 같다.

- 낙관적이지만 합리적인 목표를 설정하고 이를 분명히 규정하라.
- 목표한 바를 기록하라.
- 동료와 함께 목표를 논의하라(이를 통해 겁먹고 발 빼는 일을 막을 수 있다).
- 기록한 목표를 협상을 통해 이루도록 하라.

2. 정보 요약

협상의 사전 정보가 되는 내용들을 몇 문장으로 요약해서 기록하라. 협상에서는 자신이 원하는 바를 본인의 이익을 도모하는 쪽으로 평가한 내용 외에 다른 의견도 준비해야 한다. 또한 상대의 주장에 전략적 공감으로 대응할 준비도 해야 한다. 상대가 무능하지 않은 다음에야 그들 역시 자신에게 유리하게 평가 내용을 해석해서 주장할 태세를 갖추고 등장할 것이다.

처음부터 동일 선상에 있어라. 어떤 영역 내에서 어떻게 행동할지 생각할 수 있으려면 먼저 지형을 분명하게 서술할 수 있어야 한다. 당신은 왜 그곳에 있는가? 당신은 무엇을 원하는가? 상대는 무엇을 원하는가? 이유는 무엇인가?

상대가 "그래요, 맞아요."라고 대답하도록 상황을 요약할 수 있어야 한다. 그가 그렇게 반응하지 않는다면 제대로 요약하지 못한 것이다.

3. 명명과 비난 심사

비난 심사를 실시하기 위해 명명을 3~5가지 정도 준비하라. 방금 당신이 요약한 내용을 상대가 어떻게 느낄지 예측하라. 아무리 불공정하고 우스꽝스러워도 좋으니 상대가 할 수 있는 모든 비난을 생각해서 간결한 목록으로 작성하라. 그 다음 각각의 비난을 5개 이하의 명명으로 바꿔 이를 토대로 역할극을 수행하라.

다음은 거의 모든 상황에서 상대로부터 정보를 얻어내거나 비난을 진정시키기 위해 빈칸을 채워서 사용할 수 있는 명명 문장이다.

보아하니 _____은 당신에게 중요한 모양이네요.

보아하니 당신은 _____을 좋아하지 않는 모양이네요.

보아하니 당신은 _____에 가치를 두시는군요.

보아하니 _____ 하면 좀 더 쉬워질 것 같네요.

보아하니 당신은 _____를 망설이는 것 같네요.

예를 들어 당신이 빌린 아파트를 타인에게 빌려줄 수 있도록 재협상해서 임대계약을 하려는데 임대주가 이에 반대한다는 사실을 알고 있다면 "보아하니 전대차를 마땅치 않게 생각하시는 모양이네요"라든가 "보아하니 임차인이 자주 바뀌지 않길 바라시는 모양이네요"와 같은 명명을 준비해야 한다.

명명을 할 때, 특히 비난을 언급하는 명명을 할 때에는 상대의 가치관을 충분히 인정함으로써 전략적 공감을 나타내는 말을 미리 해둬야 한다는 사실을 기억하라.

4. 교정 질문

당신과 상대에게 가치를 밝히고 잠재적인 협상 결렬 요인을 발견해 극복할 수 있도록 교정 질문을 3~5가지 정도 준비하라. 유능한 협상가는 상대가 언급한 입장(상대의 요구)보다는 그 이면에 숨은 근원적인 동기(그 요구를 하게 된 원인)를 파고든다. 동기는 상대가 걱정하는 바이고, 나아가 갈구하는 바다.

상대가 무엇을 걱정하는지 알아내기란 간단한 일 같지만 우리 인간이 기본적으로 협상에 대해 갖고 있는 기대감이 방해가 되는 때가 많다. 사람들은 대부분 상대의 요구가 자기 자신의 요구와 상충된다고 생각한다. 우리는 자기 자신의 쟁점과 문제만 보다가 상대 역시 그 나름의 세계관에 근거한 쟁점을 지니고 있다는 사실을 간과하곤 한다. 특출한 협상가는 상대가 정말로 어떤 동기에서 움직이고 있는지 끊임없이 궁금하게 여김으로써 이런 장애물을 떨쳐낸다.

해리 포터를 쓴 작가 J. K. 롤링J. K. Rowling은 이 개념을 훌륭하게 요약했다. "너는 다른 사람들의 현실을 받아들여야 해. 넌 현실이 협상 대상이라고 생각하고 네가 그렇다면 우리가 그런 줄 알 것이라고 생각하지. 우리도 너만큼이나 진짜라는 걸 받아들여야 해. 네가 신이 아니라는 사실을 받아들여야 한다고."

거의 모든 협상에서 사용하게 될 '무엇'이나 '어떻게' 질문이 몇 가지 존재한다. 여기에서 그 일부를 소개하겠다.

우리가 성취하고자 하는 바가 무엇입니까?

그것이 어떻게 가치가 있습니까?

여기에서 핵심 사안은 무엇입니까?

그것은 어떻게 영향을 미칩니까?

당신이 직면하고 있는 가장 큰 문제점은 무엇입니까?

이것이 그 목적에 어떻게 부합합니까?

막후에 숨은 협상 결렬 요인을 찾아내는 질문

위원회가 실행을 담당할 경우 그 위원회 지원이 가장 중요하다. 막후 세력의 동기를 발견하고 밝혀낼 수 있도록 다음과 같은 맞춤 교정 질문을 준비해야 한다.

이 결정이 나머지 팀원들에게 어떤 영향을 미칩니까?

그 사람들은 이 결정을 얼마나 이해하고 있습니까?

동료 여러분들은 이 영역에서 무엇이 주요한 도전 과제라고 보고 있습니까?

협상 결렬 쟁점을 확인하고 분산시키는 질문

지금 있는 그대로의 상태를 가장 편하다고 느끼는 사람이 내부 협상 영향력을 쥐고 있는 경우가 많다. 그들이 자신이 할 일을 제대로 하지 않아서 실행되는 것으로 여길 수 있다. 이런 협상에서는 그런 변화에 직면한 사람들의 체면을 어떻게 살릴지가 중요하다.

돈에 정신을 집중하기 쉽지만 일단 돈은 제쳐 두라. 협상이 금전 문제 이외의 다른 요인에 좌우되는 비율은 의외로 높은 편이다. 대개 이는 자존감, 지위, 자율성을 비롯한 비금전적 욕구와 더 큰 관련을 맺고 있다.

그들이 지각하는 손실을 생각하라. 손실은 그와 동일한 이득에 비해 적어도 두 배 이상 큰 자극을 준다는 사실을 절대 잊지 말라. 예를 들어 당신의 협상 상대가 자신에게 필요하며 당신이 팔고자 하는 신규 회계 시스템 설치를 망설이고 있는 이유는 4개월 후에 있을 연례 인사 고과 전에 문제가 발생할 소지를 차단하고 싶기 때문일 수 있다. 그렇다면 가격을 낮추는 대신 5개월 안에 설치를 완료하겠다는 보장을 약속함으로써 그가 상사에게 점수를 딸 수 있도록 돕겠다고 제안할 수 있다.

협상 결렬 쟁점을 밝혀내기 위해 사용하는 질문

지금 우리는 어떤 난관에 직면하고 있습니까?

당신이 직면하고 있는 가장 큰 도전 과제는 무엇입니까?

우리와 계약을 맺으면 어떤 영향을 받습니까?

당신이 아무것도 하지 않으면 어떤 일이 일어납니까?

아무것도 하지 않을 때 당신은 어떤 대가를 치러야 합니까?

이 계약 체결이 귀사가 자랑으로 여기는 바와 어떻게 조화를 이룹니까?

이런 질문은 서로 무척 유사하기 때문에 상대가 같은 문제를 여러 가지 다른 각도에서 생각할 수 있도록 도와준다는 점에서 한번에 두세 가지 질문을 던지면 큰 효과를 발휘할 수 있다.

물론 모든 상황에는 나름대로의 맥락이 존재하지만 이런 질문을 적절히 잘 선택해서 사용한다면 상대가 무엇을 원하고 필요로 하는지 정보를 밝히는 동시에 상대가 당신의 관점에서 사물을 보도록 독려할 것이다. 교정 질문에 대한 상대의 대답에 대응해 후속 명명을 실시할 수 있도록 준비를 갖춰라. 명명을 준비해두면 상대가 한 응답을 금방 다시 상대에게로 돌릴 수 있으며 이로써 상대는 끊임없이 새롭고 폭넓은 정보를 제공할 것이다.

다음에 제시한 빈칸 채우기 명명 문장은 오랫동안 생각을 하지 않고도 재빨리 사용할 수 있다.

> 보아하니 _____이 중요한 모양이군요.
> 보아하니 당신은 저희 회사가 _____에서 독보적인 위치에 있다고 느끼시는 듯
> 하네요.
> 보아하니 당신은 _____를 걱정하시는 모양이네요.

5. 가치 있는 비금전적 제안

상대가 가치 있다고 생각할 만한 비금전적 항목을 정리한 목록을 준비하라.

"그들이 우리가 일을 거의 무료로 해줄 만한 조건으로 무엇을 제시할 수 있을까?"를 생각하라. 앞에서 내가 변호사 협회를 대상으로 교육했던 때의 일화를 생각해보자. 상대는 이사회에게 좋은 평가를 받

기 위해 내게 최대한 적은 비용을 지불하고자 했다. 그래서 변호사 협회지에 나에 관한 표지 기사를 실어주는 조건을 생각해냈던 것이다. 협회에게 있어 이는 비용이 적게 드는 일이었고 동시에 내 이익에도 상당히 기여했다.

CHAPTER 1 하버드도 모르는 FBI 설득의 비밀

1　로버트 피셔, 윌리엄 유리, 《Yes를 이끌어 내는 협상법》 박영환 외 옮김(장락, 2014)

2　대니얼 카너먼, 《생각에 관한 생각》, 이진원 옮김(김영사, 2012)

3　필립 B. 헤이만과 미국 법무부, 〈웨이코 사건의 교훈 : 연방 법률 집행 변화 제안 (Proposed Changes in Federal Law Enforcement)〉(Washington, DC : U.S. Department of Justice, 1993)

CHAPTER 2 왜 상대가 하는 말에 넘어가는가

1　조지 A. 밀러, 〈마법의 수 7 플러스마이너스 2 : 정보처리 용량의 한계(The Magical Number Seven, Plus or Minus Two : Some Limits on Our Capacity for Processing Information)〉, 《심리학 개관 학술지(Psychological Review)》 제63권 제2호(1956년) : 81–97쪽

CHAPTER 3 경청하는 사람이 주도권을 잡는다

1　그렉 J. 스티븐스, 로렌 J. 실버트, 우리 해슨, 〈화자─청자 간 신경 결합은 성공적인 의사소통의 기초가 된다(Speaker–Listener Neural Coupling Underlies Successful Communication)〉, 《미국 국립과학원 회보(Proceedings of the National Academy of Sciences of the USA)》 제107권 제32호(2010년 8월 10일) : 14425–14430쪽

2　매튜 D. 리버먼 외, 〈감정을 단어로 표현하기 : 정서 명명하기는 정서적 자극에 대응하는 편도체 활성을 방해한다(Putting Feelings into Words : Affect Labeling Disrupts Amygdala Activity in Response to Affective Stimuli)〉, 《심리과학 학술

지(Psychological Science)》 제18권 제5호(2007년 5월) : 421-428쪽

CHAPTER 4 '예'를 경계하고 '아니요'를 끌어내라

1 짐 캠프,《노로 시작하라(Start with NO)》이수정 옮김(청림출판, 2003)

CHAPTER 6 우리는 어떻게 조종당하는가

1 허브 코헨,《협상의 법칙》강문영 옮김(청년정신, 2011)

2 안토니오 R. 다마지오,《데카르트의 오류(Descartes' Error : Emotion, Reason, and the Human Brain)》(New York : Quill, 2000)

3 제프리 J. 폭스,《레인메이커》정준희 옮김(황금가지, 2001)

4 대니얼 에임스, 말리아 메이슨, 〈이중 기준점 제시 : 사회적 교환에서 범위 제시가 발휘하는 정보 및 예절 효과(Tandem Anchoring : Informational and Politeness Effects of Range Offers in Social Exchange)〉,《성격 및 사회 심리학 저널 (Journal of Personality and Social Psychology)》제108권 제2호 (2015년 2월) : 254-74쪽

CHAPTER 7 문제 해결을 위한 교정 질문의 힘

1 케빈 더튼,《극한의 협상, 찰나의 설득 : 순식간에 상대를 제압하는 초설득의 심리학》최정숙 옮김(미래의창, 2010)

2 드루브 쿨라, 〈의사에게 협상의 기술 가르치기(Teaching Doctors the Art of Nego-tiation)〉, 〈뉴욕타임스(New York Times)〉 2014년 1월 23일자, http://well.blogs. nytimes.com/2014/01/23/teaching-doctors-the-art-of-negotiation/, 2015년 9월 4일 접속

CHAPTER 8 상대의 '예스'는 진짜일까

1 앨버트 메라비언, 〈침묵하는 메시지 : 감정과 태도에 내포된 의사소통(Silent Messages : Implicit Communication of Emotions and Attitudes)〉, 제2판 (Belmont, CA : Wadsworth, 1981), 앨버트 메라비언, 〈비언어 의사소통 (Nonverbal Communication)〉 (Chicago : Aldine-Atherton, 1972)

2 린 M. 반 스월, 마이클 T. 브라운, 디팩 맬호트라, 〈Evidence for the Pinocchio

Effect : Linguistic Differences Between Lies, Deception by Omissions, and Truths〉,《담화 과정(Discourse Processes)》제49권 제2호(2012년) : 79-106쪽

CHAPTER 9 끌려다니지 않고 장악하는 법

1   제럴드 R. 윌리엄스, 〈법률 협상과 합의(Legal Negotiations and Settlement)〉(St. Paul, MN West, 1983)

2   마르완 시나쇠르, 라리사 티덴스, 〈화를 내고 반보다 더 많이 얻어라 : 협상에서 분노 표현의 혜택(Get Mad and Get More than Even : The Benefits of Anger Expressions in Negotiations)〉,《실험 사회 심리학 저널(Journal of Experimental Social Psychology)》제42권 제3호(2006년) : 314-22쪽

3   대니얼 에임스, 애비 와즐라웨크, 〈무작정 밀어붙이기 : 대인관계 공격성에 대한 제한된 자기 인식의 원인과 결과(Pushing in the Dark : Causes and Consequences of Limited Self-Awareness for Interpersonal Assertiveness)〉,《성격 및 사회 심리학 회보(Personality and Social Psychology Bulletin)》제40권 제6호 (2014년) : 1-16쪽

CHAPTER 10 블랙 스완을 찾아라

1   나심 니콜라스 탈레브,《행운에 속지 마라(Fooled by Randomness : The Hidden Role of Chance in Life and in the Markets)》(New York : Random House, 2001)

2   나심 니콜라스 탈레브,《블랙 스완 : 0.1%의 가능성이 모든 것을 바꾼다》차익종 옮김(동녘사이언스, 2008)

3   엘렌 J. 랭어, 아서 블랭크, 벤지온 채노위츠, 〈표면상 사려 깊은 행동의 무분별 : 대인 상호작용에서 '플라시보' 정보의 역할(The Mindlessness of Ostensibly Thoughtful Action : The Role of 'Placebic' Information in Interpersonal Interaction)〉,《성격 및 사회 심리학 저널(Journal of Personality and Social Psychology)》제36권 제6호 (1978) : 635-42쪽

4   디팩 맬호트라, 맥스 H. 베이저만,《협상 천재》안진환 옮김(웅진지식하우스, 2008)

FBI 설득의 심리학

우리는 어떻게 마음을 움직이는가

1판 1쇄 발행	2016년 8월 29일
개정판 1쇄 발행	2023년 7월 25일

지은이	크리스 보스·탈 라즈
옮긴이	이은경
펴낸이	조윤규
편집	민기범
디자인	홍민지

펴낸곳	(주)프롬북스
등록	제313-2007-000021호
주소	(07788) 서울특별시 강서구 마곡중앙로 161-17 보타닉파크타워1 612호
전화	영업부 02-3661-7283 / 기획편집부 02-3661-7284	팩스 02-3661-7285
이메일	frombooks7@naver.com

ISBN	979-11-88167-78-4 (03320)

· 잘못 만들어진 책은 구입하신 서점에서 바꿔드립니다.
· 이 책에 실린 모든 내용은 저작권법에 따라 보호를 받는 저작물이므로 무단 전재와 무단 복제를 금합니다. 이 책 내용의 전부 또는 일부를 사용하려면 반드시 출판사의 동의를 받아야 합니다.
· 원고 투고를 기다립니다. 집필하신 원고를 책으로 만들고 싶은 분은 frombooks7@naver.com로 원고 일부 또는 전체, 간략한 설명, 연락처 등을 보내주십시오.